अश्याम्

अश्याम्

राकेश मढ़ोतरा

वाणी प्रकाशन

वाणी प्रकाशन
4695, 21-ए, दरियागंज, नयी दिल्ली 110 002
फ़ोन : +91 11 23273167 फ़ैक्स : +91 11 23275710
शाखाएँ
अशोक राजपथ, पटना 800 004, बिहार
कॉफ़ी हाउस कैम्पस, महात्मा गांधी मार्ग, इलाहाबाद 211 001, उत्तर प्रदेश
महात्मा गांधी अन्तरराष्ट्रीय हिन्दी विश्वविद्यालय, वर्धा 442 001, महाराष्ट्र
www.vaniprakashan.in
marketing@vaniprakashan.in
sales@vaniprakashan.in

ASHYAM
by Rakesh Madhotra

ISBN : 978-93-88684-43-9
Novel

प्रथम संस्करण 2019

मूल्य : ₹ 295

सिटी प्रेस, दिल्ली-110 095 में मुद्रित

वाणी प्रकाशन का लोगो मक़बूल फ़िदा हुसेन की कूची से

मेरे 'माता–पिता'
भाई–बहनों
पत्नी व बेटियों
को समर्पित

आभार

ईश्वर के आशीर्वाद से बड़ा इस जीवन में कुछ नहीं, जो अतुल्य व अमूल्य है और इसे पाने की कामना हर इनसान सदैव करता है, मैं भी...!

इनसान के जीवन में कुछ लोग ऐसे जुड़े होते हैं जिनके आभार का ऋण कभी उतारा नहीं जा सकता और इस कड़ी में माँ–बाप सबसे आगे रहते हैं। मेरे लेखन व कला के प्रति आकर्षण की वजह मेरे पिता 'डॉ. रामदास मढ़ोतरा' रहे हैं, जो मेडिकल प्रोफ़ेशन में होने के बावजूद लेखन व नाटकों से सदा जुड़े रहे। उन्हीं को देख–देखकर मैं हमेशा जीवन में घटने वाली हर छोटी–बड़ी घटना को कहानियों के रूप में ढालने की कोशिश करता और शायद इसी वजह ने मुझे रंगमंच व फ़िल्मों में अभिनय के साथ–साथ लेखन की ओर प्रेरित किया है। माँ 'सोमादेवी' ने हमेशा मेरे हर गुणों–अवगुणों को स्वीकारा और सदा जीवन में स्वयं के मन का करते रहने के लिए प्रोत्साहित किया।

पत्नी पुष्पा और बेटी रीतू व शिखा का स्नेह व प्यार जीवन में कुछ अच्छा करने के लिए प्रेरित करता रहा है। भाई–राजेश–शालू, डॉ. रवि–दिपाली, रंजन–मधु व संजय–अंजलि और बहन–रमन–सुवीर व सुमन–पाली का आदर सत्कार हमेशा प्रशंसा का पात्र रहा है। कई अन्य रिश्तेदार, दोस्त, साथी व गुरुजन जिन्होंने जाने–अनजाने में मेरे लेखन को प्रोत्साहित किया।

...जीवन में अर्जित समस्त भावनाओं, संवेदनाओं और इनसानी रिश्तों की अहमियत को अपने लेखन में प्रदर्शित करने का सदा प्रयास करता रहूँ इसकी कामना करता हूँ...!

–राकेश रामदास मढ़ोतरा

प्रस्तावना

अकसर इनसान कुछ यादों को लेकर जीवन में चलता रहता है। इस सफ़र में कुछ यादें छूट जाती हैं, तो कुछ साथ चले चलती हैं। साथ चलने वाली यादें किसी–न–किसी नये रूप में आपके सामने आती हैं। जीवन के अलग–अलग रास्तों पर कुछ लोग ऐसे मिल जाते हैं, जो अपनी छाप आपके ज़ेहन पर छोड़ देते हैं और ऐसा ही इस उपन्यास के मुख्यपात्र श्याम के साथ भी होता है, जिसके ज़ेहन में असलम ख़ान–नाम से उसके बारे में कोई अन्दाज़ा मत लगाइयेगा, वैसे भी नाम सामाजिक परिवेश की दी हुई वह अमानत है जो इनसान को उसकी पहचान देकर, सच पूछो तो गुमराह कर धर्मों के दायरों में तक़सीम करती है। जबकि सही मायने में आपका व्यक्तित्व ही आपकी असली पहचान बनाता है, जो सदा आपके साथ रहता है। कई बार किसी व्यक्ति विशेष का व्यक्तित्व इतना महान् और आदर्शशील होता है कि कोई उसे अपना आदर्श मान अपने जीवन में कुछ अच्छा करते रहने और कामयाबी हासिल करने के लिए जीवनभर अग्रसर रहता है।

सपनों की परिभाषा यह है कि वह किसी–न–किसी से प्रेरित होते हैं और उन्हें देखते रहना, उनका पीछा करते रहकर जीवन में कुछ अच्छा कर पाने व कामयाबी हासिल करना यह सब हर व्यक्ति के लिए ज़रूरी है। श्याम के लिए ग़रीब बस्ती में रहते हुए अमीरों के खेल लॉन–टेनिस को खेलने की प्रेरणा पाना और फिर उसे अपने सपनों में सँजोकर हासिल करना इस कहानी को विशेष बनाता है। अकसर मंज़िल की राह पर जब मुश्किलों का सामना होता है, तो इनसान हताश होकर या तो पीछे हट

जाता है या फिर अपनी राह बदल लेता है। मगर श्याम ऐसा नहीं करता और हर मुश्किल के बावजूद हिम्मत से आगे बढ़ते हुए अपने मक़सद में कामयाब होता चला जाता है। ऐसी बहुत–सी घटनाएँ और यादें हैं श्याम के जीवन से जुड़ी, जो इस किताब के रूप में आप सबके समक्ष प्रस्तुत की जा रही हैं।

जीवन सफ़र में आने वाले कई पड़ाव और मिलने वाले कई मुसाफ़िर आपको जाने–अनजाने में बहुत कुछ सिखाकर जाते हैं। इनमें से कुछ आपके अपने होते हैं, कुछ पराये होकर भी आपके अपने लगते हैं और कुछ पराये ही होते हैं, सबका अपना–अपना हिस्सा होता है, जो आपके व्यक्तित्व को सँवारता और बिगाड़ता है। इन्हीं सब अनुभवों को जब आप बाँटते हैं, तो वह किसी के लिए प्रेरणादायक बन बहुत कुछ सिखा जाते हैं।

इस पूरे प्रकरण में मुझे ख़ुद से ख़ुद को सीखने का मौक़ा मिला और इसी कड़ी में एक नये शब्द 'अश्याम्' को खोज पाया, जो प्रकाशित शब्दकोशों में कहीं नहीं मिला। बहुत प्रयत्न के बाद सिर्फ़ 'अशया' शब्द मिला जिसका अर्थ होता है–'प्यार' (लव)। मगर असलम और श्याम के नाम को जोड़कर बनाये हुए मेरे शब्द 'अश्याम्' के मायने की तलाश ने मुझे 'अशया' शब्द को संज्ञावाचक बनाकर मेरे सामने उजागर किया और 'अश्याम्' को एक नया अर्थ दे दिया–'प्यारा' (बिलवड)! असलम और श्याम के प्यार और स्नेह से उपजा एक नया शब्द जो इस पुस्तक का शीर्षक बनकर सबके समक्ष अवतीर्ण होता है–'अश्याम्'।

कितना सुन्दर होता अगर पूरी दुनिया में हर धर्म, हर जाति, हर मज़हब के लोग मिलकर एक–दूसरे के 'अश्याम्' हो जाते....!!

•••

1

यमुना नदी के किनारे बसी एक बस्ती, जिसकी विशेषताएँ अपने–आप में सराहनीय ही नहीं अपितु अनोखी भी थीं। इस बस्ती की मुख्य ख़ूबी यह थी कि इसमें रहने वाले लोग हिन्दुस्तान के हर कोने से आकर यहाँ बसे हुए थे। उत्तर–दक्षिण, पूरब–पश्चिम चाहे कोई भी दिशा क्यों न हो, हर दिशा के राज्य से आये लोगों की इस बस्ती को ग़रीब बस्ती या छोटा हिन्दुस्तान कहना कोई अतिशयोक्ति नहीं होगा। यह सचमुच भारत का ही एक संकुचित रूप नज़र आता है।

इस बस्ती के चोबी से होकर गुज़रता गन्दा नाला जो शायद सारे शहर की सभ्य कहलाने वाली अमीर बस्तियों से होकर चला आता, इसे दो भागों में विभाजित कर यमुना नदी में जा मिलता है और पूजनीय कहलाने वाली यमुना नदी के जल को प्रदूषित कर अपने को पवित्र कर लेता है।

नाले के उस पार रहने वाले लोग अपने आप को नाले के इस पार रहने वालों से कहीं अधिक उच्च व सभ्य समझते थे। सचमुच में ऐसा था, यह तय कर पाना मुश्किल था, उनका रहन–सहन पंजाबी व देखने में साफ़–सुथरा अवश्य था, किन्तु गोरे–चिट्टे नज़र भर आ जाने से ही अलग पहचान यदि बन पाती तो पूरी दुनिया इनसानों से नहीं शैतानों से भरी नज़र आती। वहीं नाले के इस पार के लोग भी अपने आप में अद्भुत थे। इस पार का हिस्सा दक्षिण में पड़ता था तो उस पार का हिस्सा उत्तर में। इस तरफ़ के हिस्से की बस्ती के एक कोने में पड़ने वाला ब्लॉक राजस्थान की सभ्यता व संस्कृति का परिचायक था। आटे व बाजरे की मोटी रोटी पर लाल मिर्ची की पिसी चटनी व प्याज रखकर खाने का अन्दाज़, रंग–बिरंगे कपड़े, स्त्रियों का घाघरा–लूगडी (दुपट्टा) पहनना ऐसा प्रतीत होता था मानो अभी राजस्थानी संगीत की धुन पर नाच उठेंगी।

इसी बस्ती के दूसरी तरफ़ रहते थे महाराष्ट्र के लोग, जिनका पहनावा, सूखी मछली और औरतों का पान–सुपारी खाना व मर्दों का कच्ची शराब पीना अपनी अलग ही पहचान कायम करता था। इनमें अधिकतर घरों में काम करने वाली बाइयाँ हुआ करती थीं, जो कुछ उच्च वर्ग के लोगों के घरों में बर्तन माँजकर व झाड़ू–पोंछा करके अपना जीवन व्यतीत किया करती थीं।

इसी तरह न जाने कितनी जातियों व धर्मों के लोग रहते थे इस बस्ती में, किन्तु इन सब में एक जाति अपने आप में बिल्कुल अनोखी थी, जिसे साँसी नाम से जाना जाता था, यह क़ौम विभिन्न विचारधाराओं से ग्रस्त मानी जाती थी। औरतें कमाकर लाती थीं और मर्द घर पर बैठकर शराब–जुए में पैसा उड़ाया करते थे। ज़्यादातर शराब व नशीले पदार्थ बेचना ही इस जाति की औरतों का मुख्य पेशा माना जाता था। यह धारणा थी कि कई सदी पहले यह जाति क़बीलों में रहा करती थी, इन्हें खानाबदोश भी कहा जाता था। धीरे–धीरे लोग एक ही जगह पर स्थायी रूप से बसकर रहने लगे थे। इस जाति के लोगों की यह खासियत थी कि यह काफ़ी हिम्मती, निडर व दमदार माने जाते थे। लड़ाई–झगड़ा होना इनमें आम बात होती थी, आपस में भले यह लोग लड़–झगड़ पड़ते हों किन्तु किसी बाहरी दुश्मन का यह लोग एक साथ मिलकर मुक़ाबला किया करते थे। यहाँ तक कि औरतें कभी–कभार अपने पतियों से तंग आकर उन्हें ही बुरी तरह पीट दिया करती थीं। किन्तु बदलते वक़्त के परिवेश और हालातों के साथ–साथ इनमें सभ्यता व संस्कृति का विकास होता जा रहा था। अब मर्द भी जीविकापार्जन के लिए मज़दूरी आदि करने लगे थे और औरतें घरों में अपनी दिनचर्या व्यतीत करतीं व बच्चों की पढ़ाई–लिखाई की तरफ़ ध्यान देने की कोशिश करने लगी थीं, अब इन परिवारों के बच्चे भी स्कूलों में जाने लगे थे। वैसे ग़रीबी और गुरबत के बावजूद पढ़ाई इस बस्ती में रहने वाले बच्चों के लिए एक ज़रूरी चीज़ बन गयी थी क्योंकि अब यहाँ हर घर से बच्चे स्कूल जाया करते थे। सही मायने में देखा जाये तो पढ़ाई के लिए पैसों की नहीं परिवार में बच्चों के भविष्य के लिए सपनों को सँजोने की होती है और यह इस बस्ती में भली–भाँति देखा जा सकता था।

जहाँ तरह–तरह की जातियों के लोग यहाँ रहते थे, वहीं एक इनसान ऐसा भी था जो धर्म–जाति के बन्धनों से मुक्त था, उसकी न

कोई जाति थी न ही कोई अपनी पहचान, वो तो बस उड़ते परिन्दे की तरह था जो अपनी ही धुन में नाचता–गाता, मौज–मस्ती करता, इधर से उधर घूमता–फिरता था। वह कहाँ से आया था कोई नहीं जानता था, किन्तु पिछले बीस सालों से उस बस्ती में बिना घर, बिना किसी छत के रह रहा था। अपने सपनों का घर, अपने जीने का सामान एक झोले में डाले अपने कन्धे पर लटकाये इधर से उधर घूमता–फिरता नज़र आता था। बस्ती के बच्चे उसके पीछे भागा करते और उसके इस मस्ती भरे व्यक्तित्व के साथ शरारत कर उसका भरपूर आनन्द लिया करते, जिसका वह मलंग–मौला ज़रा भी बुरा नहीं मानता और बच्चों के साथ बच्चों सा बन खेलता–कूदता रहता। कभी–कभार बस्ती के लोग उसे खाने को रोटी और पहनने को कपड़े दे दिया करते। कोई उसे पागल कहता, कोई उसे दीवाना, कोई सिरफिरा तो कोई उसे मलंग, पर वह तो इस दुनिया के लोगों की साधारण–सी सोच से कहीं ऊपर उठकर जीता था।

एक कहावत है कि हर शहर में एक पागल होता है और जिस शहर में पागल नहीं होता वह शहर पागल होता है। शुक्र था कि इस बस्ती में एक पागल था, वरना न जाने कितने ही पागल होते इस बस्ती में। जब कहीं कुछ ऐसा घटता जो इनसानियत के विपरीत होता या यूँ कहो, जब कहीं धर्म और जाति की तलवारें निकल आतीं, वहाँ ये पागल बीच में कूद कर ऐसी बातें कह डालता था कि दिमाग़ी तौर से ठीक से दिखते लोग उसे देखते रह जाते और एकाएक अपने आपको उस पागल के सामने बौना महसूस करते। सत्य तो यह है कि इनसान जब पागल कहलाता है, तब वह सही मायने में पागल नहीं होता बल्कि एक ज्ञानी–ध्यानी, एक सूफ़ी–सन्त, एक मस्त–मलंग हो जाता है, जो सीधा उससे बातें करता है जिसे इस सृष्टि का रचयिता कहते हैं, जिसने इनसान को बनाया, जिसने इस पूरी दुनिया की संरचना की है। इस बस्ती के इस मलंग को वहाँ कई नाम मिले थे, जैसे पागल–पगला, मस्त–मौला, मलंग–दीवाना–जिसका किसी से कोई रिश्ता नहीं था, न किसी धर्म से और न ही किसी मज़हब से। वह स्वयं नहीं जानता था, वह कौन है, कहाँ से आया है और कहाँ उसे जाना है, बस नाचना–गाना, मौज–मस्ती उसके जीवन की पहचान थी और उसके जीने की वजह भी।

बस्ती में कभी कोई कहता, "यह कोई पागल नहीं है बल्कि जासूस

है, जो बस्ती में हर व्यक्ति पर नज़र रखता है और किसी भी तरह की घटने वाली घटना की पूरी सूचना यह पुलिस को दिया करता है।"

लोगों का यह भी मानना था कि ऐसे लोग जो पागल बने घूमते–फिरते हैं, वास्तविकता में बेहद समझदार होते हैं और देश में क़ानून व्यवस्था को बनाये रखने के लिए जासूसी करते हैं। यदि देश में कहीं कोई देशद्रोही छिपकर बैठा हो तो उसकी ख़बर पुलिस तक पहुँचा सकें। ऐसी न जानें कितनी ही अटकलें, कहानियाँ जुड़ी थीं इस पागल–से मलंग के साथ क्योंकि उसकी अपनी कोई पहचान नहीं थी इसलिए वहाँ के लोगों ने उसे अपने तरीक़े की पहचान दे दी थी।

इसी बस्ती के बच्चों में खेलता हुआ श्याम ग्यारह वर्ष का हो गया था। उसका सम्बन्ध भी एक ग़रीब परिवार से ही था, उसके घर की स्थिति भी इस बस्ती के अन्य लोगों से भिन्न नहीं थी। इस श्याम की बस एक खासियत थी कि वह ग़रीबी व मायूसी के माहौल में रहने के बावजूद भी अपनी पढ़ाई के प्रति बेहद सजग व प्रयत्नशील था। अभी तक सभी कक्षाओं में उत्तीर्ण होता हुआ श्याम छठी कक्षा तक आ पहुँचा था। श्याम यहाँ रहने वाले अन्य बच्चों से सुन्दर व सुशील लगता, उसके चेहरे पर उगते सूरज के समान तेज़ नज़र आता था, जो उस बस्ती के बाकी बच्चों से अलग उसकी पहचान बनाता था।

●●●

2

सुबह की पहली किरण के आने से पहले की पहर में पक्षी पेड़ों पर चहकने लगे थे। धीरे–धीरे सूरज की किरणें पेड़ों के पत्तों से छनकर ज़मीन पर पड़ने लगी थीं। कुछ लोग दूध लेने जा रहे थे, तो कुछ दौड़ते हुए सुबह की सैर को जा रहे थे। वहीं बस्ती में कहीं जलते चूल्हों से धुआँ उठ रहा था तो कोई अपने–अपने काम–धन्धे पर जाने की तैयारी में लगा था।

श्याम अपने घर से निकलकर पार्क की तरफ़ जा रहा था। वहीं दूसरी तरफ़ सिख बच्चा जगमोहन जिसे मोनी के नाम से भी पुकारते हैं, वह भी पार्क की तरफ़ जाता हुआ नज़र आता है। कुछ बच्चे पहले से ही पार्क में खेलते–कूदते दिखायी दे रहे थे। श्याम को देखकर मोनी उसकी तरफ़ बढ़ता है और बड़ी हैरानी से पूछता है, "श्याम! तेरी तो तबीयत ख़राब थी, तू सुबह–सुबह क्यों उठकर आ गया?"

श्याम बड़े ही प्यार से मोनी से मिलता है, "नहीं मोनी, मैं अब बिल्कुल ठीक हूँ और वैसे भी अम्मा कहती है, सुबह की ताज़ी हवा लेना सेहत के लिए काफ़ी अच्छा होता है।"

"सो तो ठीक है यार, पर तेरी अम्मा कल बता रही थी कि तुझे बुख़ार था।"

"तो क्या हुआ, कहते हैं ज़्यादा चिन्ता करने से सेहत और ख़राब होती है...आओ हम भी खेलते हैं।" श्याम मोनी का हाथ पकड़कर उसे मैदान की तरफ़ ले चलता है।

"श्याम, और बता यार तेरी पढ़ाई कैसी चल रही है?"

अचानक यूँ एक बच्चे का दूसरे बच्चे से यह पूछना कुछ अटपटा सा लगता है। श्याम जानता था कि मोनी स्कूल नहीं जाता फिर भी वह

उससे उसकी पढ़ाई के बारे में पूछ रहा है, "हाँ मोनी...तू भी क्यों नहीं स्कूल जाना शुरू कर देता।"

"छोड़ यार क्या करूँगा, बेकार की टेंशन है, सच पूछो तो मेरा मन पढ़ाई में लगता ही नहीं।"

"देखो यह अच्छी बात नहीं है, पढ़ाई आजकल बहुत अच्छी और ज़रूरी चीज़ है, तुम मेरी मानो तो मुझसे ही किताबें लेकर पढ़ना शुरू कर दो।" श्याम उम्र में मोनी के ही बराबर था पर सोच और समझ में उससे कहीं ज़्यादा बड़ा था।

"ठीक है मास्टरजी, देखेंगे...अभी तो राजू कहीं नज़र नहीं आ रहा, उसे ढूँढ़ते हैं।"

"पता नहीं आजकल राजू कुछ सहमा–सा, डरा–डरा–सा नज़र आता है," श्याम की बात में अपने दोस्त के प्रति स्नेह था।

"तुझे पता है उसकी माँ घर में जुआ खिलाती है और उसका बाप भी हमेशा डरा हुआ रहता है...राजू की माँ से सब डरते हैं।" मोनी की बात में उसके दोस्त राजू के जीवन का सत्य छिपा था।

''न जाने क्यों उसके माँ–बाप उसे हमेशा मारते–पीटते रहते हैं।" श्याम की बात में बच्चों के प्रति बड़ों के सख़्त व्यवहार को लेकर चिन्ता झलक रही थी।

"पता नहीं यार, इन माँ–प्यो दा यही हाल रहंदा हेगा, ना मालूम क्यों हम बच्चों को हमेशा नासमझ और बेवकूफ़ समझकर डाँटते रहते हैं।" मोनी की बात से भी लगता है कि वह भी अपने माता–पिता के ग़ुस्से से नाख़ुश लगता था।

"ख़ैर कुछ भी हो पर हमें बुरा नहीं मानना चाहिए...ग़लती कहीं हम बच्चों की ही होती है, वैसे मास्टर जी कहते हैं कि माँ–बाप के ग़ुस्से के पीछे प्यार छिपा होता है जो हम बच्चे समझ नहीं पाते...वो देख डेनियल और आशुतोष फुटबाल खेल रहे हैं...चल चलकर हम भी खेलते हैं," श्याम और मोनी दोनों भी खेल के मैदान में आ पहुँचते हैं।

डेनियल लम्बे से क़दवाला साँवले रंग का लड़का है, जो देखने में चंचल ज़रूर दिखता था, पर बातचीत में होशियार नज़र आता था। वह श्याम और मोनी को देखकर बोलता है, "आओ श्याम, मोनी...क्या बात है, बड़ी तफरी में चले आ रहे हो।"

"डेनियल, तूने तो कमाल कर दिया यार, आज सुबह–सुबह हमसे

पहले पहुँच गया।" श्याम जानता है डेनियल देर से सोकर उठता है और हमेशा खेलने के लिए मैदान में लेट पहुँचता है।

डेनियल बड़े गुरूर से कहता है, "तुम्हें पता था, हर छुट्टी वाले दिन डेनियल सुबह जल्दी उठता है और मैदान में सबसे पहले पहुँचता है... समझे।" भागते हुए ज़ोर से फुटबाल को लात मारता है।

"देखा मोनी, जनाब छुट्टी वाले दिन ज़रूर सबसे पहले उठते हैं और बाकी दिन तो जनाब का कोई अता–पता नहीं होता।" श्याम बड़े दोस्ताना अन्दाज़ में अपने दोस्त मोनी की तरफ़ देखते हुए कहता है।

दूसरी तरफ़ से आशुतोष जो क़द में छोटा और दिखने में थोड़ा मोटा है, वहाँ आते हुए नज़र आता है और श्याम की बात का जवाब देता है, "बाकी दिन स्कूल जो जाना होता है।"

"और स्कूल जाने के बोझ से दबे सोया रहता है और उधर ये काले साहब क्यों चुप–चाप सोच में डूबे बैठा है, आख़िर माजरा क्या है?" श्याम काले की तरफ़ बढ़ता है और बाकी सब बच्चे खेलने लग जाते हैं।

श्याम काले के पास पहुँचकर उससे पूछता है, "क्यों काले आज तुम उदास लग रहे हो...क्या बात है?"

काले बड़े ही बुझे हुए मन से जवाब देता है, "ऐसी कोई बात नहीं...तू जा और खेल, मैं ठीक हूँ।"

श्याम काले को कन्धे से पकड़कर पूछता है, "तुम्हारी तबीयत तो ठीक है?"

काले कोई जवाब नहीं देता और चुपचाप खड़ा रहता है। श्याम फिर पूछता है, "बोल भी काले आख़िर बात क्या है?"

काले की आँखों में आँसू भर आते हैं, "मेरी माँ बेचारी कमाने के लिए लोगों के घरों में बर्तन माँजने को जाती है और मेरा बाप घर पर बैठा उस पर रोब झाड़ता रहता है, हमारे को पढ़ने जाने के लिए भी रोकता है, किताब के लिए पैसे भी नहीं देता, अपनी दारू में डूबा रहता है, हर वक़्त गालियाँ बकता रहता है।" उसकी आँखों में भरा दर्द आँसुओं में बह निकलता है।

"अरे काले चुप हो जा। यूँ रोते नहीं हैं, सब ठीक हो जायेगा, मैं तुम्हें अपनी किताबें पढ़ने के लिए दे दूँगा...चलो अब अपने ये आँसू पोंछ डालो और रोना बन्द करो," श्याम उसके आँसू पोंछने लगता है। मोनी भी दूर से उन्हें देख उनके पास चला आता है।

मोनी अपने ही अन्दाज़ में कहता है, "काले के बच्चे, सुबह–सुबह रो रहा है, पूरे दिन भर तुझे रोना पड़ेगा, चक्कर क्या है तेरा, हमें बता सब ठीक कर देंगे, यारों के सरदार हैं हम?"

श्याम जानता है मोनी काले को खुश करने की कोशिश कर रहा है, "कुछ नहीं सरदार जी, जैसे तुझे पढ़ाई करने पर रोना आता है वैसे काले को पढ़ाई न कर पाने पर रोना आ रहा है। इसके पिता इसे पढ़ने के लिए किताब नहीं दिलाते, मैंने कहा था कि मैं दे दूँगा फिर भी देखो रो रहा है।"

मोनी मुस्कुराता है, "अबे तो इसमें परेशान होने की क्या बात है हम दोनों श्याम से किताब लेकर पढ़ लिया करेंगे, तेरे बहाने मैं भी पढ़ लूँगा।"

–आशुतोष और डेनियल भी वहाँ आ पहुँचते हैं।

"यार लगता है, हम सब लोग एक ही कश्ती में सवार हैं, हमारी तरफ़ कोई ध्यान ही नहीं देता, मेरे बाप को अपनी रंगरलियों से फुर्सत नहीं मिलती, जब जी चाहा कमाने चला गया और नहीं तो तानपूरा लेकर लगा है अपनी धुन में...।" आशुतोष भी अपने दर्द को सबके सामने रखता है।

मोनी आशुतोष की बात को आगे बढ़ाता है, "न जाने किन चक्करों में उलझे रहते हैं सब, जहाँ देखो मजमा लगाये हाँक रहे हैं। राजनीति, कहीं हड़ताल तो कहीं मातम, समझ नहीं आता आख़िर यह सब देश में क्या हो रहा है, हर सुबह सिवाय मौत की ख़बरों के और कुछ सुनने को ही नहीं मिलता।"

श्याम भी सबकी बातों से सहमत है, "आख़िर कौन है इन सबके पीछे? आज तक कोई ठीक से जान ही नहीं सका।"

डेनियल सब गम्भीर बातों को बीच में तोड़ता है, "अबे छोड़ो भी यह सब, अभी हम बच्चे हैं और हमें इन सब बातों में नहीं पड़ना चाहिए, चलो खेल शुरू करते हैं।"

श्याम भी डेनियल की बात को रियलाइज़ करता है, "हाँ भई शायद डेनियल ठीक कह रहा है, ये सब राजनीति बड़ों के लिए छोड़ दो, वही सब निबटते रहेंगे इन सब लफड़ों से, चलो मैदान में दौड़ो...भागो...।"

–सब एक साथ दौड़ते हैं, एक–दूसरे की तरफ़ गेंद फेंकते हैं, काफ़ी देर तक उनका यह खेल चलता रहता है, जो उनके प्यार को प्रदर्शित करता है, सब एक–दूसरे को उनके नामों से पुकारते हैं और खेल का आनन्द लेते हैं।

इन बच्चों की नस्ल को जहाँ ज़रूरत है, हर्ष–उल्लास, खेल व

मौज–मस्ती की, वो कई तरह की तनावपूर्ण स्थितियों का सामना कर रहे हैं। कोई परिवार के चक्रव्यूह में फँसा है तो कोई अपने भीतर के द्वन्द्व से ग्रस्त है। यहाँ समस्या सिर्फ़ काले, आशुतोष, राजू या किसी एक बच्चे की नहीं, बहुत हैं जो इसी दौर से गुज़र रहे हैं। बचपन में ही बूढ़ों सी बातें, मौत और मातम को गहराई से समझना और बार–बार यही सब उन पर थोपे जाना। इन्हीं सब राजनीतिक परिस्थितियों और आंतक का भय इन पौधों को बढ़ने से पहले ही मुरझा तो नहीं देगा? यह सवाल हमारे इर्द–गिर्द की परिस्थितियों और वातावरण में है, सिर्फ़ हमें पहचानना होगा और उसका हल ढूँढ़ना होगा, किसी एक को नहीं हम सबको...।

बचपन सचमुच बचपन होता है जो पल भर में समस्याओं से भर जाता है तो पल भर में ही बेफ़िक्र होकर मौज–मस्ती में बह जाता है। जहाँ यह सब दोस्त अपने–अपने गमों और परेशानियों को भुलाकर खेलने में मस्त हो जाते हैं, वहीं दूर पार्क के कोने में बैठा मलंग–पगला अपनी ही धुन में उन बच्चों को देखकर कुछ बुदबुदा रहा था, कुछ गुनगुना रहा था...

दौड़ रहे हैं सब आगे–पीछे...
भागो–भागो...पकड़ो–पकड़ो,
निकल न जाये उम्मीदों,
सपनों की गोल गेंद तुम्हारी;
बच्चे भागे हैं इस मिट्टी में सारे,
कभी गिराते, कभी ख़ुद गिर जाते;
बड़े भी भागे ख़ूब गिरावे सब को भइया,
जब भागे है तू आगे,
पीछे रहता हर इंसां...
मार गिरावे तब अड़ंगी;
वह देखो गिरा है बच्चा मिट्टी में,
इस मिट्टी की ख़ुशबू गीली;
तेरी मिट्टी का रंग था लाल,
तेरा, मेरा या हो उसका;
दौड़ रहे हैं सब आगे–पीछे...
भागो–भागो...पकड़ो–पकड़ो... ।।

•••

3

सभी बच्चे मैदान में अपनी मस्ती में खेल रहे थे कि अचानक खेलते–खेलते उनकी गेंद पार्क के सामने रहने वाले असलम ख़ान के घर में चली गयी थी। असलम की उम्र लगभग चालीस साल होगी जो मध्यम क़द–काठी वाला नौजवान दिखता है। बस्ती में रहने वालों की उसके प्रति अलग–अलग धारणाएँ थीं, कोई उसे उसके धर्म की वजह से उग्रवादी समझता, तो कोई उसे गुमसुम सा देखकर ड्रग्स का काला धन्धा करने वाला समझता था। मगर सच कुछ और ही था, असलम एक लॉन–टेनिस कोच है जो दूसरों को यह खेल खेलना सिखाने का काम किया करता है। छोटे से गाँव फ़िरोज़ाबाद का रहने वाला असलम लॉन–टेनिस का अच्छा खिलाड़ी होने के बावजूद अपनी ग़रीबी और पिछड़ेपन की वजह से किसी भी बड़े लॉन–टेनिस टूर्नामेण्ट में अपनी पहचान नहीं बना पाया था। अपनी ग़रीबी और गुर्बत के चलते वह अपने चैम्पियन बनने के सपने को तय कर एक कोच बनकर अपनी रोज़ी–रोटी चलाने के लिए शहर में आकर अमीर लोगों को पाँच–सितारा होटल में लॉन–टेनिस सिखाने लग पड़ा था।

उधर असलम के घर के बाहर पार्क में खड़े बच्चे उसके घर की तरफ़ देख रहे थे, किसी की हिम्मत नहीं हो पा रही थी कि जाकर असलम के घर से अपनी गेंद वापस ला सके।

"अब क्या करें, गेंद कौन लायेगा?" श्याम बड़े ही चिन्ता भरे स्वर में अपने बाकी दोस्तों से पूछता है।

सब एक–दूसरे की तरफ़ देखते रहते हैं और कोई भी श्याम की बात का जवाब नहीं देता। श्याम फिर से कहता है, "इस तरह चुप रहने से हम लोगों की गेंद वापस नहीं आने वाली, बोलते क्यों नहीं, कौन जाकर गेंद लायेगा?"

“कौन जायेगा, तुम ही जाओ श्याम। यह किसी और के बस का नहीं।” मोनी बड़े विश्वास के साथ अपनी बात कहता है।

“मैं (हैरानी से)... और अगर उस आदमी ने ग़ुस्सा किया और गेंद न दी तो...?” श्याम भी उस घर में जाने से झिझकता है।

डेनियल बड़ी हिम्मत से बोला, “ग़ुस्सा क्यों...किस बात पर? हमने कोई जानबूझकर थोड़े ही फेंकी थी, गेंद है, उछलकर चली गयी, इसमें हमारी क्या ग़लती है?”

“तो फिर तू ही क्यों नहीं चला जाता है।” श्याम मुस्कुराता है।

“न बाबा न, यह मुझसे नहीं होगा और कोई लफड़ा हो गया तो लेने के देने पड़ जायेंगे।” डेनियल एक नादान बच्चे की तरह अपनी बात करता है।

आशुतोष सबकी बातें सुनने के बाद कहता है, “यार श्याम, छोड़ो इन्हें... तुम समझदार हो, तुम्हें ही जाना चाहिए।”

श्याम बड़ी गम्भीरता से सोचकर कहता है, “ठीक है, मैं ही जाता हूँ।”

अन्ततः श्याम हिम्मत जुटाकर असलम ख़ान के घर में दाख़िल हो जाता है। असलम कमरे में अकेला बैठा खाना बना रहा था, वह स्टोव के ऊपर से दाल का पतीला उठाकर नीचे रखता है। इससे पहले कि असलम उसे देखकर कुछ पूछता, श्याम बोल उठता है, “अंकल, हमारी गेंद शायद आपके घर में आ गयी है।”

असलम उसकी तरफ़ बड़े ग़ौर से देखता है और मुस्कुराते हुए कहता है, “शायद यहाँ आयी है?...शायद...! यानी तुम्हें ठीक से नहीं मालूम कि गेंद यहाँ आयी भी है या नहीं?”

श्याम असलम की बात सुनकर उलझ जाता है और समझ नहीं पाता क्या जवाब दे, “जी...वो...क्या था कि...!”

असलम एक टीचर की तरह पूछता है, “बरखुरदार, तुम्हें अपने पर पूरा यक़ीन नहीं है...खैर पहले यह बताओ पढ़ाई भी करते हो या हर वक़्त सिर्फ़ खेलते ही रहते हो?”

श्याम यह सुनकर कुछ हैरान होता है और अपने मन में अपने आपसे कहता है, ‘क्या मतलब है इन अंकल का...? सिर्फ़ मैं खेलता ही रहता हूँ! ...और जो मैं पढ़ता रहता हूँ, यह शायद इन्हें नहीं मालूम...! ख़ैर मुझे क्या इनसे।’

वह अपने आपको सँभालता है और बात को आगे न बढ़ाने की

सोचकर असलम से कहता है, "अंकल, हमसे ग़लती हो गयी, अब दोबारा ऐसी ग़लती नहीं होगी।"

असलम श्याम की तरफ़ गहरी नज़र डालता है और उसके मन के भाव पढ़ लेता है, "मैंने ऐसा कब कहा कि तुमसे ग़लती हुई, यह लो गेंद।" असलम बड़े प्यार से उसकी तरफ़ गेंद बढ़ाता है, जिसे श्याम बड़े आदर से असलम के हाथ से ले लेता है।

"अच्छा तुम्हें खेलने का इतना ही शौक़ है, तो मैं तुम्हें और गेंद देता हूँ।" असलम कमरे में बिछी चारपाई के नीचे से एक टीन के कनस्तर को खींचता है और उसमें से रबर की कई गेंदें निकालकर श्याम को देने लगता है। श्याम इतनी सारी गेंदों को देखकर ख़ुश हो जाता है।

असलम गेंदों की थैली श्याम को देता है, "यह लो, ये सब तुम्हारे लिए हैं, ले लो यूँ हैरानी से क्या देख रहे हो?"

श्याम बड़े ही भोलेपन से पूछता है, "अंकल, आप भी गेंदों से खेलते हैं?"

"हाँ बेटा, हम खेलते भी हैं और खिलाते भी हैं।" असलम ख़ान एक बड़े समझदार इनसान की तरह श्याम से पेश आता है।

श्याम हैरानी से असलम की तरफ़ देखता है और पूछता है, "ऐसा कौन सा खेल है, जो आप खेलते भी हैं और खिलाते भी हैं?"

असलम अपने बारे में बताता है, "बेटे, हम समाज के उच्च वर्ग यानी अमीरों लोगों को फाइव–स्टार होटल में लॉन–टेनिस खेलना सिखाते हैं।"

श्याम होटल और लॉन–टेनिस की बात सुनकर हैरानी प्रकट करता है, "अंकल, होटल में खेलने के लिए भी होता है क्या...?"

"हाँ क्यों नहीं, कुछ बड़े–बड़े होटलों में हर तरह के खेल की सुविधा होती है...सेहत बनाने व सेहत गँवाने से लेकर पैसा बनाने व पैसा गँवाने, इन सभी तरह की सुविधाएँ होती हैं इन होटलों में।" असलम बड़े अच्छे से श्याम को बताता है।

"वहाँ भी क्या ऐसा पार्क होता है, जैसा हमारा है।" श्याम की उत्सुकता बढ़ती जाती है।

असलम मुस्कुराते हुए, "हाँ बेटा, वहाँ भी खेलने का बड़ा–सा मैदान होता है, मगर तुम्हारे पार्क से कहीं ज़्यादा साफ़ व सुन्दर होता है।"

श्याम हैरानी से, "अच्छा...तो फिर क्या वहाँ सब जा सकते हैं?"

असलम उसकी उत्सुकता को समझता है, "तुम हमारे साथ चलकर देखना चाहोगे?"

"हाँ ज़रूर...मैं कल आपके साथ चलूँ अंकल?" श्याम बेबाक़ तरीक़े से अपने मन की बात कह डालता है।

"हाँ क्यों नहीं...पर तुमने तो हमें अभी तक अपना नाम नहीं बताया?"

"मेरा नाम श्याम है और आपका अंकल?" अपना नाम बताकर किसी बड़े का नाम पूछने में एक बच्चे को संकोच होता है और वही भाव श्याम के चेहरे पर झलक रहे थे।

"हमारा नाम असलम है...असलम ख़ान...!" बड़ी सहजता से वह अपना परिचय देते हैं।

●●●

सभी बच्चे बाहर पार्क में श्याम का इन्तज़ार कर रहे होते हैं। सभी सहमे से आपस में बातें कर रहे थे।

मोनी बड़ी बेचैनी के भाव से कहता है, "श्याम अभी तक नहीं आया यार, पता नहीं अन्दर आख़िर कर क्या रहा है?"

"लगता है कुछ गड़बड़ है," काले भी अपनी हैरानी प्रकट करता है।

डेनियल कुछ ज़्यादा ही घबराहट में बोलता है, "मुझे तो डर लग रहा है, इस मकान में कोई मुसलमान रहता है, बिल्कुल गुमसुम सा नज़र आता है, किसी से कुछ नहीं बोलता, मालूम नहीं उसका क्या चक्कर है, कई दिनों से यहाँ रहता है मगर किसी को कुछ पता नहीं, कहाँ से आया है?"

"अरे तो क्या हुआ, आदमी है कोई खा थोड़े ही जायेगा," आशुतोष सभी बच्चों में हिम्मत वाला लगता है, उसकी आवाज़ में बड़ा उत्साह नज़र आता है।

"नहीं यार, मेरे बीजी बताते हैं देश–विभाजन के वक़्त इन मुसलमानों ने बड़ा कहर ढाया था...कहते हैं आदमी बदल सकता है मगर उसकी फितरत नहीं, इन लोगों से तो आज भी डर लगता है।" मोनी अपने परिवार से मिले डर को धर्म के दायरे में तक़सीम कर सबके सामने रखता है।

आशुतोष मोनी की इस बात से गुस्सा होता है, "चुप कर, मुसलमान है तो क्या हुआ...इनसान तो सभी एक से होते हैं, हमारे मास्टर जी कहते हैं कि हर एक में दिल और दिमाग़ होता है...सबके ख़ून का रंग एक ही होता है इसलिए उसे बाँटकर देखने में बेवकूफ़ी है।"

डेनियल भी एक सुने–सुनाये डर के दायरे में सिमटा बोल पड़ता

है, "तुझे नहीं पता, हमारे बड़े लोग कहते हैं इनसे दूर रहना चाहिए... लड़ाई–झगड़ा भड़क जाये तो मुश्किल हो जाती है।"

आशुतोष इस बात से झुँझला जाता है, "तेरे बड़े तो न जाने किस ज़माने में पैदा हुए हैं...पर हम सबको ऐसा नहीं सोचना चाहिए...धर्म सिर्फ़ अपने–अपने तरीक़े से जीने का एक ढंग है...इसका मतलब यह बिल्कुल नहीं कि हम किसी को उसके धर्म के दायरे में बाँधकर देखें...हर किसी धर्म ने इनसानियत को ही पूजा का दर्ज़ा दिया है...इस तरह की बातें किसी के बारे में करना या सोचना महापाप है, समझे।"

काले बड़े ही तंज़ भरे अन्दाज़ में कहता है, "तो फिर तू जा और श्याम को बुलाकर ले आ।"

बच्चों की बातचीत छोटा मुँह बड़ी बात सी लगती है, जिसकी वजह शायद उन्हें भी नहीं मालूम थी आख़िर वह यह सब बातें क्यों कर रहे हैं। फिर भी इनकी बातों में कहीं बचपना, कहीं उदारता और कहीं समझदारी नज़र आती है।

•••

वहीं दूसरी तरफ़ असलम और श्याम ख़ुशी से आपस में बातें कर रहे हैं।

"ठीक है श्याम बेटा तुम कल तैयार रहना हम तुम्हें लॉन–टेनिस भी खेलना सिखायेंगे और होटल भी दिखायेंगे।" असलम बड़े ही प्यार से श्याम के सिर पर हाथ फेरता है मानो वह उसका अपना ही बेटा हो।

श्याम यह सुनकर बेहद ख़ुशी महसूस करता है, "अच्छा अंकल, अभी हम चलते हैं, हमारे दोस्त बाहर हमारा इन्तज़ार कर रहे होंगे।"

"अच्छा...ठीक है।" असलम दरवाज़े तक उसके साथ आता है और श्याम कई सारी गेंदों के साथ बाहर पार्क की तरफ़ चला जाता है।

बाहर खड़े बच्चों ने भला कहाँ सोचा होगा, श्याम उछलता–कूदता उस घर से बाहर निकलेगा। सभी बच्चे उसे इस तरह देखकर भौचक्का रह जाते हैं। आशुतोष चिल्लाते हुए बोलता है, "वो देखो...श्याम आ रहा है।"

सब बच्चे उसकी तरफ़ दौड़ते हैं। मोनी बड़ी उत्सुकता से कहता है, "अरे इसके हाथ में तो बहुत–सी गेंदें हैं।"

श्याम उनकी तरफ़ आता है और सभी उसकी तरफ़ हैरानी और उत्सुकता से बढ़ते हैं।

"श्याम हम तो डर गये थे, कहीं तुम्हें?" डेनियल कहते–कहते रुक जाता है।

"क्यों...ऐसा क्या हुआ जो तुम डर गये थे?" श्याम हैरानी से पूछता है।

"वहाँ उस घर में तो कोई मुसलमान रहता है न?" काले की बात में एक डर का भाव छिपा था।

"कहते हैं मुसलमान आदमी बड़े ख़तरनाक होते हैं...न जाने क्या कर डालें।" मोनी इस डर को और बढ़ाता है और धर्म की दीवार को पकड़कर रखने की कोशिश करता है।

श्याम यह सब सुनकर हैरान ही नहीं परेशान भी होता है, "धत्...तुम तो बस बेकार की बातें सोचते रहते हो...पता है असलम अंकल ने हमें इतनी सारी गेंदें दी हैं और अपने साथ फाइव–स्टार होटल में खेलने भी ले जायेंगे!"

सभी इस बात को सुनकर चौंकते हैं। मोनी उत्सुकता से पूछता है, "होटल में...खेलने...क्या बात कर रहा है यार...!"

काले बड़े अचरज के साथ, "कमाल है भई...हम लोग तो यूँ ही...।"

"हमसे भूल हुई श्याम...जो हम ऐसा सोच रहे हैं।" डेनियल अपनी ग़लती मानते हुए कहता है।

मोनी अपनी इच्छा प्रकट करता है, "यार हमें भी ले चलना अपने साथ...कैसा होता होगा होटल में सब कुछ...।"

आशुतोष जो काफ़ी देर से चुप था, "चुप, अब उसके साथ चलने के लिए तैयार है और पहले क्या उलटा–सीधा बक रहा है।"

"देखो किसी को बिना जाने, उसके बारे में ग़लत सोचना बहुत बड़ा पाप होता है और हम बच्चों को तो ऐसा कभी नहीं सोचना चाहिए।" श्याम की बात में बड़ों जैसी समझ झलकती है।

"हमें माफ़ कर दे यार....यह हमारी भूल थी।" मोनी बड़े ही भोलेपन से कहता है और अपनी सोच के लिए सॉरी महसूस करता है।

"हाँ...यह हमारी सचमुच काफ़ी बड़ी भूल थी।" काले भी मोनी की बात को आगे बढ़ाता है और अपनी ग़लती को महसूस करता है।

"अब हम भी असलम–अंकल से मिलेंगे।" डेनियल भी श्याम की बात से प्रभावित होता है और ख़ुद भी मिलने की बात करता है।

श्याम डेनियल के मुँह से अंकल का नाम सुनकर चौंकता है, "तुझे अंकल का नाम मालूम है?"

"हाँ, मेरी मदर ने मुझे बताया था।" डेनियल पहले से ही जानता था कि उस घर में जो मुसलमान रहता है उसका नाम असलम ख़ान है।

"ठीक है...फिर मिल लेना...यह लो, सब एक–एक गेंद बाँट लो।" श्याम सभी को असलम ख़ान की तरफ़ सी दी गयी गेंदों को बाँट देता है। सभी अपनी–अपनी गेंदों को उछालना शुरू कर देते हैं।

सभी बच्चे अपनी–अपनी गेंदें आसमान की तरफ़ फेंकते हैं और भागते हुए एक जगह इकट्ठे होकर गेंद को हाथ में पकड़ने के लिए हाथों को ऊपर उठाते हैं। इन्हीं हाथों के साथ गेंदों का गिरना ऐसा दिखायी पड़ता था मानो आसमान से खुशियों की बारिश हो रही हो। मलंग, कहीं दूर गाते–बड़बड़ाते चला जा रहा था...

उछल रहे हैं, बच्चे ऐसे,
जैसे निर्मल जल की बारिश...!
बच्चे बाँटे हैं खुशियाँ,
क्या तू बाँटे है इंसां...?

–जो उम्र खेलने–कूदने व ख़ुश रहने की है, वह उम्र भला इस धर्म की उधेड़बुन व भेदभाव से क्यों लिपटी पड़ी है...हालातों और परिस्थितियों ने उनके दिल व दिमाग़ पर इसका एक गहरा असर क्यों छोड़ रखा है? क्यों होता है भला यह सब, कौन है इन सबका ज़िम्मेदार? हमारी संस्कृति, हमारी सभ्यता, हमारे धर्म या हम ख़ुद? इस सवाल को समझना होगा, कम–से–कम इस नयी पीढ़ी के ख़ुशहाल भविष्य के लिए...!

•••

4

आज की सुबह श्याम के लिए हर रोज़ से अलग थी। बिना अम्मा के आवाज़ लगाये वह बेहद स्फूर्ति के साथ बिस्तर से उठकर बाहर की तरफ़ निकलकर, असलम के घर की तरफ़ देखता है, जो उसके घर से साफ़ दिखायी देता था। असलम के घर के सामने खड़ी साइकिल ये बताती थी कि असलम अंकल अभी तक अपने काम के लिए घर से नहीं निकले हैं।

श्याम झट से तैयार होने लग जाता है, हर काम इतनी जल्दी–जल्दी करता है कि उसकी अम्मा पूछती है, "काहे इतनी जल्दी कर रहा है।"

"अरी अम्मा तू तो जानती है, आज मैं असलम अंकल के साथ फाइव–स्टार होटल जा रहा हूँ।" श्याम की बात में बेहद उत्साह नज़र आ रहा था।

"काहे बड़े लोगों के बीच जाकर अपने मन को दुःखी करना चाहता है।" श्याम की माँ घर के काम–काज करते हुए अपने बेटे से बात करती रहती है।

श्याम भी झटपट तैयार होकर असलम अंकल के घर पहुँचना चाहता है, "अम्मा चिन्ता काहे करती हो, क्यों परेशान होती हो, मैं अकेले थोड़े ही जा रहा हूँ, मैं तो असलम अंकल के साथ जा रहा हूँ।"

"तेरे बापू को यह सब पसन्द नहीं है, ऐसे ही किसी के साथ जाना ठीक बात नहीं होती है।" माँ की बात में कहीं स्वयं का सम्मान व स्वाभिमान नज़र आता है।

"अम्मा...मेरी अच्छी अम्मा, मैंने कहा न चिन्ता मत करो, मैं शाम तक आ जाऊँगा।"

"सो तो ठीक है, पर देख बेटा बड़ी जगह जा रहा है, ध्यान से रहना...

कुछ गड़बड़ मत करना।" माँ अपनी ग़रीबी की दशा को जानती है इसलिए वह अपने बेटे के फाइव–स्टार होटल जाने की बात से ख़ुश नहीं चिन्तित है।

"नहीं अम्मा, तू खामख़ा चिन्ता कर रही है, मैं सब अच्छे से सँभाल लूँगा....अच्छा मैं अब चलता हूँ कहीं मेरे चक्कर में अंकल को देर न हो जाये।" कहते हुए श्याम वहाँ से भागता हुआ चला जाता है।

•••

उधर असलम अपनी साइकिल घर से बाहर निकालकर अपनी ड्यूटी के लिए जाने लगता है। इसी बीच श्याम भी वहाँ भागता हुआ असलम ख़ान के पास आ पहुँचता है।

"अंकल...हम आ गये, आपके साथ चलने के लिए।" श्याम बड़ी उत्सुकता में नज़र आता है।

असलम उसकी तरफ़ बड़े ग़ौर से देखता है और उसे ऊपर से नीचे तक निहारता है। श्याम काफ़ी साफ़–सुथरे कपड़े पहने हुए था। ग़रीब को जब कुछ सुन्दर देखने या पाने का मौक़ा मिलता है तो वह अपने कपड़ों को बिस्तर के गद्दे के नीचे रख इस्तरी करके बेहतर बनाने की कोशिश करता है, श्याम के कपड़ों में गद्दे के नीचे वाली अकड़न व क्रीज बनी हुई साफ़ दिखायी दे रही थी।

असलम यह देखकर मुस्कुराता है और बड़े प्यार से उससे कहता है, "बेटा श्याम, तुम अपनी अम्मा से तो पूछकर आये हो न...?"

"हाँ अंकल, हमने कह दिया कि हम असलम अंकल के साथ जा रहे हैं...अम्मा ने ही हमें तैयार किया और कहा, 'देख बेटा, बड़ी जगह जा रहा है, तो ध्यान से रहना...कुछ गड़बड़ मत करना'।" श्याम अपनी अम्मा की बात उसी के अन्दाज़ में दोहराता है।

अंकल हमने भी कह दिया, अब हम कोई इतने नादान नहीं रहे, बड़े हो गये हैं और फिर असलम अंकल भी तो हमारे साथ होंगे...फिर हमें काहे का डर...!"

असलम का हृदय श्याम की बातों से गद्‌गद हो उठता है, वह उसे बड़े प्यार से गले लगा लेता है। असलम भावुकता के आवेग में आसमान

की ओर देखता है मानो वह अपने अतीत में खोकर अपने बिछुड़े हुए बेटे को याद कर रहा हो...।

•••

...असलम अपने 12 साल के बेटे अनवर के साथ शहर की सड़कों पर ख़ुशी–ख़ुशी घूम रहा था। एकाएक दूर से भीड़ की शक्ल में आतंकियों का शोर मचाता हुआ हुजूम भागता चला आ रहा था..."भागो....भागो...भागो...!"

कुछ लोग डण्डे व चाकू लेकर भागे जा रहे थे तो कुछ लोग पत्थर फेंक रहे थे। कुछ दुकानों में आग लगाने लगे थे, तो कुछ गाड़ियों को जलाने में लगे नज़र आ रहे थे।

असलम अपने बेटे अनवर को इस भीड़ में भागे हुए लिये चले जा रहे थे कि अचानक उस बेकाबू भीड़ में दौड़ते हुए असलम के हाथ से उसके बेटे का हाथ छूट जाता है और वह धक्का–मुक्की में अपने बेटे से कहीं दूर निकल जाता है। यह सब इतनी तेज़ी से हो जाता है कि असलम को पता ही नहीं चल पाता आख़िर उसका बेटा अनवर कहाँ गायब हो जाता है। आंतकी भीड़ कितनी निर्दयी होती है इसका अन्दाज़ा लगा पाना बेहद मुश्किल होता है।

असलम एक जगह खड़ा होकर बेतहाशा ज़ोर–ज़ोर से चिल्लाने लगता है...."अनवर!...अनवर! ...बेटा...अनवर...!!"

असलम अपने बेटे के नाम को चिल्लाते–चिल्लाते थक जाता है और उसके आँसू उस बेमुरौवत भीड़ की तरह सहलाव की शक्ल में बहते चले जाते हैं, "यह सब क्या हो गया मेरे ख़ुदा...याख़ुदा रहम कर...मेरे अनवर को बचा ले...मुझे उससे मिलवा दे...!"

इसी बीच असलम को एक ज़ोरदार धक्का लगा और वह धड़ाम से नीचे गिर जाता है। लोगों की भीड़ उसके ऊपर से दौड़ती चली जाती है और वह बिलखता–चिल्लाता रह जाता है, अन्ततः एक ज़ोर की चीख़ के साथ वह बेहोश हो जाता है।

•••

अपने अतीत से निकलकर असलम जब आता है तो उसकी आँखों में आँसू भरे थे और वह अभी भी अपने बेटे... 'अनवर' को पुकारता नज़र आता

है। श्याम असलम को ऐसे देखकर हैरान होता है और पूछता है, "असलम अंकल क्या हुआ...आपकी आँखों में आँसू...?"

असलम अपनी आँखें पोंछता है, "कुछ नहीं बेटा...।"

"नहीं अंकल...आप हमसे कुछ छिपा रहे हैं, अनवर कौन है?" –श्याम अपनी भावुकता प्रकट करते हुए पूछने की कोशिश करता है।

"छोड़ो...चलो चलते हैं..।" –असलम उसे वहाँ से लेकर चलने लगता है।

"नहीं हम पहले जानना चाहते हैं...आप हमें बताइये...?" –श्याम जानने की कोशिश करता है।

असलम नहीं चाहता कि अपने साथ के इस हादसे को बताकर श्याम के मन में किसी किस्म का डर पैदा करे, "कुछ नहीं, बस यूँ ही हमें अपने बेटे अनवर की याद आ गयी।"

"कहाँ है वह...मुझे उससे मिलवाओगे अंकल?" –श्याम भोलेपन से पूछता है।

"आप उससे नहीं मिल सकेंगे शायद...।" –एक पिता की ऐसी व्यथा है, जो वह शायद चाहकर भी ठीक से बता नहीं पायेगा।

"क्यों अंकल...?" –श्याम कुछ अनजाने से सवाल कर रहा था।

कभी–कभी आप कुछ कहते हैं जो दूसरा नहीं सुन पाता, ठीक वैसा ही असलम के साथ भी था, वह अपने आपसे ही बातें करने लगता है, "न मालूम कहाँ होगा, पता नहीं, है भी या...? उसकी बेचारी अम्मा आज भी उसका इन्तज़ार करती होगी...मगर मैं किस मुँह से जाऊँ...क्या कहूँ उससे, क्या जवाब दूँ उसको कि आतंक और साम्प्रदायिकता के क्रूर हाथों ने उसके अनवर को उससे अलग कर दिया...।"

•••

असलम का गाँव अलवर था, जहाँ उसका घर एक सरकारी स्कूल के पास ही पड़ता था। घर के भीतर की हर चीज़ उसके मज़हब और उसके तहजीब की परिचायक थी। उसकी बीवी चेहरे पर उदासी का आलम लिए घर के कामकाज में व्यस्त थी। वहीं एक बूढ़ा आदमी चारपाई पर बाहर बैठा हुक्का पी रहा था।

औरत घास–फूस उठाकर गाय–भैंसों के आगे डाल रही थी। वह गाय के सिर पर बड़े प्यार से हाथ फेरती है। फिर पानी की बाल्टी उसके

आगे रखती है, गाय–भैंस एक साथ पानी पीती हैं। दूर से एक गाय का बछड़ा भागता हुआ आता है और ज़ोर से गाय के थनों से दूध पीने लगता है। दूर बैठा बूढ़ा व्यक्ति यह सब देख रहा था। इसे देखकर लगता था जिस तरह गाय किसी हिन्दू परिवार के पालन–पोषण के काम आती है, ठीक वैसी ही इस मुस्लिम परिवार के लिए भी नज़र आ रही थी।

"अरे बहू, वो असलम का कोई ख़त आया, क्या उसने बताया कि वो कब आयेगा...मुझे उसकी नहीं अपने पोते अनवर की फिकर है, न जाने क्यों ले गया उसे भी अपने साथ...शहर से तो वैसे ही डर लगता है, भागते–दौड़ते लोगों के बीच में कब कोई खो जाये पता ही नहीं चलता, फिर लड़ाई–झगड़ा, दंगे–फसाद तो वहाँ आम बात है।" –बूढ़ा व्यक्ति असलम का पिता था जो अपनी बहू तमन्ना से बात कर रहा था।

तमन्ना उस बूढ़े की तरफ़ एक गहरी दृष्टि डालती है और भागकर घर के अन्दर जाती है। वह दीवार पर टँगी मक्का–मदीना की तस्वीर के आगे हाथ फैलाकर दुआ करती है, "या अल्लाह...तू ही रहनुमा है सबका, मेरे शौहर और मेरी औलाद का शहर की बेमुरौवत ज़िन्दगी में उनकी खैरियत व सलामति का ख़याल रखना...। न जाने कब आयेंगे, कितने साल गुजर गये मुझे तो इन्तज़ार करते हुए, अब तो रहम कर मेरे मौला...रहम कर...उन्हें वापस भेज दे...मैं झोली फैलाकर तुझसे भीख माँगती हूँ... मुझ ग़रीब पर रहम कर।" –तमन्ना की आँखों में आँसू और आवाज़ में कँपन नज़र आ रहा था।

बाहर चारपाई पर बैठा बूढ़ा व्यक्ति उठकर अन्दर की तरफ़ जाता है और चौखट पर खड़ा होकर अपनी बहू तमन्ना को यूँ उदास देखता रहता है और फिर बोल पड़ता है, "अल्लाह क्या करेगा...उस कमबख्त को ही कोई चिन्ता ना है इस घर की...शहर की चमक–दमक में उलझ गया होगा बस...और तू है कि यहाँ रो–रोकर अपना बुरा हाल करती रहती है।"

तमन्ना अपने आँसुओं को अपने दुपट्टे से पोंछती है, "नहीं अब्बू वो ऐसा नहीं कर सकते...मुझे पूरा विश्वास है, वो ज़रूर आयेंगे।"

"ठीक है, बनी रहो इसी खोखले विश्वास पर, अभी तू जाकर गाय का दूध निकाल ले मुझे भूख भी लगी है।" –कहते हुए अब्बू घर के अन्दर की तरफ़ चला जाता है।

●●●

उधर श्याम और असलम आपस में बातें कर रहे हैं। श्याम बड़ी विनम्रता से पूछता है, "असलम अंकल, आप उनको अपने पास क्यों नहीं बुला लेते?"

"किस मुँह से उसके पास जाऊँ...पता नहीं अनवर कहाँ है...वहाँ जाकर क्या जवाब दूँगा...।" असलम की आँखें आँसुओं से भर गयी हैं।

श्याम अपने अंकल की मनःस्थिति समझता है, "मैं जो हूँ आपके बेटे जैसा...मैं भी उन्हें अम्मी–जान कहकर पुकारूँगा...आप देखना वह हमें बहुत प्यार करेंगी और अपने अनवर की कमी को महसूस नहीं करेंगी।"

असलम प्यार से उसके कन्धे पर हाथ रखता है, "हाँ...तुम बिल्कुल मेरे अनवर जैसे ही हो...मैं कल ही ख़त डालकर उन्हें ख़बर कर दूँगा कि मैं लेने आ रहा हूँ...तैयार रहना...अच्छा...चलो चलते हैं, आप साइकिल पर तो आराम से बैठ जाओगे न?" मुस्लिम भाषा में एक अपनी ही तहजीब होती है जो असलम की बातचीत से साफ़ झलक रही थी।

"अंकल आप बैठने की बात कर रहे हैं, साइकिल तो हम चला भी लेते हैं...हाँ वैसे चलाते हुए कभी–कभार गिर ज़रूर जाते हैं।" श्याम बड़ी ही मासूमियत से कहता है।

"चलो, हम तुम्हें नहीं गिरने देंगे...।" असलम उसे साइकिल पर बैठा लेता है।

श्याम साइकिल के डण्डे पर बैठ जाता है। आज असलम साइकिल चलाते हुए काफ़ी ख़ुश और उत्साहित नज़र आ रहा है। असलम को ऐसा लग रहा था, मानो वह अपने बेटे अनवर के साथ ही जा रहा हो। साइकिल यमुना नदी के किनारे से गुज़रते पगडण्डीनुमा रास्ते पर चली जा रही थी। श्याम की उत्सुकता और असलम की ख़ुशी नदी की बहती हवा के संग मिलकर सौ गुनी हो गयी थी।

साइकिल का पहिया घूमे है भइया,
जैसे घूमे है यह दुनिया सारी;
कुछ रह जाता है पीछे,
कुछ मिल जाता है आगे,
हर पल इंसां चलता जाता;
उसका भी कुछ रह गया है पीछे,
कुछ आगे उसको पाना है,
रिश्तों के बन्धन में चलते चले जाना है।।

●●●

असलम तेज़ी से साइकिल के पैडल को अपने पाँवों से घुमाये जा रहा था और तेज दौड़ती साइकिल पर बैठा श्याम बेहद ख़ुश नज़र आ रहा था। ऐसा कुछ देखने को जब किसी को मिलता है जो उसके लिए उसे सपनों में भी पाना नामुमकिन होता है तो उसकी ख़ुशी का ठिकाना नहीं रहता।

"अंकल, आपका होटल कितनी दूर है ?" श्याम होटल देखने के लिए काफ़ी व्याकुल था।

"बस आने ही वाला है।" असलम साइकिल के पैडल ज़ोर से घुमाने लगा था।

श्याम बेहद ख़ुश दिखायी दे रहा था, "अच्छा अंकल, होटल में हमें कोई रोकेगा तो नहीं?"

"क्यों रोकेगा...होटल में तो कोई भी जा सकता है।"

"सुना है, होटलों में सिर्फ़ अमीर लोग ही जाते हैं...ग़रीब भी जा सकता है क्या ?" श्याम कहीं अपने बारे में पूछ रहा था।

"क्यों नहीं, हमारे आज़ाद भारत में हर इनसान को हक है कि वह कहीं भी, किसी भी बड़े–से–बड़े होटल या रेस्टोरेण्ट में जा सकता है... हर–एक का यह मौलिक अधिकार है, जो हमें क़ानूनी तौर से भी मिला हुआ है।" असलम बड़े ही आदर्श इनसान की तरह श्याम को समझाता है।

"लेकिन अंकल, हमारी बस्ती में से कोई भी होटल में जाने की बात सोचकर ही घबरा जाता है।" श्याम की बातों में ग़रीब की मनोदशा झलकती है।

"यही तो ग़रीब की कमज़ोरी है, वह अपने आपको हमेशा कमज़ोर और समाज का पिछड़ा हुआ इनसान समझता है क्योंकि उसे हमेशा से ही उच्च वर्ग के लोगों ने दुत्कारा है, उसमें एक हीन भावना भरी है, उसके आत्मविश्वास और ख़ुद्दारी को ख़त्म किया है।" –असलम की बात में अपने ख़ुद का दर्द नज़र आ रहा था, वरना यह बात कोई बच्चे के सामने तो बिल्कुल नहीं करता।

"अंकल, यह आत्मविश्वास और ख़ुद्दारी क्या होती है?" श्याम इतने भारी–भरकम शब्दों के अर्थ नहीं समझ पाता है।

"आत्मविश्वास और ख़ुद्दारी इनसान की वो ज़रूरी चीज़ें हैं, जिसके बिना कोई भी जीवन को जीवन की तरह, स्वाभिमान के साथ नहीं जी सकता।" असलम एक टीचर, एक फिलॉसफ़र की तरह अपनी बात कहता है।

"मगर अंकल, स्वाभिमान क्या घमण्ड नहीं होता...?" श्याम की बात में एक समझदारी नज़र आती है।

"नहीं...श्याम बेटा, घमण्ड और स्वाभिमान दोनों अलग–अलग हैं... घमण्ड इनसान को बर्बाद करता है और स्वाभिमान सही तरह से जीने की राह दिखाता है। ख़ैर, छोड़ो तुम ये सब...तुम्हें इस दुनिया के हेर–फेर में नहीं पड़ना चाहिए।" असलम बात को और आगे नहीं बढ़ाना चाहता है।

"पर असलम अंकल...क्या सचमुच होटल बहुत सुन्दर होता है...मुझे तो घबराहट हो रही है।" श्याम जैसे–जैसे होटल के क़रीब पहुँच रहा था, उसके भीतर का डर बढ़ता जा रहा था।

"वो देखो, होटल आ पहुँचे हैं हम...तुम घबराते क्यों हो...मैंने तुम्हें कहा न...अपने में स्वाभिमान पैदा करो और फिर मैं जो हूँ तुम्हारे साथ, इसमें डरने की क्या ज़रूरत है।" असलम श्याम की हिम्मत बढ़ाता है।

"हाँ...यह तो मैं भूल ही गया था...मैं तो यूँ ही घबरा रहा हूँ, आप जो हमारे साथ हैं, फिर हमें डरने की क्या ज़रूरत है।" श्याम अपने भीतर के डर को दबाने की कोशिश करता है।

असलम और श्याम होटल तक आ पहुँचते हैं। असलम अपनी साइकिल को साइकिल–स्टैण्ड पर खड़ा कर आता है और दोनों होटल के अन्दर दाख़िल हो जाते हैं।

....अधिकार, आत्मविश्वास, खुद्दारी और स्वाभिमान–यह सब इनसानी ज़िन्दगी के वह ज़रूरी पहलू हैं जिनके बिना जीवन व्यर्थ है। मगर श्याम को अभी इन सबकी कहाँ ख़बर थी और फिर होगी भी कैसे, उसके जीवन के हालातों का घेरा जो इतना तंग था, जिसके बाहर वह कुछ सोच भी नहीं सकता। असलम को ज़रूर इन सबका एहसास था, उसके जीवन का बहुत बड़ा हादसा इन्हीं सबसे जुड़ा हुआ था। जो अधिकार, जो सुकून हर वर्ग, हर इनसान को चाहिए उससे कोई भी, कहीं भी वंचित (बेख़बर) क्यों....यह महज एक सवाल नहीं, हक़ीक़त है...!!

•••

होटल की लॉबी में खड़ी ख़ूबसूरत परिचारिकाएँ आने वालों का स्वागत करते हुए नज़र आ रही थीं। श्याम असलम के साथ होटल में घुसते ही चारों तरफ़ घूम–घूमकर देखने लगता है। आश्चर्य व आनन्द के भाव

उसके चेहरे पर दिखायी दे रहे थे। श्याम सिर उठाकर ऊपर की तरफ़ देखता है, जहाँ उसे ख़ूबसूरत शीशे नज़र आते हैं और उसे उनमें अपना ही प्रतिबिम्ब नज़र आता है, जिसे देखकर वह बेहद ख़ुश होता है और शीशे में अपने आपको हाथ हिलाकर मुस्कुरा देता है।

असलम तेज़ी से चलते हुए थोड़ा आगे निकल जाता है। श्याम, असलम को आगे की तरफ़ देख, भागकर उस तक पहुँचना चाहता था कि एकाएक उसका पाँव फ़र्श पर फिसल जाता है। असलम मुड़कर देखता है, किन्तु तब तक श्याम झट से खड़ा हो जाता है।

"अरे...श्याम बेटा...आराम से चलो।" असलम श्याम का हाथ पकड़ लेता है।

"अंकल यह फ़र्श बहुत ज़्यादा चिकना है।" श्याम थोड़ा सकपकाते हुए कहता है।

एक व्यक्ति फ़र्श को साफ़ करता हुआ दिखायी देता है।

असलम, "चलो...आओ...मेरे साथ चलो...।"

श्याम असलम का हाथ पकड़कर चलने लगता है। लोग उनकी तरफ़ देख रहे हैं। दोनों लॉबी से होते हुए बिजली से चलने वाली सीढ़ियों यानी एस्किलेटर पर खड़े होकर नीचे उतरते हैं, "हमें तो डर लग रहा है इस पर...।"

"श्याम...देखो फिर तुम डरने वाली बात कर रहे हो? अभी हम पहुँच जाते हैं...ये देखा...।" एस्किलेटर उन्हें नीचे ले आता है। श्याम झट से पाँव आगे बढ़ाकर चलने वाली सीढ़ियों से उतर जाता है और फिर चलते हुए पीछे मुड़कर देखने लगता है।

दोनों गैलरी से होते हुए जा रहे थे। ख़ूबसूरत मखमली गलीचे पर श्याम पाँव रखते हुए झिझकता है। असलम उसकी तरफ़ देखता है, "बेटा चिन्ता नहीं करते...इसे, इसीलिए बिछाया गया है कि तुम इस पर आराम से चल सको।"

"मगर अंकल यह तो बहुत सुन्दर है, इसमें बने सफ़ेद फूल गन्दे हो जायेंगे।" श्याम बड़ी भोली–सी आवाज़ में कहता है। असलम एक मुस्कुराहट के साथ श्याम के सिर पर हाथ फेरते हुए उसे आगे ले जाता है।

असलम और श्याम दोनों लिफ्ट में घुसते हैं। श्याम लिफ्ट के अन्दर

लगे शीशों में अपने आपको देखता और शर्माता है। श्याम अपने हाथ से अपने कॉलर को ठीक करता है, साथ ही तिरछी नज़र से शीशे में देखता है और फिर घूमकर नीचे सिर करके खड़ा हो जाता है। लिफ्ट ऊपर आ जाती है और दरवाज़ा खुल जाता है। श्याम एकदम अपना सिर ऊपर कर बाहर निकल जाता है। असलम और श्याम चलते हुए एक जगह रुक जाते हैं।

असलम एक कमरे में घुसते हुए श्याम से कहता है, "अच्छा श्याम तुम यहाँ रुको, मैं अभी आता हूँ।"

श्याम घबरा जाता है, "आप कहाँ जा रहे हैं अंकल...?"

"मैं अपने कपड़े बदलने जा रहा हूँ...।"

"वो क्यों...।"

"क्योंकि इन कपड़ों को पहनकर नहीं खेलते, उसके लिए तुम्हारे स्कूल की तरह हमारी भी यूनिफॉर्म होती है।" असलम लॉन–टेनिस की ड्रेस पहनकर ही एक कोच की हैसियत से कोर्ट में उतरता था।

"अच्छा...पर अंकल आप जल्दी आइएगा...हमें यहाँ खड़े...डर...।" श्याम वहाँ अकेले खड़े रहने में अपने आपको ओकवर्ड महसूस करता है।

"अरे फिर वही डर...बेटा डर उसे होता है जो डरता है और तुम्हें डरने की कोई ज़रूरत नहीं है, और फिर यहाँ तुम्हें कोई कुछ नहीं कहेगा। अगर फिर भी कोई पूछे तो कह देना कि तुम मेरे साथ आये हो।" यह कहकर असलम अन्दर चला जाता है।

श्याम घबराया हुआ वहीं खड़ा रहता है। जो भी वहाँ से गुज़रता उसे अचम्भित नज़रों से देखता। आते–जाते लोगों का उसे इस तरह से घूरकर देखना अच्छा नहीं लग रहा था। श्याम की मनःस्थिति अजीब हो रही थी। एकाएक वह दीवार की तरफ़ मुँह करके खड़ा हो जाता है। लोग आते–जाते उसकी तरफ़ हैरानी से देखते हुए निकल जाते, श्याम चुपचाप दीवार की तरफ़ मुँह करके खड़ा रहता है।

अचानक पीछे से एक हाथ आवाज़ के साथ उसके कन्धे पर थपथपाता है, "चलिए...।"

श्याम घबराकर घूमते हुए बोल उठता था, "मैं अंकल के साथ...!" असलम को देख श्याम बोलते हुए रुक जाता है। असलम उसकी घबराहट को भाँपकर मुस्कुराता है, "डरते नहीं...अच्छा चलिए हमारे साथ मैदान में...तुम्हें दौड़ाते हैं, तुम्हारा यह डर छूमन्तर हो जायेगा।"

श्याम असलम को देखकर हैरान होता है। वह सफ़ेद निक्कर और टी–शर्ट पहने था, साथ ही सफ़ेद कपड़े के जूते भी और हाथ में उसके लॉन–टेनिस का रैकेट भी था।

श्याम बड़ी उत्सुकता के साथ पूछता है, "अंकल, आप पूरे खिलाड़ी लग रहे हैं।"

"हम खिलाड़ी लग क्या रहे हैं, हम हैं भी...।" असलम हँसते हुए कहता है।

दोनों मैदान की तरफ़ आ पहुँचते हैं। वहाँ दो व्यक्ति पहले से ही मैदान में खेल रहे थे। असलम मैदान की तरफ़ बढ़ता है, "श्याम बेटा, तुम यहाँ कुर्सी पर बैठ जाओ और देखो लॉन–टेनिस कैसे खेलते हैं।"

"ठीक है असलम अंकल, हम यहाँ से आपको खेलते हुए देखेंगे।" –श्याम लॉन–टेनिस के कोर्ट को देखकर बड़ी उत्सुकता महसूस करता है।

खेलते हुए दोनों व्यक्तियों में से एक रुककर असलम को 'नमस्ते' करता है। असलम मैदान में जाकर गेंद उठाकर दूसरी ओर फेंकता है और खेलने लगता है। श्याम अपने असलम अंकल को खेलते हुए और खेलना सिखाते हुए देख रहा था। गेंद को उठाकर दूसरी तरफ़ मारना, फिर गेंद का वापस आना...यह क्रम जारी रहता है। थोड़ी देर बाद श्याम की तरफ़ गेंद आती है तो श्याम झट से उसे उठाकर वापस फेंक देता है।

असलम दूसरे व्यक्ति को बल्ला पकड़ाता और सही खेलने का निर्देश देकर ख़ुद श्याम की तरफ़ आ जाता है, "कहो श्याम बेटा, हमारा यह खेल कैसा लगा?"

"बहुत अच्छा...अंकल यह सब इतने बड़े आदमी खेलना सीखते हैं?" श्याम की आवाज़ में ख़ुशी और आँखों में चमक नज़र आ रही थी।

"हाँ बेटा, ये अमीरी का दामन ओढ़े लोग हैं जो अपने शरीर को थोड़ा वर्जिश करवाने के मकसद से यहाँ खेलने चले आते हैं।"

"क्या मैं भी खेलना सीख सकता हूँ...।"

"क्यों नहीं, यह सिर्फ़ अमीरों का खेल ज़रूर है, मगर सीख तो कोई भी सकता है।"

"सच...अंकल...आपने कैसे सीखा था।" श्याम यह जानना चाहता है कि असलम जो ख़ुद ग़रीब बस्ती में रहता है, उसने यह अमीरों का खेल कैसे खेलना सीखा।

असलम उसके इस सवाल के जवाब को तलाशने की कोशिश करता है और कुछ देर सोचने के बाद कहता है, "बेटा, ये एक लम्बी कहानी है, फिर कभी इत्मीनान से सुनाऊँगा।"

"अगर आप बता देंगे तो हमें भी उससे प्रेरणा मिलेगी और शायद हम भी आपकी तरह इस खेल में चैम्पियन हो जायें।" श्याम इस खेल को सीखने की इच्छा प्रकट करता है।

असलम श्याम की बात से बेहद प्रभावित होता है और उसकी आँखों में एक बेहतरीन खिलाड़ी बनने का सपना देखता है, "बेशक! तुम्हारा इतना सोच लेना ही काफ़ी है...और फिर हम हैं न, अपने श्याम बेटे को ज़रूर खेलना सिखायेंगे और आपको इन लोगों से कहीं आगे पहुँचायेंगे इस खेल में...ये हमारा वादा है।" असलम अपने अतीत को याद करने लगता है।

•••

असलम मैदान में बहुत जोश के साथ खेल रहा था, वह मैच में दो–ज़ीरो से आगे चल रहा था। लोग शोर मचा रहे थे। असलम आख़िरी राउण्ड भी जीत जाता है। असलम को लोग उठा लेते हैं।

कुछ लोग आपस में बात करते हुए सुनाई पड़ते हैं, "इस बार तो असलम को बाहर खेलने के लिए ज़रूर भेजा जायेगा...।"

"क्या मालूम...देखो क्या होता है।" दूसरा कहता है।

"भइये, अच्छा खेल लेना ही काफ़ी नहीं होता....कुछ और भी चाहिए होता है।" एक तीसरा व्यक्ति बोलता है।

"कुछ और...क्या...?" पहला व्यक्ति अचरज से पूछता है।

"बड़ी पहुँच, बड़ा दबाव, बड़ा पैसा और क्या!...समझे?" दूसरा व्यक्ति बड़े तंज़ भरे अन्दाज़ में कहता है।

"सो तो है, इसके बिना कोई भी...अच्छे से अच्छा खिलाड़ी सही जगह खेलने पहुँच ही नहीं सकता।" तीसरा व्यक्ति इस बात को इस तरह से कहता है, मानो खेलों में चलने वाली पोलिटिक्स से वाक़िफ़ हो।

•••

ऑल इण्डिया टेनिस एसोसिएशन की बिल्डिंग में एक लम्बे से कोरीडोर से होता हुआ असलम ख़ान अपने टीम के मैनेजर के पास आ पहुँचता

है, जो अपने बड़े से सरकारी दफ़्तर के कमरे में बैठा था। चारों तरफ़ खेलों में दी जाने वाली ट्रॉफियाँ लगी हुई थीं, दीवारों पर राष्ट्र नेताओं की तस्वीरें थीं। मैनेजर के पीछे की तरफ़ सत्य और अहिंसा के प्रेरक महात्मा गाँधी की बड़ी सी तस्वीर लगी हुई थी। मैनेजर की टेबल पर उसकी नेम प्लेट पड़ी हुई थी जिस पर उसका नाम सत्यप्रकाश मिश्र लिखा हुआ था। असलम ख़ान के कमरे में आने पर मैनेजर अपने चेहरे से चश्मा उतारते हुए उसकी तरफ़ देखता है और इशारा करके उसे कुर्सी पर बैठने के लिए कहता है, "आओ असलम...बैठो...।"

असलम कुर्सी खींचकर बैठ जाता है। मैनेजर बड़े अदब से कहता है, "असलम, तुम्हें मैं बहुत–बहुत मुबारकबाद देता हूँ कि तुम जैसा व्यक्ति भी इन अमीरों के खेल में यहाँ तक पहुँच सकता है।"

"थैंक्स सर...आपकी मेहरबानी है।" असलम बड़े ही अदब से मैनेजर का शुक्रिया अदा करता है।

"मगर अब मैं समझता हूँ कि तुम्हें कहीं कोच की नौकरी कर लेनी चाहिए...।" मैनेजर मिश्र अपनी कुर्सी पर पीछे की तरफ़ रिलेक्स करते हुए असलम को सलाह देता है।

असलम यह सुनकर हैरान होता है, "यह आप क्या कह रहे हैं सर...नौकरी...?"

"हाँ, मैं ठीक कह रहा हूँ...वह सब यही चाहते हैं।"

"वह सब कौन सर..?" असलम जानना चाहता है कि वह कौन हैं जो उसके बारे में तय करना चाहते हैं।

"इस क्लब व संस्था के संस्थापक हैं।" मैनेजर बड़े रुआब से बताता है।

"मगर सर आप तो जानते हैं कि मैं अपने देश का नाम इस खेल में सबसे आगे पहुँचाना चाहता हूँ...।"

"देखो असलम वह सब मैं जानता हूँ, पर मैं कुछ नहीं कर सकता...।" मैनेजर मिश्र अपनी मजबूरी बताता है।

"सर आप ऐसा नहीं कर सकते, आप खेल व खेलने वाले के साथ बेइंसाफ़ी नहीं कर रहे हैं...आप नहीं जानते कि आप किसी के हुनर की जान ले रहे हैं...यह गुनाह है, एक बहुत बड़ा पाप है, ख़ुदा से डरिये सर...।" असलम की आवाज़ में एक ग़ुस्सा, एक असहनशीलता, एक बेचैनी झलक रही थी।

"सॉरी, मैं मजबूर हूँ...मैं कुछ नहीं कर सकता...तुम विदेश के दौरे

पर खेलने नहीं जाओगे...और हाँ तुम्हारे लिए नौकरी का बन्दोबस्त ज़रूर कर दिया जायेगा।" मैनेजर मिश्र अपनी बात बड़ी कठोरता से कहता है।

"सर मैंने अपनी ग़रीबी को सहते हुए, मेहनत व लगन से इस खेल में महारत हासिल की है और आप लोग इसे ख़त्म कर देना चाहते हैं... एक हवेली के ग़रीब चौकीदार का बेटा रहा हूँ। जिसने अपने मालिक की रात–दिन सेवा करके अपने इस बेटे के लिए लॉन–टेनिस कोर्ट में खेलने की परमिशन ली...इतना ही नहीं मैंने उस टेनिस कोर्ट में झाड़ू लगाया, उसे अपनी जान लगाकर सँवारा, उस लाल बजरी के रेतीले मैदान में नंगे पाँव खेलकर आज इस मुकाम तक पहुँचा हूँ। जिस चीज़ को पाने के लिए मैंने इतनी मेहनत, इतनी तपस्या की, उसके इतना क़रीब पहुँचने के बाद मैं कैसे पीछे हट सकता हूँ सर...आप ऐसा नहीं कर सकते।" असलम के शब्दों में झुँझलाहट और आँखों में आँसू नज़र आते हैं।

"ओफ, ओ...! तुम समझने की कोशिश क्यों नहीं करते...मैं इसमें कुछ नहीं कर सकता मिस्टर असलम ख़ान।" मैनेजर अपनी झुँझलाहट दिखाता है।

"प्लीज़ सर...मुझ पर रहम कीजिए...मैं यक़ीन दिलाता हूँ कि आपकी शान में कोई कमी नहीं आने दूँगा...अपनी जान लगाकर वह ट्रॉफ़ी हासिल करके आऊँगा सर...।" असलम हाथ जोड़ते हुए अपनी बात रखता है।

"आई एम सॉरी मिस्टर असलम ख़ान...कल तुम मैदान में खेलने नहीं आओगे...राइट...! मुझे उम्मीद है तुम यह बात अच्छी तरह से समझ गये हो...अब तुम जा सकते हो...।" मैनेजर की बात में सख़्ती और बेरहमी नज़र आ रही थी।

असलम ख़ान ग़ुस्से में लाल हो उठता है, "ठीक है सर...मैं न कल से मैदान में नज़र आऊँगा और न ही आपकी शक्ल देखूँगा...समझे! ...मगर एक दिन मैं इसी ग़रीबी में पैदा हुए इनसान को इस खेल का चैम्पियन बनाऊँगा...मैं न सही मगर उसे आप और आपके संस्थापक हरगिज–हरगिज नहीं रोक पायेंगे...गुडबॉय मिस्टर चमचे!"

असलम ज़ोर से दरवाज़ा बन्द करते हुए वहाँ से बाहर निकल जाता है और मैनेजर के चेहरे की हवाइयाँ उड़ जाती हैं।

•••

असलम अपने अतीत से लौटता है तो अपनी आँखों को आँसुओं से भरा पाता है, वह अपने आँसुओं को समेटता है और श्याम के हाथों में लॉन–टेनिस का रैकेट (बल्ला) पकड़ाता है, "यह लो बेटा, तुम मेरा प्रतीक हो...तुम्हें इस खेल का चैम्पियन बनना होगा श्याम...नम्बर–वन बनकर दिखाना होगा...पूरी दुनिया में तुम्हारा नाम हो ऐसी उम्मीद है मुझे तुमसे...।"

श्याम लॉन–टेनिस का बल्ला पकड़कर असलम के पाँव छू लेता है। असलम उसे अपने सीने से लगा लेता है और सिर पर हाथ फेरकर उसे अपना आशीर्वाद देता है।

....सच ही तो था, ग़रीबी की मजबूरी हमेशा ही ग़रीब के आड़े आती रही है। दुनिया की शानोशौकत से कहीं दूर है, आज भी हमारे समाज का एक बहुत बड़ा भविष्य...इसका एकमात्र प्रतीक श्याम या असलम ही नहीं और भी बहुत से हैं, हमारे, हम सबके आसपास यहीं–कहीं...क्या कोई पिछड़ा है दुनिया की इस दौड़ में..? हाँ, इनसान के ही रूप में छूटता रहा है कोसों दूर, महज एक मील के पत्थर की तरह, क्यों एक बड़ा अंश हमारा यानी इनसानी–समाज का, पिछड़कर जड़ व निर्जीव बन गया है...कहीं हम ख़ुद ही तो नहीं हैं इसके ज़िम्मेदार....? हमारी असफलता, सफलता हो सकती है, अगर हम किसी एक को भी अपना आदर्श मान लें...!

•••

5

असलम श्याम को लॉन–टेनिस का बल्ला पकड़ना सिखा रहा था। "देखो...इसे टेनिस रैकेट कहते हैं इसकी लम्बाई 29 इंच होती है, टेनिस शब्द फ्रेंच शब्द टेनज से निकला है जिसका मतलब होता है–'टू होल्ड' यानी 'इसे पकड़ो'। तुम इसे मज़बूती के साथ यहाँ से पकड़ो, यह रैकेट का हैण्डल है...।" टेनिस के रैकेट के बारे में अच्छी तरह समझाते हुए असलम श्याम को इसे पकड़ना सिखाता है।

श्याम बल्ला पकड़कर थोड़ा–सा हवा में घुमाता है। "अंकल यह तो काफ़ी भारी लगता है।"

"नहीं बेटा, शुरू में तुम्हें ऐसा लगेगा, मगर धीरे–धीरे आदत पड़ जाने के बाद बिल्कुल पता नहीं चलेगा...तुम्हें पता है जब इस खेल की शुरुआत हुई थी उस वक़्त लोग हाथ की हथेलियों से गेंद को मारा करते थे, दरअसल इस खेल को रैकेट से खेलने की पहली शुरुआत सोलहवीं सदी में एक इटली के पादरी ने की थी।" असलम बड़े प्यार से श्याम को लॉन–टेनिस खेल के इतिहास के बारे में बताता है ताकि वह इस खेल को गम्भीरता से ले और उसे अच्छी तरह से समझे।

"मगर अंकल जब इससे गेंद को मारते हैं, तो बहुत ज़ोर लगता है क्या...?" श्याम ने लॉन–टेनिस के रैकेट के भार को पहली बार ठीक से अनुभव किया था।

असलम हँसते हुए कहता है, "तुम तो सचमुच बहुत भोले हो, हम तुम्हें सब सिखा देंगे...कोई भी काम मुश्किल नहीं होता, हाँ शुरू में ज़रूर मुश्किल लगता है, मगर सीख लेने के बाद वही काम बहुत आसान लगने लगता है। ठीक इसी तरह यह खेल भी है, जब तुम सीख जाओगे तो यही तुम्हें बहुत दिलचस्प और बेहतरीन खेल लगेगा।"

"हाँ यह तो ठीक है और फिर वैसे भी अंकल आप मेरे गुरु हो तो मुझे काहे की फ़िक्र...मैं इस खेल को खेलना सीखूँगा और एक दिन आपका नाम ज़रूर रोशन करूँगा।" श्याम का हौसला और हिम्मत देखने वाली है।

"मेरा नहीं अपने माँ–बाप का नाम रोशन करना। यह रैकेट तुम पकड़ो, मैं सामने जाता हूँ, तुम यहाँ से खेलना...।" असलम, श्याम को बल्ला पकड़ाकर दूसरी तरफ़ चला जाता है, वह गेंद को उठाकर मारता है। श्याम भी गेंद को मारने की कोशिश करता है, किन्तु गेंद को मारने के बाद वह गिर जाता है।

असलम बड़ी गरमजोशी के साथ कहता है, "उठ जाओ श्याम, शाबाश...ऐसे ही सीखोगे...।"

श्याम उठ जाता है और गेंद को उठाकर दूसरी तरफ़ मारता है। "वाह!...देखो अंकल मैंने गेंद को आपके पास पहुँचा दिया।" श्याम गिरने से ज़्यादा इस बात से ख़ुश होता है कि उसने टेनिस गेंद को हिट करके अंकल के पाले में पहुँचा दिया।

"शाबाश, ठीक ऐसे ही खेलते रहो।" असलम श्याम की तारीफ़ करता है और उसे अच्छा खेलने के लिए प्रोत्साहित करता है।

गेंद इधर से उधर जाती रहती है, दोनों काफ़ी खुश नज़र आते हैं। श्याम ठीक से बल्ला पकड़ना और गेंद को सही तरीक़े से मारना सीख जाता है।

"अंकल, मेरे बाजू में दर्द होने लगा है...आज के लिए इतना ही काफ़ी है।" श्याम खेलते हुए रुक जाता है।

"अच्छा चलो...खाने का टाइम भी हो गया है, चलो चलते हैं...दिखाओ बाजू...कहाँ दर्द हो रहा है।"

श्याम अपनी बाजू असलम को दिखाता है। असलम थोड़ी मालिश करता है।

"असलम अंकल आप बहुत अच्छे हैं।" श्याम बड़े ही भोले भाव से बोलता है।

"बड़ों की तारीफ़ नहीं करते, बड़े बच्चों की तरीफ़ करते हैं। तुम बहुत अच्छे खिलाड़ी बन सकते हो, चलो अब हम चलकर कुछ पेट पूजा करते हैं।" दोनों होटल के रेस्टोरेण्ट की तरफ़ चल पड़ते हैं।

●●●

श्याम होटल के सुन्दर माहौल को देख रहा था। रेस्टोरेण्ट में मधुर संगीत की धुन सुनाई दे रही थी। अन्दर घुसते ही श्याम कम रोशनी के कारण असलम का हाथ पकड़ लेता है।

"श्याम बेटा अँधेरा है, थोड़ा ध्यान से चलना, तुम मेरा हाथ पकड़ लो।"

"यहाँ तो अँधेरा है, हम खाना कैसे खायेंगे?"

"अभी तुम बाहर से अन्दर आये हो, इसलिए ऐसा लग रहा है... धीरे–धीरे सब साफ़ नज़र आने लगेगा।"

दोनों एक टेबल के पास आ पहुँचते हैं। "आओ श्याम यहाँ बैठो।" असलम उसका हाथ पकड़कर उसे बैठा देता है। श्याम आराम से सकपकाते हुए बैठ जाता है।

"बोलो क्या खाओगे?" असलम बड़े आराम से चेयर पर बैठते हुए पूछता है।

"दाल–चावल।" श्याम बड़ी सहजता से जो अपने घर में खाता है वही खाने के लिए ऑर्डर करता है।

"अरे दाल–चावल तो तुम रोज़ ही खाते हो, आज हम तुम्हें कुछ और ही खिलायेंगे।"

इसी बीच एक वेटर वहाँ आ जाता है, "कहिए असलम साहब, क्या लाऊँ?"

"भई आज हमारे श्याम बेटे को लज़ीज़ खाना खिलाओ...।" असलम इस तरह से कहता है कि मानो वह अपने ही बेटे के साथ बैठा हो।

"ये आपका बेटा है...?" वेटर बड़े अदब से असलम से पूछता है।

"हाँ...।" असलम भी बड़े अदब से वेटर को अपना जवाब देता है।

"पर...श्याम...आपका बेटा...?" वेटर बड़े अचरज से पूछता है।

"हाँ भई, ये हमारा बेटा श्याम है...तुम्हें कोई शक है तो श्याम बेटे से पूछ लो...क्यों श्याम...।" असलम बड़े ही मज़ाकिया अन्दाज़ में अपनी बात कहता है।

"हाँ अंकल, हम आपके बेटे जैसे ही तो हैं।" श्याम भी उसी अन्दाज़ में अपनी हामी भरता है।

"असलम साहब आप सचमुच बहुत महान् हैं...आपका प्यार देखकर मुझे कई बार महसूस होता है, काश...! हर इनसान आपकी तरह प्यार का जज़्बा व इनसानियत अपने में पैदा कर पाता तो ये दुनिया इतनी बुरी न होती...ख़ैर छोड़िए ये सब...कहिए क्या सेवा करूँ मैं आपकी...।" वेटर एक सुलझा हुआ व्यक्ति नज़र आता है।

"हाँ, इस वक़्त तो हमें और हमारे बेटे श्याम को काफ़ी भूख लगी हुई है, बस जल्दी से खाना लगा दो।"

"ठीक है आज हम आपको लज़ीज़ खाना खिलायेंगे।" वेटर यह कहकर वहाँ से चला जाता है।

"अंकल ये कौन हैं, इतने अच्छे कपड़े पहने हैं।" श्याम उस वेटर की साफ़–सुथरी सफ़ेद ड्रेस को देखकर इम्प्रेस होता है।

"यह वेटर है, काफ़ी पढ़े–लिखे होते हैं...होटल में आने वालों को खाना खिलाना व पानी पिलाना इनका काम होता है, अपने काम में काफ़ी चुस्त और होशियार रहते हैं...एक साथ न जाने कितने लोगों को सर्विस देते हैं।" असलम बड़े तरीक़े से उस वेटर के बारे में श्याम को बताता है।

"अंकल ये तो देखने में काफ़ी अच्छे लगते हैं।"

"क्यों नहीं...आजकल इस काम को करने के लिए बड़े–बड़े घरों से भी लोग आते हैं।" असलम की बात में उस प्रोफ़ेशन की जानकारी शामिल होती है।

इसी बीच में वेटर काफ़ी सारी खानें की चीज़ें लेकर आ जाता है, एक–एक कर सारी चीज़ें टेबल पर रखता है। असलम श्याम की प्लेट में कई व्यंजन डालता है।

"खाओ बेटा।"

"मैं इतना थोड़े ही खाऊँगा...अंकल...।" इतना कुछ खाने के लिए अपनी प्लेट में पहली बार श्याम ने देखा होगा।

श्याम सकपकाते हुए तेज़ी से खाने लग जाता है। असलम उसकी तरफ़ देखता है, साथ ही ख़ुश नज़र आता है। दूसरी टेबल पर बैठे लोग श्याम को हैरानी से देख रहे थे।

असलम श्याम को जल्दी–जल्दी खाते हुए देखकर कहता है, "श्याम बेटा, धीरे–धीरे खाओ...।"

श्याम एकाएक खाते–खाते रुक जाता है और पानी का गिलास उठाकर पीता है, "इतना कुछ खाने को देखकर लगता है मैं बौखला गया अंकल...सॉरी।"

अब वो खाते हुए रुक जाता है, जिसे असलम देख लेता है, "खाओ–खाओ, रुक क्यों गये...आराम से खाओ, हमें कोई जल्दी थोड़े ही है।"

श्याम अपने पेट पर हाथ फेरते हुए, "बस, पेट भर गया...अच्छा अंकल, इतना अच्छा खाना कौन बनाता है?"

"अभी तुम्हें लेकर चलता हूँ, तुम ख़ुद ही देख लेना।"

असलम भी अपना खाना खाकर पानी का गिलास उठाकर पीता है और श्याम को लेकर वहाँ से चल पड़ता है, "चलो श्याम बेटा, चलते हैं।"

●●●

दोनों होटल के कोरीडोर से चलते हुए होटल की किचन में घुस जाते हैं, वहाँ पर खाना बनाने वाले खानसामे (कुक्स) सफ़ेद साफ़–सुथरे कपड़ों में नज़र आते हैं। कहीं कोई पतीला हिला रहा है, कोई सलाद की थालियों में ख़ूबसूरती से सलाद लगा रहा है, कोई चिकन व सब्ज़ियाँ काट रहा है। सारी किचन में शोर–शराबा मचा हुआ है। सभी की सफ़ेद टोपियाँ देखकर श्याम हैरानी प्रकट करता है, "अंकल, इन सबके कपड़े भी बहुत सुन्दर हैं।"

असलम श्याम के कपड़ों की तरफ़ देखता है, "हाँ बेटा...।"

"अच्छा यहाँ तो कोई भी औरत नहीं है...खाना तो औरतें ही बनाती हैं...हमारी अम्मा ही तो खाना बनाती है, क्या आदमियों को भी खाना बनाना आता है?" श्याम वहाँ की किचन में आदमियों को ही खाना बनाते देखता है जबकि घर में उसने हमेशा अपनी अम्मा को ही खाना बनाते देखा है।

"होटलों में ज़्यादातर मर्द लोग ही खाना बनाते हैं, ये लोग खाना बनाना सीखते हैं। इन सबको इसकी पढ़ाई भी करनी पड़ती है...खाना पकाने के बढ़िया तरीक़े पढ़ने के साथ–साथ बना–बनाकर इसमें महारत हासिल करते हैं यह सब।" असलम तो श्याम के लिए हर तरह से एक टीचर, एक गाइड की भूमिका निभा रहा था।

"अच्छा...यहाँ तो बहुत सफ़ाई है, कितना अच्छा लग रहा है...अंकल आपको भी खाना बनाना आता है?" श्याम बड़े ही भोले मन से पूछता है।

"क्यों नहीं, हम भी बहुत अच्छी बिरयानी बनाते हैं।"

"अंकल...हमें बिरयानी बहुत अच्छी लगती है।"

"हम अपने हाथों से तुम्हें बनाकर खिलायेंगे।"

दोनों सारी किचन में घूमते हैं और सभी लोगों को देखकर श्याम अत्यन्त खुश व प्रफुल्लित होता है। होटल में खाना कैसे बनता है, यह सब जानकर श्याम को अच्छा लगता है। दोनों बाहर आ जाते हैं।

"कहो श्याम बेटा खाना बनाना कैसा लगा?"

"बहुत अच्छा अंकल।"

"तुम भी सीखोगे?"

"हाँ, हम भी सीखेंगे और फिर हम अपनी अम्मा को आराम से बैठने को कहेंगे और अपने हाथों से बनाकर उसे खिलायेंगे।"

असलम श्याम की इस बात को सुनकर उसकी तरफ़ देखता है और मुस्कुराता है। जीवन में कभी–कभी वर्तमान की कुछ घटनाएँ ऐसी घटती हैं जो इनसान को उसके अतीत में ले जाती हैं। ऐसा ही असलम के साथ भी होता है। वह अपने इस वर्तमान से अपने अतीत में चला जाता है। उसे अपने बीवी–बच्चे के साथ बिताये वो दिन याद आ जाते हैं जब वह पूरे परिवार के साथ एक ही थाल में बैठकर खाना खाया करता था और उसका बेटा अपने नन्हे हाथों से अपने अम्मा–अब्बू को बिरयानी के निवाले दिया करता था।

●●●

असलम अपने अतीत में खोया था, श्याम अंकल का हाथ पकड़कर हिलाता है। "अरे, अंकल आप क्या सोचने लगे...?"

असलम अपने आपको होश में लाता है, "ओ...कुछ नहीं, यूँ ही, ज़रा कुछ ख़याल आ गया था...हाँ चलो।"

श्याम असलम की तरफ़ हैरानी से देखता है, "आप हमसे कुछ छिपा रहे हैं...?"

"नहीं बेटे, कुछ भी तो नहीं...हाँ देखो...कितना ख़ूबसूरत नज़ारा है... सुन्दर–सुन्दर लाइटें...देखो...हैं ना...इसकी छत देखो... ।" असलम श्याम के सवाल को टाल देता है।

श्याम भी ऊपर की तरफ़ देखता है, "अरे हाँ अंकल, इसकी छत तो बहुत ऊँची है।"

श्याम होटल की लॉबी को देखकर भौचक्का रह जाता है, उसे इसकी छत को देखने के लिए पूरी गर्दन घुमानी पड़ती है।

दोनों लॉबी से होते हुए गार्डन स्विमिंग पूल की तरफ़ आ पहुँचते हैं। ख़ूबसूरत नज़ारा व पानी देखकर श्याम बहुत ख़ुश होता है। स्विमिंग पूल में नहाते लोगों में औरतों को नंगे बदन देख उसे शर्म महसूस होती है। वह एकदम अपनी नज़र दूसरी तरफ़ फेर लेता है।

"श्याम बेटा, यह स्विमिंग पुल है, यहाँ पर लोग नहाते हैं और सन–बाथ लेते हैं...है न ख़ूबसूरत नज़ारा...?"

"हाँ...पर ये सन–बाथ क्या होता है...?"

"सन–बाथ होता है सूरज की रोशनी में लेटना व नहाना...बड़े लोग सिर्फ़ पानी से नहाकर ही मुतमईन (सन्तुष्ट) नहीं होते, उन्हें सूरज की रोशनी में अपना बदन सेंकना अच्छा लगता है।" असलम बड़े प्यार से श्याम को बताता है।

श्याम फिर एक बार नहाती औरतों की तरफ़ देखता है, "अंकल, इन औरतों को शर्म नहीं आती?"

असलम उसकी परेशानी भाँप जाता है और उससे कहता है, "शर्म...! बेटा शर्म शब्द इन अमीरों की ज़िन्दगी में नहीं होता...शर्म तो सिर्फ़ ग़रीब को ही आती है, अपनी ग़रीबी के नंगेपन पर...इनके लिए शर्म शब्द ग़रीब समाज का घृणित पहलू है...इसे ये लोग नज़दीक भी नहीं आने देते...चलो यहाँ से चलते हैं।"

"हाँ...चलो यहाँ से चलते हैं।" श्याम भी तेज़ी से आगे की तरफ़ क़दम बढ़ाता है।

दोनों स्विमिंग पूल गार्डन से निकलकर होटल में बनी ख़ूबसूरत दुकानों की तरफ़ चले जाते हैं। ख़ूबसूरत सजी हुई दुकानों को श्याम देखता है और सब कुछ पाने के भाव प्रकट करता है। चलते–चलते वह एक दुकान के सामने रुक जाता है...शीशे में देखता है, ख़ूबसूरत कपड़े पहने बुत (स्टेचू) खड़े हैं।

"अंकल, ये आदमी अन्दर क्यों खड़े हैं...? एक ही जैसे बिल्कुल सीधे खड़े हुए यह थक नहीं जाते...?" श्याम उन बुतों को इनसान समझ लेता है जबकि सच भी यही है, आज का इनसान एक बुत की तरह ही तो जीता है, बिना किसी भाव के, बिना किसी फिलिंग्स के।

"बेटा ये जीते–जागते इनसान नहीं हैं...ये तो महज़ बुत हैं जिन्हें अच्छे कपड़े पहनाकर खड़ा कर रखा है...ये सिर्फ़ दिखावटी बेजान इनसान हैं, जो देखने में ख़ूबसूरत तो लगते हैं, मगर महज़ दिखावटी।" असलम ख़ान उन बुतों की असलियत श्याम को बताता है।

"कमाल है...बेजान इनसान तो हमसे कहीं ज़्यादा अच्छे हैं...देखो कितने अच्छे कपड़े पहने हैं।" श्याम उन बुतों की तारीफ़ करता है।

श्याम ख़ुद के कपड़ों की तरफ़ एक नज़र देखता है, असलम भी उसकी तरफ़ देखकर उसकी हालत समझ जाता है।

"मगर बेटे वो सिर्फ़ दिखावटी हैं, अन्दर से बिल्कुल खोखले...जिन्हें तुम देख रहे हो वो झूठ है और यह जो तुम हो यही जीवन का सच है। तुम क्यों चिन्ता करते हो, हम तुम्हें इससे भी अच्छे कपड़े पहनायेंगे।"

"नहीं अंकल, हमने ऐसा कब कहा, हमारे कपड़े भी कौन से कम अच्छे हैं, ये देखो...क्यों हैं न साफ़ और अच्छे....हमारी अम्मा ने धोकर हमें पहनाये हैं।" श्याम बड़ी शान से अपने कपड़े दिखाता है।

"शाबाश...भई आपकी अम्मा तो बहुत अच्छी हैं, लगता है आपको बहुत प्यार करती हैं।" असलम उसके कपड़ों और उसकी अम्मा की तारीफ़ करता है।

"हम भी तो अच्छे हैं, हम कभी अपनी अम्मा को नाराज़ नहीं करते, हमेशा उनका कहना मानते हैं अंकल।"

"और अपने पापा का कहना नहीं मानते हो?"

"बाबा से तो हम कुछ–कुछ डरते हैं...ज़्यादा बात नहीं करते बस उनके सामने तो हम पढ़ने ही बैठ जाते हैं।"

"बहुत होशियार हो...अच्छा देखो कितनी अच्छी तस्वीरें हैं।" असलम वहाँ दीवार पर लगी ख़ूबसूरत पेंटिंग्स को दिखाता है। दोनों एक तस्वीर को देखने लगते हैं।

"अंकल अब घर चलते हैं...हमें पढ़ना भी होगा, नहीं तो बापू गुस्सा करेंगे।"

"अरे हाँ, टाइम भी काफ़ी हो गया है...चलो...जल्दी से मैं अपनी यह ड्रेस बदल लेता हूँ।"

दोनों कोरीडोर से होते हुए बाहर आते हैं। असलम फिर अपने कपड़े बदलने एक कमरे में घुस जाता है। श्याम इस बार पहले की तरह दीवार की तरफ़ मुँह करके खड़ा नहीं होता, वह भी चारों तरफ़ हर चीज़ को ध्यान से देखता है।

"चलो...।" असलम वहाँ आकर उसे अपने साथ ले चलता है।

•••

दोनों साइकिल पर सवार उसी यमुना नदी के किनारे से आती पगडण्डी नुमा रास्ते से होते हुए वापस घर की तरफ़ आ रहे थे। सारे रास्ते असलम

उसे लॉन–टेनिस खेल के बारे में बताता आ रहा था, "सन् 1880 में इस खेल को अंग्रेज़ भारत लाये थे, मोहम्मद सलीम लाहौर के रहने वाले पहले भारतीय थे, जिन्होंने इस खेल में सन् 1915 में, उसके बाद सन् 1919 से 1926 तक चैम्पियनशिप को जीतकर देश का नाम रोशन किया था, उस वक़्त हमारा देश अंग्रेज़ों का गुलाम था। सन् 1920 में ऑल इण्डिया लॉन–टेनिस एसोसिएशन लाहौर में बनायी गयी...आगे चलकर इस एसोसिएशन ने 5000 दर्शकों के लिए सन् 1996 में बेहतरीन नेशनल स्टेडियम बनाया ...मैं एक दिन तुम्हें उसी स्टेडियम में खेलते हुए देखना चाहता हूँ।"

"सिर्फ़ यहीं नहीं अंकल हम तो दुनिया के सबसे बड़े मैदान में खेलना चाहते है।" श्याम ऐसे बोलता है मानो वह लॉन–टेनिस के खेल में अपने जीवन का भविष्य देख रहा हो।

"आमीन! जिस विम्बलडन मैचेज में खेलने का सपना मैंने देखा था मुझे यक़ीन है तुम उसे ज़रूर पूरा करोगे।" असलम अपने सपने को श्याम के सपनों में ढूँढ़ने की इच्छा रखता है।

श्याम बड़े ही उत्साह के साथ कहता है, "आमीन...!" जिस शब्द को असलम ने कहा था उसी को दोहराकर श्याम हँसने लगता है।

शाम के समय सूरज की ढलती लालिमा श्याम के चेहरे को लाल सुर्ख़ किये दे रही थी। असलम के चेहरे पर एक सन्तुष्ट ख़ुशी की लालिमा झलक रही थी। चिड़ियाँ चहचहा रही थीं। श्याम ख़ुश व उत्साहित नज़र आ रहा था, मानो वह जल्दी ही घर पहुँचकर सारा हाल अपनी अम्मा को सुना देना चाहता है। दोनों साइकिल पर चले जा रहे हैं।

–श्याम की मनःस्थिति ऐसी प्रतीत हो रही थी, मानो वह धरती पर नहीं बल्कि एक अनोखी ही जगह को देखकर आ रहा हो। कितनी खुशी होती है जब अनचाहा, कल्पनाओं से कहीं बड़ा मिल जाता है। कहीं यह अंकुश तो नहीं लगा देगा भोले से बचपन पर...? भले ही सपनों को देखना महज़ एक मिराज को पकड़ने जैसा है, मगर जो सन्तुष्टि व आनन्द श्याम ने पाया था, उसके लिए वही सत्य व सुखद है। ...इन दोनों को देखकर याद आती है...कृष्ण की द्वारिका में सुदामा की स्थिति...! सिर्फ़ वक़्त और घटनाएँ बदल गयी हैं जो सचमुच अविश्वसनीय और अकल्पनीय लग रही हैं।

●●●

6

अँधेरा हो चुका है, असलम की साइकिल से उतरकर श्याम अपने घर की तरफ़ दौड़ता हुआ चला जाता है। असलम उसकी तरफ़ देख रहा है। वह ख़ुद भी अपने घर की तरफ़ मुड़ जाता है।

अचानक श्याम देखता है, दो–तीन कुत्ते मलंग–मजनूं के पीछे भौंकते हुए चले आ रहे हैं और मलंग अपनी ही मस्ती में चलता चला जा रहा है। बीच–बीच में वह अपने हाथ में पकड़ी हुई लाठी से कुत्तों को उलटी दिशा की ओर दौड़ाता है। जितना आम इनसान कुत्तों के पीछे पड़ने और भौंकने पर डरता है, उतना मलंग नहीं डरता। कई बार वह रुककर अपने झोले से कुछ बिस्कुट निकालता है और कुत्तों को देने लगता है। श्याम को पहले लग रहा था कि कुत्ते पागल पर भौंक रहे हैं और उसे काटने की कोशिश कर रहे हैं जबकि वह उस मलंग से खाने को कुछ माँग रहे होते हैं। सब कुत्ते मलंग के सामने आकर बिस्कुट खाने लगते हैं और वो भी अपना झोला रखकर कुत्तों से खेलने लग जाता है।

श्याम उसके पास आता है और मलंग से पूछता है, "आपको इन कुत्तों से डर नहीं लगता?"

मलंग उसकी तरफ़ बड़े ग़ौर से देखता है, "कुत्ता मत कहना इन्हें, ये सब दोस्त हैं मेरे...नीलू, कालू और शेरू अपने–अपने नाम इनके...दोस्ती करेगा इनसे?"

श्याम पीछे की ओर हटता है, "नहीं बाबा, डर लगता है मुझे इनसे।"

"डर...डर आदमी को बुजदिल बनाता है...डरना बस उस नीली छतरी वाले से जिसने सबको बनाया है...अँधेरा हो रहा है, जा तू यहाँ से वरना पीटेगा तेरा बापू...।" मलंग आगे की तरफ़ चल पड़ता है और उसके कुत्ते

भी पीछे–पीछे दुम हिलाते हुए उसके साथ चल पड़ते हैं। अपनी मस्ती में वह श्याम को एक सीख दे जाता है।

•••

श्याम बड़ी ख़ुशी के साथ अपने घर में दाख़िल होता है, जहाँ उसकी माँ उसका इन्तज़ार कर रही थी।

अम्मा पूछती है, "इतनी देर क्यों कर दी आने में?"

"अम्मा बस क्या बताऊँ, वहाँ से तो आने का मन ही नहीं कर रहा था।"

"अच्छा, ऐसा क्या था वहाँ पर?"

"अरे क्या नहीं था अम्मा, वहाँ पर तो जन्नत थी जन्नत...क्या बताऊँ, ऊँची–ऊँची छतें...चारों तरफ़ ख़ूबसूरत शीशे, एक से एक ख़ूबसूरत पेंटिंग्स...अच्छे, सुन्दर...बढ़िया–बढ़िया लोग...चारों तरफ़ परियाँ थीं वहाँ अम्मा...।" श्याम ऐसे अपनी बात कह रहा था मानो किसी स्वर्गलोक की तस्वीर बयान कर रहा हो।

"परियाँ और ज़मीन पर...?" अम्मा भी उसकी बात सुनकर उसी के संग बच्चों सी हो गयी थीं।

"हाँ अम्मा, इसी ज़मीन पर बहुत सुन्दर साड़ियाँ पहनकर लड़कियाँ इधर से उधर घूम रही थीं। अम्मा, तुम्हारी साड़ी तो कुछ भी नहीं है, वो जो तुम कभी–कभी पहनती हो न, वह भी बिल्कुल बेकार लगेगी उनके आगे...अम्मा..," श्याम की बातों में ऐसी सच्चाई छिपी थी जो ग़रीबी और अमीरी के फ़र्क़ को बख़ूबी दर्शाती है।

"अरे हट, तू तो कुछ बहक गया है, वहाँ तूने यही सब देखा था या कुछ और भी।"

"देखा भी, खेला भी और बहुत अच्छा खाना भी खाया...चिकन बिरयानी, मटर–पनीर और पता नहीं क्या–क्या था, हमने तो सब ख़ूब खाया।"

"हट भूखा...खाने गया था क्या...तू तो कह रहा था कि असलम अंकल तुझे खेलना सिखायेंगे?"

"अम्मा हमने खेलना भी सीखा...बहुत मज़ा आया...ऐसा खेल कि क्या बतायें।"

इसी बीच श्याम के पिता अन्दर से आते हैं, "बच्चे, तुम्हारा दिमाग़ लगता है ठीक नहीं रहा, बड़ी जगह जाकर कुछ बौखला गया है, देखो

यूँ ही ऐसी जगहों पर जाना ठीक नहीं होता।"

"क्यों जी...?" श्याम की अम्मा बड़ी हैरानी से पूछती है।

"क्योंकि, बड़े लोगों की ज़गह पर जाकर ग़रीबी का मज़ाक उड़ता है, समझीं...ये होटल–फोटल सिर्फ़ अमीरों के लिए बने हैं, हम लोगों के लिए नहीं।" श्याम के पिता की बात में एक झुँझलाहट थी।

"क्यों, असलम भी तो काम करता है वहाँ पर, वह भी हमारी ही बस्ती में रहता है।" श्याम की अम्मा उसके पिता को समझाते हुए कहती है।

"वहाँ पर काम करता है, तो उसे कितना मिलता होगा?...सिर्फ़ सिखाने जाता है, वह भी लॉन–टेनिस...मुझे तो हैरानी होती है, यह आदमी आख़िर है क्या...खेल जानता है अमीरों का, वास्ता उसका पड़ता है अमीरों से, वह भी फाइव–स्टार होटल में, फिर भी न जाने क्यों रहता है, इस बस्ती में...?" पिता की बातों में ग़ुस्सा और तंज़ है।

"बापू, असलम अंकल बहुत अच्छे हैं।" श्याम अपने पिता को समझाने की कोशिश करता है।

"हाँ! ...बहुत अच्छे हैं, चुप (ग़ुस्से से)...इस कौम के लोगों की तो न दुश्मनी अच्छी न दोस्ती...तुझे क्या पता, तू अभी बच्चा है...हमने देखे हैं इनके अत्याचार...मुग़लों से लेकर...देश के बँटवारे तक....जो धोखा इन लोगों ने दिया है, वह हमने, हमारी पीढ़ियों ने ही झेला है।"

"देखो जी, आप इस तरह की बड़ी–बड़ी, बेकार की बातें बच्चे के सामने मत करो...जो प्यार इसे उससे मिला है या इससे उसे मिला है, उसे वैसा ही रहने दो...तुम्हें कोई ज़रूरत नहीं है उसे धर्म के नाम पर बाँटने की और नफ़रत पैदा करने की... ।" अम्मा की बात में एक समझदारी है।

"ठीक है, मगर आजकल किसी पर विश्वास करना बड़ा मुश्किल और ख़तरे से खाली नहीं है इतना जान ले तू... ।" पिता अपनी कमीज़ को उतारकर एक तरफ़ रखता है और पास ही पड़े पानी के बर्तन से पानी निकालकर पीता है।

"मगर विश्वास पर ही तो दुनिया क़ायम है।" श्याम की अम्मा की बात में एक भावनात्मक सोच छिपी थी।

"खाक़ टिकी है...नरक सी दलदल में धँसती जा रही है, जहाँ देखो लड़ाई–झगड़ा, मार–काट, न जाने कब तक चलेगा यह सब...?" पिता की बातों में झुँझलाहट और आक्रोश भरा है।

"अगर आप बड़े लोग आने वाली पीढ़ी को गुज़रे वक़्त के मुर्दे उखाड़ कर दिखाते रहोगे तो बस...शान्ति की बजाय और अशान्ति फैलेगी।" अम्मा श्याम के लिए किसी आदर्श इनसान से कम नहीं लग रही थी जो बड़ी समझदारी की बात कर रही थी।

"भई मेरे कहने या चुप रहने से कुछ नहीं होने वाला, जो होना है या जो हो रहा है, उसे मैं या तू तो रोक नहीं सकते...जो है, सो तो है ही...।" श्याम का पिता कहता हुआ वहाँ से चला जाता है।

अपने पिता की बातों में श्याम एक हताशा और मायूसी देखता है। वह दूसरे कमरे में चला जाता है और अम्मा घर के छोटे-मोटे कामों में लग जाती है।

•••

दूसरी तरफ़ बस्ती का मलंग पार्क में लगे बेंच के ऊपर अपने झोले को सिर के नीचें रखे हुए आँखें खोलकर लेटा हुआ कुछ बोल रहा था। उसकी बातों से ऐसा लग रहा था मानो कोई उसके पास ही बैठा है...

जिस माथे पड़े नहीं बल,
उनको कैसे मोड़ रहे हैं।
जिन पौधों पर खिली नहीं कलियाँ
क्योंकर उनको तोड़ रहे हैं।
कोई खाइयाँ खोद रहा है,
कोई बाँधे है पुल इन पर।।

•••

7

हर जगह की अपनी पहचान होती है और अपनी फितरत भी, ठीक वैसे ही इस जगह के साथ भी है। यहाँ भी लोग विभिन्न जातियों और संस्कृतियों के साथ अपने–अपने अन्दाज़ में जीते हैं। कहीं राजस्थानी संगीत की धुन बज रही है, तो कहीं कुछ लोग लैम्प–पोस्ट की लाइट के नीचे बैठे ताश खेलते नज़र आ रहे हैं। रात के सन्नाटे में संगीत और झींगुरों की आवाज़ों के बीच, कुत्तों के भौंकने की आवाज़ें आ रही थीं।

झाड़ियों में से दो व्यक्ति चुपचाप चले आ रहे थे। उन्हें देखकर लग रहा था कि वह किसी बुरी घटना को अंजाम देने जा रहे हैं, कुत्तों के भौंकने की आवाज़ें तेज़ हो रही थीं। दोनों आपस में कहते हुए आ रहे थे, "साली अपने को समझती क्या है?"

दूसरा व्यक्ति, "उसके बच्चे को चुपचाप उठा लेना बस...सारे होश ठिकाने आ जायेंगे।"

"अबे उठाकर क्या करना है, हमें तो अपना काम पूरा करना है, ड्रग्स की लत में डालना है बस।"

"हाँ...यही उस साली से बदला लेने के लिए काफ़ी है...बड़ी हेकड़ी दिखाती है...उसकी वजह से दो साल जेल में काटे हैं, ऐसे न छोड़ने वाले हम, होश उड़ा देंगे उसके।"

"वो टॉफियाँ तो लाया है न अपने साथ...पहले तो प्यार से खिलायेंगे और अगर न माना तो साले का टेंटुआ दबाकर जबरदस्ती गले में उतार देंगे।"

वह दोनों शैतान से दिखने वाले व्यक्ति चोरों की तरह छुपते हुए चल रहे थे। चारों तरफ़ अमावस की रात का गहरा सन्नाटा और ऐसी अँधेरी रात में साँसी परिवार का राजू अपने घर के बाहर एक टूटी चारपाई पर

सो रहा था। वह दोनों व्यक्ति झाड़ियों के पीछे से निकलकर दबे पाँव चलते हुए, राजू के पास आ पहुँचे हैं। दोनों का हुलिया बेहद अजीब था, जिसमें एक छोटी–सी क़द–काठी का और दूसरा लम्बा–दुबला, शक्ल से खूँखार दिखता था। अमावस की अँधेरी रात की वजह से उन दोनों का चेहरा ठीक से पहचान पाना किसी के लिए भी मुश्किल था।

छोटे क़द वाला व्यक्ति दबी आवाज़ में बोलता है, "अबे देखकर, कहीं साली इसकी अम्मा उठ गयी तो हमारी ख़ैर नहीं...ऐसा करते हैं, चुपचाप यहीं टॉफियाँ छोड़ के निकल लेते हैं। बच्चा है, उठते ही अपने आप खा लेगा।"

लम्बे वाला व्यक्ति छोटे को डाँटते हुए, "अबे क्या बक रहा है, इसे प्यार से उठा और प्यार से अपनी टॉफियाँ खिला, समझ में आयी बात तेरे।"

"नहीं यार, कहीं लफड़ा हो गया तो...?" छोटू डरा हुआ है।

"कैसा लफड़ा, देख अपनी जेब में है न ये रामपुरी...(चाकू निकालकर दिखाता है)...चल शुरू हो जा...। लम्बू अपनी बात छोटू पर थोपता है।

छोटू धीरे–से चारपाई के पास जाकर राजू को हिलाता है। राजू गहरी नींद में है और नहीं उठता। दोनों एक–दूसरे की तरफ़ देखते हैं। लम्बू अपना काम करते रहने का इशारा करता है।

"राजू बेटे उठ, देखो हम तुम्हारे लिए टॉफियाँ लाये हैं।" छोटू बड़े प्यार से राजू के सिर पर हाथ फेरता है।

राजू एकदम घबराते हुए उठता है, "आप कौन हैं?"

"चुप...देखो तुम अगर शोर करोगे तो हम तुम्हें प्यार से टॉफियाँ नहीं खिलायेंगे।" छोटू उसे प्यार से समझाता है और लम्बू चारों तरफ़ गिद्ध की तरह देख रहा है ताकि कोई वहाँ आ ना जाये।

"तुम्हारी माँ तुम्हें मारती है न...इसीलिए हम तुम्हें टॉफियाँ खिलाकर ख़ुश करना चाहते हैं।" छोटू उसे पुचकारने की कोशिश करता है।

"सो तो ठीक है, पर इतनी रात को...? दिन में भी आ सकते थे न आप लोग।" राजू अभी भी हैरान था कि इस तरह से रात को वे लोग उसको टॉफियाँ देने क्यों आये थे।

"बेटा, दिन में तुम्हारी अम्मा हमें भगा देतीं न, लो टॉफियाँ खाओ।" लम्बू भी उसे लुभाने लगता है।

राजू उनके झाँसे में आ जाता है और टॉफियाँ लेकर खाने लगता है।

“बेटा राजू, देखो तुम रोज़ हमें नदी के पास मिला करना, हम तुम्हें रोज़ टॉफियाँ देंगे।” छोटू ने कहा।

“अच्छी टॉफी थी न...?” लम्बू राजू पर उन टॉफियों का असर जानना चाहता था।

“हाँ, पर कुछ अजीब–अजीब सा लग रहा है...।” राजू अपना सिर पकड़ लेता है।

“खाओ बेटा, बाहर से आयी टॉफी हैं...विदेशों में बनती हैं...इसे खाने से ऐसे ही आनन्द आता है...खाओ...खाओ।” छोटू बड़ी उत्सुकता से कहता है और लम्बू की तरफ़ देखकर मुस्कुराता है।

“ले लो, सारी टॉफियाँ खा लेना...कल हम तुम्हें और देंगे...ठीक है। अब हम चलते हैं...तुम सो जाना बाद में...ठीक है।” दोनों कहते हुए वहाँ से चले जाते है। राजू टॉफियाँ खाकर वहीं चारपाई पर बेहोशी की हालत में लुढ़क जाता है।

•••

दोनों छुपते हुए जा रहे थे। अचानक उनके सामने मलंग–मजनूं आ जाता है, उसे देखकर पहले तो चौंकते हैं, फिर उसे पागल समझकर छोड़ देते हैं और आगे बढ़ जाते हैं।

“अब आयेगा मज़ा खेल का...मैंने उसे दारू का धन्धा करने का मज़ा न चखा दिया तो मेरा नाम भी बिल्ले उस्ताद नहीं।” लम्बू की बातों से लग रहा था कि उनकी दुश्मनी राजू की माँ से काफ़ी पुरानी है।

“चलो ठीक हुआ, पट्ठे ने कहना मान लिया वरना क्लेश हो जाता।” छोटू अब पहले से थोड़ा शान्त था।

दोनों हँसते हुए चले जाते हैं। रात के सन्नाटे में झींगुरों की आवाज़ें धीमी हो जाती हैं।

न जाने कितनी ही असंख्य बुराइयों से घिरा हुआ है हमारा समाज... इसकी जड़ें, उगने वाली नयी फ़सल को पल में ख़त्म कर देने में लगी हैं। यह सचमुच ऑक्टोपस की तरह जकड़ रही हैं हमारी नयी पीढ़ी को...कौन है इसके लिए दोषी? जिस भय व बुराई का मासूमों को नहीं पता, क्या ज़रूरी है उसे वह सब बताना, क्या गड़े मुर्दे उखाड़ना आवश्यक है...आज

की यह एक ज़रूरी सोच है हम सबके लिए जो सदा बेचैन और परेशान करती रह सकती है।

•••

सुबह के सूरज की किरणें चारों तरफ़ उजाला करती हैं। श्याम सुबह उठकर मुँह–हाथ धो रहा था। असलम अपने घर की चौखट पर खड़ा पार्क की तरफ़ देख रहा था। राजू अपनी चारपाई पर बेहोशी की हालत में पड़ा है।

राजू की अम्मा, "अरे, इस छोकरे को आज क्या हो गया है, नशे में पड़ा है क्या?"

राजू का पिता नहा–धोकर बाहर निकलता है और गीले तौलिए को सुखाने के लिए डालते हुए उससे पूछता है, "राजू अभी तक सो रहा है...उठ राजू...आज खेलने नहीं जायेगा तू।"

राजू वैसे ही सोया पड़ा था। अम्मा उसे हिलाते हुए, "ऐ छोकरे, उठ भी...चल खड़ा हो जा।"

राजू वैसे ही बेसुध सोया पड़ा है। अम्मा उसके बाप से कहती है, "ज़रा पानी तो लाओ, इसके मुँह पर डालना पड़ेगा...पता नहीं आज इसे हुआ क्या है?"

"लगता है इसने भी कोई नशा कर डाला है...तभी इतना बेसुध पड़ा दिख रहा है...।" राजू का बाप अपने बेफ़िक्रे अन्दाज़ में कहता है।

"नशा...कैसा नशा...दिमाग़ ख़राब है क्या...?" उसकी अम्मा उसके बाप की इस बात को सुनकर हैरान होती है।

"अच्छा, समझ नहीं आ रहा तेरे को...देख इसकी हालत...लगता नहीं है कि ये नशे में धुत पड़ा है?" राजू का बाप उसके करीब आकर उसकी आँखें खोलता है, जो बिल्कुल नशे में डूबी नज़र आ रही हैं।

"हाँ लग तो रहा है....राजू ओ राजू उठ...!" राजू की अम्मा भी ग़ौर से देखती है और रिलाइज करती है।

राजू धीरे से अपनी आँखें खोलता है और बड़बड़ाता है, "मुझे टॉफी दो न अंकल, मुझे इसमें मज़ा आता है...बहुत अच्छा लगता है...।" फिर आँखें बन्द कर लेता है और सो जाता है।

अम्मा हैरानी से, "सचमुच कुछ गड़बड़ लग रही है।" उसके चेहरे की चमक बिल्कुल बुझ जाती है और घबराहट में वह बेचैन नज़र आती है।

•••

खेलना–कूदना बच्चों के लिए उतना ही ज़रूरी है जितना कि उनके लिए पढ़ना–लिखना। इस बस्ती के बच्चे अमीर बस्तियों के बच्चों से ज़्यादा ख़ुशकिस्मत थे क्योंकि उनके लिए एक नहीं कई खुले मैदान थे जहाँ वह अपनी मर्ज़ी के खेल को खेल सकते थे। बस्ती के बीचोंबीच बना पार्क तो उनके लिए बेहद प्रिय था जहाँ वह अकसर हर सुबह इकट्ठा हो जाया करते हैं और आपस में मौज–मस्ती करते हैं। हर रोज़ की तरह आज भी श्याम पार्क की तरफ़ आ पहुँचा है। उसके सभी दोस्त पहले से ही वहाँ खेल रहे होते हैं और असलम भी उन सबको खेलते देख रहा होता है। सब एक फुटबाल के पीछे भागते हुए नज़र आते हैं। श्याम असलम अंकल को देखकर उनकी तरफ़ चला जाता है।

श्याम अपने असलम अंकल के पास पहुँचकर, "असलम अंकल, आदाब... ।"

असलम ख़ान भी बड़े अदब से श्याम को आदाब का जवाब देता है, "गुड मॉर्निंग बेटे...कैसे हो...तुम्हारे बापू ने कुछ कहा तो नहीं?"

श्याम थोड़ा सोचता है और फिर मुस्कुराते हुए कहता है, "नहीं अंकल ...आइए आप भी खेलिए न हमारे साथ।"

आज छुट्टी का दिन था, असलम सब बच्चों के साथ खेलने के लिए आ जाता है। श्याम सभी दोस्तों को बुलाता है, "आओ डेनियल, मोनी, काले सभी आओ...मैं तुम्हें असलम अंकल से मिलवाता हूँ... ।" सभी बच्चे श्याम के पास आ जाते हैं।

"असलम अंकल, यह है डेनियल, यह मोनी, काले और यह आशुतोष, अरे राजू कहाँ है आज, नज़र नहीं आ रहा...?"

सब बच्चे असलम अंकल से दोस्ती करके बेहद ख़ुश होते हैं और उसके साथ फुटबाल खेलने लग जाते हैं। असलम उन सबको फुटबाल खेलने के गुर सिखाने लगता है।

•••

उधर दूसरी तरफ़ राजू को उसकी अम्मा नीबू चटा रही थी, तो पिता हाथ–पाँव में पानी डाल रहा था। राजू बिल्कुल बेसुध पड़ा था, उस पर अभी तक नशे की उन टॉफियों का असर बरकरार था।

राजू की अम्मा काफ़ी घबराई हुई है, "लगता है टॉफियों में कोई इसे नशे की दवाई मिलाकर खिला गया है।"

पिता भी चिन्ता में पड़ जाता है, "मैंने तुझे कितनी बार मना किया कि यह धन्धा छोड़ दे...कुछ नहीं रखा इसमें...जैसे तू बेचती है नशा, वैसे ही इसे भी डाल गया कोई नशे की लत में।"

"मैं उस साले की अँतड़ियाँ नोच लूँगी, जिसने मेरे बेटे की यह हालत बनायी है।" राजू की अम्मा इस नशे के धन्धे को जानती थी कि कौन उसका दुश्मन है और यह किसी की हरकत हो सकती थी।

"कोई फायदा नहीं, माँ–बाप की करनी का फल औलाद को ही भुगतना पड़ता है।" राजू का बाप इस धन्धे से ज़्यादा ख़ुश नहीं था।

श्याम और आशुतोष राजू के घर की तरफ़ आ रहे थे। "लगता है, राजू बीमार हो गया।" श्याम अपना अन्दाज़ा लगाता है।

आशुतोष, "(हैरानी से) बीमार! मगर कल तक तो बिल्कुल ठीक था!"

"आजकल बीमार होने में कोई देर लगती है...चल इसकी अम्मा से पूछते हैं।"

दोनों वहाँ पहुँचकर राजू की अम्मा से पूछते हैं, "राजू को क्या हो गया है आण्टी?"

"पता नहीं, लगता है उस दिन वाले कमीनों की कारस्तानी है, मैंने उसके ख़िलाफ़ क्या गवाही दी कि उसने मेरे ही बच्चे को अपना निशाना बना डाला, उन सालों को मैं ज़िन्दा नहीं छोड़ूँगी।" राजू की अम्मा उस आदमी के बारे में बात कर रही थी, जिसे उसने दारू देने से मना किया था और जेल की हवा भी खिला दी थी।

"कौन था...क्या हुआ आण्टी? किसने निशाना बनाया?" –श्याम जानना चाहता था।

आशुतोष समझ जाता है कि मामला कुछ गड़बड़ है, "दोस्त, निकल चलो, लगता है कुछ मामला गड़बड़ है, चलो असलम अंकल को बताते हैं चलकर...।"

"हाँ, तुम ठीक कह रहे हो, चलो चलते हैं।" श्याम भी आशुतोष

की बात से सहमत होता है और दोनों वहाँ से पार्क की तरफ़ चल पड़ते हैं।

•••

असलम बच्चों के साथ फुटबाल खेल रहा है। श्याम और आशुतोष को भागते हुए उनकी तरफ़ आते देखकर सब खेलते हुए रुक जाते हैं। श्याम वहाँ आकर राजू के बारे में बताता है, "अंकल, राजू की हालत कुछ गड़बड़ है, उसकी माँ कह रही थी कि किसी ने उसके बेटे को ज़हरीला नशा देकर बदला लेना चाहा है।" श्याम डरा हुआ था।

असलम हैरानी से, "ज़हरीला नशा!...बदला!...चलो देखते हैं चलकर...।"

सभी राजू के घर की तरफ़ जा रहे थे। मलंग भी उन सबके पीछे–पीछे चला आता है।

•••

राजू अभी भी बेसुध पड़ा हुआ था, उसका पिता मुँह में पानी डालकर उसे उठाने की कोशिश कर रहा था जबकि उसकी अम्मा का रो–रोकर बुरा हाल हो गया था, "उठ बेटा, उठ...।"

इसी बीच सब बच्चे असलम अंकल के साथ वहाँ आ पहुँचते हैं। सब बच्चे राजू की हालत देखकर चिन्ता में पड़ जाते हैं, असलम हिम्मत से काम लेता है और बड़ी सहजता से पूछता है, "राजू को क्या हुआ है?"

"कोई पापी इस बच्चे की ज़िन्दगी से खेल गया...इसे नशीली चीज़ टॉफी में मिलाकर खिला गया, बस अब आँखें तक नहीं खोल रहा।" राजू के पिता बताते हैं।

"देखिए, ऐसे काम नहीं चलेगा, आप इसे अस्पताल लेकर चलिए...वहीं इसका इलाज हो पायेगा...।" –असलम राजू के माता–पिता को समझाता है।

सभी असलम की बात को स्वीकार करते हैं। असलम और बाकी सब राजू को उठाकर अस्पताल के लिए चल पड़ते हैं।

•••

सब राजू को लेकर अस्पताल पहुँचते हैं। असलम उसे लेकर डॉक्टर के केबिन में जाता है। वहीं दूर खड़ा मलंग–मजनूं भी उन्हें देखता रहता है।

असलम सबको बाहर ही रुकने के लिए कहता है, "तुम सब यहाँ बाहर ही इन्तज़ार करो, मैं जाकर दिखाता हूँ।"

असलम डॉक्टर के पास राजू को ले जाकर दिखाता है। बाहर सभी बड़ी बेसब्री से इन्तज़ार करते हैं। थोड़ी देर में असलम बाहर आता है, सभी उसकी तरफ़ राजू के हालचाल जानने की उत्सुकता से भागते हैं।

"कैसा है राजू?" सब एक साथ पूछते हैं।

"सब ठीक हो जायेगा...ख़तरे से बाहर है...तुम लोग अब जा सकते हो...घबराने की कोई बात नहीं है।" असलम सबको दिलासा देता है।

राजू की अम्मा हाथ जोड़ते हुए कहती है, "आपकी दया से मेरा बेटा ठीक तो हो जायेगा न?"

"आप चिन्ता न करें...सब ऊपर वाले की कृपा है बहन, हम इनसान तो सिर्फ़ कुछ कोशिश ही कर सकते हैं।" असलम बड़े प्यार से हिम्मत बढ़ाता है।

"असलम जी, आप महान् हैं, आप जैसे जज़्बात अगर सभी इनसानों में हों तो शायद इस दुनिया का नक्शा ही कुछ और हो।" राजू के पिता एक आदर भाव से असलम की प्रशंसा करते हैं।

"अंकल, आख़िर राजू को ऐसी कौन–सी चीज़ खिलाई गयी थी कि वह उठ ही नहीं सका।" श्याम असलम से जानने की कोशिश करता है।

"बच्चो, इसे ब्राउन–शुगर कहते हैं, यह वो ख़तरनाक ज़हर है जो अपना असर धीरे–धीरे दिखाता है, आजकल हमारे देश में इस ज़हर को फैलाया जा रहा है...विदेशों में पनपा यह ज़हर आज हमारी हिन्दुस्तानी एकता व नयी पीढ़ी की जड़ें कमज़ोर कर, उसे खोखला कर रहा है, तुम सब बच्चों को इस ज़हर से बचाना होगा।" असलम सब बच्चों को समझाते हुए यह जानकारी देता है।

"वह कैसे...?" श्याम इसके बारे में और जानने की कोशिश करता है।

"कोई भी ऐसी चीज़ किसी से न लो जिस पर ज़रा–सा भी शक हो...बाहर की गन्दी चीज़ें न खायें...पता लगने पर ऐसे लोगों को पकड़वाने की कोशिश करें और पुलिस को इनके बारे में जानकारी दें।" असलम ख़ान एक गाइड़ और टीचर की तरह सब बच्चों को समझाता है।

इसी बीच अन्दर से डॉक्टर आता है, "आप लोग राजू से मिल

सकते हैं, लेकिन ज़्यादा शोर न करें।" डॉक्टर यह कहकर वहाँ से चला जाता है।

सभी ख़ुश हो जाते हैं और अन्दर कमरे में राजू के पास जा पहुँचते हैं। "राजू अब कैसा है दोस्त।" श्याम बड़ी उत्सुकता से पूछता है।

"ठीक हूँ, मगर मुझे हुआ क्या था?" राजू अपने साथ हुई घटना के बारे में जानने की कोशिश करता है।

"बेटा, तुम्हें उन शैतानों ने ज़हरीला नशा दिया था।" असलम बड़े प्यार से उसे समझाते हुए कहता है।

राजू हैरानी से, "ज़हरीला नशा! (कुछ सोचते हुए)...हाँ रात को मुझे दो आदमियों ने टॉफियाँ दी थीं, कह रहे थे...विदेश में बनती हैं, बड़ी अच्छी हैं, खा लो...मैंने खा लीं...फिर उसके बाद मुझे कुछ नहीं पता मेरे साथ क्या हुआ?"

असलम उसके सिर पर हाथ फेरते हुए कहता है, "अच्छा छोड़ो अब यह सब, दोबारा ऐसी ग़लती मत करना। अभी तुम आराम करो...हम उन दोनों की ख़बर लेते हैं।"

"मगर अंकल, वह दोनों हैं कौन?" श्याम हैरानी से पूछता है।

मलंग–मजनूं ज़ोर–ज़ोर से बोलने लगता है, जय बजरंगबली...तोड़ दुश्मन की नली...कर दे सबकी भली...जय बली...तोड़ नली...2...।

किसी को कुछ समझ नहीं आया वह क्या कहना चाहता है। उसका चेहरा गुस्से में लाल हो जाता है।

•••

वही दोनों व्यक्ति चुपचाप नदी के किनारे बैठे हैं। दूसरी तरफ़ से सब बच्चे अपने असलम अंकल के साथ वहाँ आ रहे थे और उनके पीछे–पीछे मलंग भी चला आ रहा था।

"यार मामला लगता है उल्टा पड़ गया, वो देख सब इधर ही चले आ रहे हैं। लगता है, उन लोगों को हमारे बारे में पता लग गया है।" छोटू गुण्डा दूसरे लम्बू से घबराया हुआ कहता है।

लम्बू बेफिक्र होकर, "अबे चिन्ता काहे करता है...हमें कोई हाथ नहीं लगा सकता।"

छोटू इतनी सारी भीड़ को आते देख डरा हुआ है, "अबे यार, वो

देख इतने सारे बच्चों की भीड़ यहीं हमारी तरफ़ ही तो चली आ रही है।"

लम्बू भी चौंकता है, "ये आदमी कौन है इनके साथ?"

छोटू अपनी जगह से उठ जाता है, "अबे यह तो ख़ान का बच्चा है, भाग ले यहाँ से।"

जैसे ही दोनों भागने लगते हैं, सभी बच्चे उनकी तरफ़ भागकर उन्हें पकड़ लेते हैं। असलम एक को पकड़कर बुरी तरह पीटता है। दूसरे को सभी बच्चे मिलकर मारने लगते हैं।

दोनों हाथ जोड़ते हुए, "हमसे ग़लती हो गयी, हमें माफ़ कर दो।"

असलम एक थप्पड़ मारते हुए, "इसे तुम ग़लती कहते हो...तुम जैसे इनसान ही आज इस देश को बर्बाद कर रहे हैं।"

"अंकल, इन्हें अगर पुलिस के हवाले कर दें तो ही अच्छा होगा।" श्याम उन्हें पुलिस के हवाले करने को कहता है।

"पहले हम तो इनकी सेवा कर लें।" मोनी पास ही पड़ी हुई लकड़ी से मारने लगता है।

सभी बच्चे मारने में लगे हैं, कोई लात, तो कोई घूँसे मारे जा रहा है। दोनों के कपड़े फट जाते हैं। "बस अब बाकी की सेवा क़ानून करेगा...ले चलो इन्हें।" असलम सबको उन्हें मारने से रोकता है और पुलिस के हवाले करने के लिए वहाँ से ले चलते हैं।

"ठहरिए, पहले इन्हें ये हार तो पहना दीजिए।" आशुतोष जूतों के दो हार लाकर उनके गले में डाल देता है।

"ठहरिए साहब, बेचारे पैदल चलकर थक जायेंगे, इस पर बैठाइए इन्हें...।" डेनियल दो गधे पकड़कर लाता है और वह सभी मिलकर उन दोनों को गधों पर बैठा देते हैं।

"ठहरिए, सिर्फ़ इतने भर से इनकी सेवा पूरी नहीं होगी।" काले एक डिब्बा लेकर आता है, जिसमें काली गिरीस (काला रंग) होता है, जो उन दोनों के मुँह पर लगा दी जाती है।

सभी बच्चे उन दोनों को गधों पर बिठाकर, गले में जूतों की माला डालकर, चेहरा काला कर ले जा रहे थे। मलंग–मजनूं भी ज़ोर–ज़ोर से उछलता हुआ उस जुलूस में चला जा रहा था।

...इन शैतानों के लिए इतनी सज़ा ही काफ़ी नहीं, बच्चों की ज़िन्दगी से खेलने वालों को तो पत्थरों से मार–मारकर सज़ा देनी चाहिए, तभी

इन शैतानों की रीढ़ टूट सकेगी। जाने–अनजाने में ऐसे शैतानों के पनपने में हम भी शायद कहीं मदद करते हैं, माँ–बाप को चाहिए कि वह अपनी औलाद को प्यार दें, जिसकी एक बच्चे को हमेशा ज़रूरत रहती है। ख़ुद भी माँ–बाप को कोई ऐसा काम नहीं करना चाहिए जिसका अंजाम औलाद को भुगतना पड़े। बड़ों की लापरवाही की सज़ा छोटों को आख़िर क्यों मिले...?

•••

8

असलम और श्याम लॉन–टेनिस खेलते हुए बहुत ख़ुश नज़र आ रहे हैं। असलम श्याम को खेलना सिखा रहा है। असलम इस खेल के उस अहम हिस्से के बारे में श्याम को बताता है जिसमें रैकेट को सही तरीक़े से पकड़ने का अन्दाज़ शामिल है। वह बताता है कि रैकेट को पकड़ने के अलग–अलग तरीक़े से किस तरह से खेला जाता है।

"सबसे पहले तुम्हारे लिए यह जानना ज़रूरी है कि इस रैकेट को कैसे पकड़ा जाता है। तुम किस तरह का शॉट मारना चाहते हो, यह तुम्हारे रैकेट पकड़ने के अन्दाज़ पर निर्भर करता है, इसको पकड़ने का हर एंगल तुम्हारे शॉट के पेस, स्पिन और प्लेसमेण्ट को तय करता है। सामने वाले के खेलने को देखकर भी तुम अपने रैकेट के ग्रिप को बदल सकते हो।" असलम एक कोच की तरह श्याम को इस खेल की बारीकियाँ बताने लगता है।

श्याम पूछता है, "अंकल क्या इसे दोनों हाथों से पकड़कर खेल सकते हैं?"

"यस...तुम चाहो तो रैकेट को दोनों हाथों से पकड़कर शॉट को मार सकते हो, दोनों हाथों की पकड़ काफ़ी मज़बूत होती है, मगर एक हाथ से तुम स्लाइस शॉट मार सकते हो जो बेहतर खिलाड़ी होने को दर्शाता है।"

"अंकल, मैंने आपको खेलते हुए देखा था, आप जब सामने वाला खेलते हुए आगे आता था तो आप गेंद को पीछे की तरफ़ मारते थे और जब वह पीछे से खेलता था तब आप गेंद को धीरे से आगे की ओर मारते थे, बेचारा सामने वाला खिलाड़ी तो भागते–भागते ही थक जाता है।"

असलम मुस्कुराता है, "तुम्हारे इस सवाल में ही तुम्हारे खेलने का

अन्दाज़ छिपा है, इस तरह से खेलो कि सामने वाला दौड़ते–दौड़ते ही थक जाये और तुम्हारे शॉट को हिट न कर सके। हमेशा अपनी नज़र गेंद पर रखो, अपने प्रतिद्वन्द्वी के बारे में कभी मत सोचो, यह कभी मत भूलना कि दूसरे के हारने में ही तुम्हारी जीत है, यही खेल का नियम भी है और यही इसकी नियति भी।"

श्याम बड़े अचरज से कहता है, "खेल, खेल न हुआ जंग का मैदान हो गया।"

"ज़िन्दगी में किसी भी तरह की जीत हासिल करना जंग जीतने के बराबर ही होता है बेटा, चलो खेलो देखते हैं आज की जंग तुम जीतते हो या नहीं।" असलम श्याम को मैदान में खेलने के लिए फिर से कहता है।

दोनों खेलने लग जाते हैं और खेलने के साथ–साथ असलम इस खेल के बारे में श्याम को तरह–तरह की जानकारियाँ देता रहता है। श्याम को अच्छा खेलता देखकर असलम बेहद ख़ुश होता है।

"शाबाश श्याम, तुम काफ़ी अच्छा खेल रहे हो, तुम्हारी स्फूर्ति काबिले तारीफ़ है, तुम्हारे दौड़ने का अन्दाज़ औरों से अलग है।" असलम को श्याम का मैदान में तेज़ी से दौड़ते हुए शॉट्स को मारना बेहद अच्छा लगता है। श्याम के खेलने के अन्दाज़ में उसका दौड़ते हुए मैदान पर स्केटर की तरह फिसलते हुए बल्ले को घुमाकर मारना देखते ही बनता था।

"जानते हो श्याम बिल टिल्डेन दुनिया का बेहतरीन खिलाड़ी था, जिसने तीन बार विम्बलडन और सात बार यू.एस. चैम्पियनशिप जीती थी।"

"अंकल हमारे देश से कौन था, जिसने जीत हासिल की।"

"हमारे देश के रमेश कृष्णन ने सन् 1979 में जूनियर विम्बलडन जीतकर देश का नाम रोशन किया था। तुम भी मन लगाकर खेलो, मैं भी तुम्हें विम्बलडन के मैदान में खेलते हुए देखना चाहता हूँ।"

"क्या अंकल आप हमें सिर्फ़ खेलते हुए देखेंगे और ट्रॉफी।" श्याम बड़े ही मासूम भाव से कहता है।

"नहीं...नहीं, हम तो तुम्हें विम्बलडन ट्रॉफी के साथ देखेंगे।" असलम बड़े आत्मबल के साथ यह बात कहता है।

"अंकल हमें और बताइए न इस खेल के बारे में। हमें और जानना है।" धीरे–धीरे श्याम की रुचि इस खेल के प्रति बढ़ती जा रही थी।

"इस खेल की एक अहम बात और है, इसमें एक सेट जीतने के लिए 6 गेम्स जीतना ज़रूरी होते हैं, हारने और जीतने वाले के गेम्स में दो गेम्स का फासला होना चाहिए। अगर दोनों के प्वाइण्ट्स 6/6 हो जाते हैं, तो फिर से 7 प्वाइण्ट्स के लिए खेला जाता है और तब प्वाइण्ट्स की गिनती 15, 30, 40 व 60 की जगह 1 से 7 तक होती है और इसमें भी जीतने वाले को हारने वाले से 2 प्वाइण्ट्स ज़्यादा जीतने होते हैं। इस तरह कुल तीन सेट्स में से दो सेट्स जीतना ज़रूरी है। सिर्फ़ विम्बलडन में पाँच सेट्स खेले जाते हैं। इसमें जीत हासिल करने के लिए तीन सेट्स जीतना ज़रूरी होता है।"

"इतना कुछ है इस खेल में, मुझे लगता है इसमें जीतना इतना आसान नहीं है अंकल।"

"बेटा, इस खेल की यही तो ख़ासियत है, हारने वाला आख़िरी दम तक जीतने की कोशिश कर सकता है। तुम चाहो तो हारते हुए भी जीत हासिल कर सकते हो।"

"अगर ऐसा है, तब तो हमें कोई नहीं हरा सकता।"

"आमीन!" असलम में उसका अपना विश्वास नज़र आ रहा था।

असलम टेनिस के खेल के बारे में कुछ और जानकारियाँ श्याम को देता है।

•••

इसी तरह से श्याम का अपने असलम अंकल के साथ होटल जाकर लॉन–टेनिस के खेल को सीखने का सिलसिला चलता रहता है। अकसर असलम घर आकर बिरयानी बनाता और श्याम को बड़े चाव से खिलाता ताकि वह शारीरिक तौर से भी तन्दुरुस्त रहे और अपने खेल में अच्छा परफॉर्म कर सके। दोनों बड़ी–सी थाल में बिरयानी खाते और खेल के बारे में ढेरों बातें करते। श्याम को बिरयानी बेहद पसन्द थी, वह उसे बड़े मज़े से खाता है और अपने अंकल असलम की ख़ूब तारीफ़ करता। असलम का बस अब यही सपना था, श्याम को बेहतरीन लॉन–टेनिस खिलाड़ी बनाना। सच पूछो तो वह अपने आपको श्याम की कामयाबी में देखना चाहता था।

किसी भी काम में कामयाब होने के लिए यह ज़रूरी है कि उसे हर

रोज़ लगातार करते रहा जाये। यहाँ तक कि असलम श्याम को आसानी से समझाने के लिए चार्ट पर पूरे मैदान की तस्वीर बनाकर छोटे–छोटे खिलौनों की शक्ल में खिलाड़ियों को रखकर दिखाता और बताता। किसी तरह से एक खिलाड़ी को दूसरे खिलाड़ी के हर दाँव–पेंच को जानना चाहिए। जब भी कहीं कोई मैच होता वह श्याम को वहाँ ले जाता और खेल की छोटी–छोटी बारीकियों को अच्छी तरह से समझाने की कोशिश करता। हर दिन वह श्याम को मैदान में घण्टों दौड़ने के लिए कहता और उसे बताता है कि किस तरह से दौड़ते रहने की प्रेक्टिस, इस खेल को अच्छी तरह से खेलने में मददगार साबित होती है।

एक दिन तो असलम किराये पर टीवी और कैसेट प्लेयर लेकर आता है और उसमें विम्बलडन मैच की वीडियो कैसेट को चलाकर श्याम को दुनिया में लॉन–टेनिस के सबसे बड़े खेल को दिखाते हुए उसे उस मैच में हिस्सा लेने के लिए प्रेरित करता है। स्वयं इस मैच में खेलने के सपने का इजहार करते हुए उसकी आँखों में आँसू भर आते हैं। श्याम अपने अंकल असलम की भावनाओं को महसूस करता है और चुपचाप उनकी तरफ़ देखता रह जाता है। असलम हर रोज़ खेलने से पहले श्याम को एनर्जी बनाये रखने के लिए खाने को केले देता है, शायद ग़रीब के लिए इससे बेहतर जरिया नहीं है अपने शरीर को तन्दुरुस्त बनाये रखने का।

अच्छा खिलाड़ी बनने के लिए अच्छे कोच की बेहद ज़रूरत होती है और श्याम की यह ज़रूरत असलम के रूप में पूरी हो गयी थी, जो उसके सिर्फ़ कोच ही नहीं बल्कि अच्छे मार्गदर्शक बनकर भी सामने उभर रहे थे। वह उसे खेल के बारे में बताने के साथ–साथ जीवन के अन्य अनुभवों के बारे में भी बताते रहते थे।

"बेटा श्याम, एक बात और ध्यान रखना, कभी भी इनसान को हताश नहीं होना चाहिए चाहे जीवन में कितनी ही परेशानियाँ क्यों न आयें... ज़िन्दगी में जीत हासिल करने का मूल मन्त्र है, जीत को हासिल करने का विश्वास अपने में पैदा करना। इनसान का खेल उसके अपने स्वभाव और व्यक्तित्व पर भी निर्भर करता है। खेलते हुए यह भी जानना ज़रूरी होता है कि आपका प्रतिद्वन्द्वी कैसा खेलता है और उसके खेलने का अन्दाज़ क्या है...खेलते समय हमेशा गेंद पर नज़र रखो, उसे हमेशा ऊपर

की तरफ़ उठाकर मारो, कभी भी सीधा हिट मत करो। प्वाइण्ट्स हारने के वक़्त अपनी हिम्मत और जोश को कम मत होने देना बल्कि अपनी पूरी एनर्जी लगाकर खेलना...हमेशा याद रखना आख़िरी बाल तक जीतने की उम्मीद बनाये रखना।" असलम की यही सब छोटी–छोटी बातें श्याम के लिए जीवन में कामयाबी का रास्ता तैयार कर रही थीं।

मुश्किल से मिलते हैं, जो ज़िन्दगी का रुख़ बदल डालें,
न हो जात–पाँत, न धर्म–मज़हब, न कोई ख़ून का रिश्ता,
बस हो सिर्फ़ इनसानियत के प्यार व जज़्बात का रिश्ता।।

●●●

कहीं सच्चे, पाक़ रिश्ते की बुनियाद रखी जाती है तो कहीं उनमें खाई खोदी जाती, यही रीत सदा से चली आयी है और सदा ही चलती रहेगी। ऐसी ही परिस्थिति उस बस्ती में भी पनप रही थी जहाँ असलम और श्याम के सच्चे व पाक रिश्ते की बुनियाद मज़बूत हो रही थी तो वहीं दूसरी तरफ़ उसे लेकर हिलाने, गिराने की कोशिश नज़र आ रही थी।

मोनी के घर पर उसकी माँ उसे श्याम से दूर रहने की हिदायत देती है, "देख मोनी पुत्तर, ऐ तू श्याम दे नाल खेलना छड दे, औहदी उस मुसलमान असलम नाल कुछ ज़्यादा ही बणदी हेगी...मेरी मने ते ऐ ठीक नहीं हेगा।"

"क्यों बीजी...असलम अंकल ते बड़े चंगे हैगे ने।" मोनी अपनी बीजी (माँ) को समझाता है।

"ओ चुप कर, तेनू नहीं पता, ऐ मोये इदा दे होन्दे ने, बाद विच ऐना दा पता चलदा हेगा, मोये बडे गुल खिलानदे ने बाद विच...मैं जान दी हेगी, इस कौम दे बन्दे बड़े ख़तरनाक होन्दे ने।" मोनी की अम्मी असलम के मुसलमान होने पर उसकी कौम को बुरा–भला बताती है।

"तूसी ते बीजी बेकार विच शक़ कर रहे ओ...असलम अंकल जैसा बन्दा कोई नहीं हेगा इस बस्ती वीच।" मोनी अपने असलम अंकल की तारीफ़ करता है।

"ओ बड़े देखे ने देश दे विभाजन दे वक़्त ...बड़े यार बणदे सी...लुट लिता सानू...कख़ नहीं छडया।" मोनी की बीजी की बातों से उनके अपने

साथ हुए विभाजन के वक़्त हुए हादसे के दर्द का एहसास नज़र आता है।

"कुछ लोग शैतान होंगे बीजी...पर अब आप इस तरह नहीं कह सकते, हर कोई एक जैसा नहीं होता।" मोनी की बातों में एक समझदारी झलकती थी। यह ज़रूरी नहीं होता कि हर बार बड़े ही छोटों को जीवन की सही राह दिखाते हैं।

"ठीक है, कोई नी...आन दे अपने पयो नू...दसागी।" बीजी झुँझलाहट में कहकर वहाँ से चली जाती हैं।

•••

काले के घर पर भी असलम के बारे में बात चल रही थी और उसका बाबा नशे में बैठा बोल रहा था, "काले...श्याम की यह जो दोस्ती है न असलम ख़ान के साथ यह दोस्ती अच्छी नहीं है...मारा जायेगा...पता नहीं कौन है, कहाँ से आया है, अकेला रहता है, क्या करता है...कुछ तो गड़बड़ लगता है महारे को।"

"होटल में खेलना सिखाते हैं असलम अंकल, बापू बेकार की बात मत करो।" काले अपने बाबा की बात पर झुँझला उठता है।

"अरे अगर होटल में खेलना सिखाता है तो फिर यहाँ क्या करता है, वहीं होटल में जाकर क्यों नहीं रहता। बेटे ये गरीबों की बस्ती है, यहाँ पाँच सितारा होटल वालों का काम नहीं है, अपने भेजे में अच्छे से बिठा ले।" बाबा नशे की धुन में अपनी बात बके जा रहा था।

वहीं पर बैठी काले की दादी जो काफ़ी बुजुर्ग है, "देख काले बेटा, कहीं तेरी माँ को पता चला, तो खाल खींच डालेगी तेरी...।"

"सब कुछ छोड़कर घर बैठ जा आराम से...नहीं तो साले टाँगें तोड़ दूँगा।" काले का बाबा नशे की वजह से ग़ुस्से में चिल्लाता है।

"चल जा, खड़े–खड़े क्या देख रहा है, पिटाई खानी है क्या...।" उसकी दादी उसके बाबा के चढ़ते नशे और ग़ुस्से को देखकर उसे वहाँ से चले जाने के लिए कहती है।

काले रोने लगता है और घर के अन्दर की तरफ़ चला जाता है। बाबा अपनी बोतल में से शराब निकालकर पीने में लगा रहता है। बूढ़ी दादी सुपारी काटती हुई पान चबाती बैठी रहती है।

•••

राजस्थानी धुन बज रही थी, आशुतोष का बापू तानपूरा बजा रहा था। आशुतोष की माँ, लाल मिर्ची को फैलाकर सुखा रही थी। आशुतोष अपनी बहनों के साथ बैठा हुआ पढ़ रहा था।

आशुतोष की माँ, "आशु, ये जो तुमने गधों पर उन दो आदमियों को घुमाया, ये ठीक नहीं था, अरे कोई पता नहीं इन ससुरों का, कुछ उल्टा–सीधा कर डाला तो लेने के देने पड़ जायेंगे।"

"कुछ नहीं कर सकते माँ, बुराई में अपनी कोई ताक़त नहीं होती...उन लोगों को उनके किये की सज़ा ज़रूर मिलनी चाहिए थी।"

"पर बेटा, उस असलम से ज़्यादा बात नहीं किया कर, मुझे वो आदमी कुछ गड़बड़ लगता है।" आशुतोष की माँ भी औरों की तरह अपने मन में वही धारणा लिये हुई थी, जिससे धर्म और महज़ब की बू आती है।

"क्या माँ, जैसा आप सोच रही हैं वैसा बिल्कुल भी नहीं है, असलम अंकल अच्छे इनसान हैं।"

"बस तू रहने दे, तुझे कुछ नहीं पता...अरे उस श्याम को न जाने क्या खिला दिया उसने, हर वक़्त वहीं उसी के घर में घुसा रहता है।"

"माँ, श्याम उनसे लॉन–टेनिस खेलना सीखता है और फिर असलम अंकल उसे अपने बेटे जैसा समझते हैं।"

"बेटे जैसा समझता है लेकिन वह उसका बेटा है तो नहीं?"–आशुतोष की माँ की बात में एक तंज़ था।

"पर माँ, तुम नहीं जानतीं उनका बेटा कहीं खो गया है, पता नहीं वह बेचारा इस दुनिया में है भी या नहीं।" आशुतोष बड़े दुःख के भाव से अपनी माँ को असलम के लापता बेटे के बारे में बताता है।

यह बात सुनकर उसकी माँ थोड़ा सहम जाती है और अपनी ग़लत बातों को महसूस करती है, "चल ठीक है, तू अपनी पढ़ाई कर...लेकिन मैंने जो कहा है उसे भूलना नहीं।"

•••

डेनियल अपनी मदर के साथ बैठा किताबों को साफ़ कर रहा था। उसकी

मदर बैठी हुई बिल्लियों को बिस्कुट खिला रही थी। डेनियल उन किताबों में बाइबिल को उठाकर अच्छे से साफ़ कर कपड़े में लपेटकर बड़े प्यार से जीसस की फ़ोटो के आगे जा रखता है।

"मदर, हमारे असलम अंकल बहुत अच्छे हैं।" डेनियल अपनी मदर से अपने असलम अंकल की तारीफ़ करता है।

"अच्छा...।" डेनियल की मदर बड़े प्यार से अपने बेटे की बात सुनती है।

"पर बेचारे का बेटा न जाने कहाँ खो गया है।"

"वो कैसे, क्या हो गया था?" डेनियल की मदर अपनी चिन्ता प्रकट करती है।

"वो कहीं जा रहे थे कि कुछ उग्रवादियों ने हंगामा कर दिया और भगदड़ मच गयी, जिसमें उनका अनवर उनसे बिछुड़ गया।" डेनियल बड़ी भावुकता के साथ अपनी मदर को सारी घटना बताता है।

"इन उग्रवादियों को नहीं मालूम कि वह क्या पाप कर रहे हैं...ईशु ही इन्हें सद्बुद्धि दे सकते हैं...भला कहीं मार–काट से कोई चीज़ हासिल होती है, इससे तो सिर्फ़ बर्बादी ही हाथ लगती है।" डेनियल की मदर बड़ी समझदारी से अपनी बात रखती है।

"कैसे रुकेगा ये सब..?" डेनियल अपनी चिन्ता प्रकट करता है।

"जीसस ही इन लोगों को सद्बुद्धि देंगे...प्रेय टू गॉड माई चाइल्ड...जल्द ही उनका बेटा उनसे मिलवा देंगे।"

दोनों उठकर ईशु (जीसस) की तस्वीर के आगे जाकर प्रार्थना करने लगते हैं।

•••

जहाँ एक तरफ़ बस्ती में लोग अपने–अपने तरीक़े से असलम के बारे में धारणा रखते हैं वहीं मलंग–मजनूं अपनी ही धुन में बड़बड़ाता हुआ मन्दिर के बाहर बैठा है, "कौन अपना–कौन पराया, सबको सुमती दे भगवान।।"

प्रसाद के रूप में मन्दिर में पड़ा खाना मलंग उठाकर खाने लगता है। उसकी सारी हरकतों से देखकर लगता था मानो वह सभ्य दिखने वाले लोगों से ज़्यादा बेचैन और परेशान है। उस बस्ती में घटने वाली हर घटना और

हर वहाँ के लोगों के बीच पनपते रिश्तों को लेकर वह ज़्यादा संवेदनशील है। उसके लिए इनसानियत की अपनी अहमियत होती है, उसे समझने के लिए दिल और दिमाग़ चाहिए जबकि आज पत्थरों के बुतों की तरह जीने वाले इनसान उससे कोसों दूर नज़र आते हैं। सच तो यह है कि इन्हीं बुतों से इनसानों के बीच पागल समझा जाने वाला मलंग ज़्यादा सभ्य और भावनात्मक नज़र आता है। आज का समाज जिस माहौल से गुज़र रहा है और जिसमें इनसान जी रहा है वहाँ ऐसे उदाहरण मिलना आम बात है।

•••

श्याम अपने असलम अंकल के साथ बैठा बिरयानी खा रहा है। श्याम जिस परिवार से आता है वहाँ पर बिरयानी का बनना मुमकिन नहीं था।

"अंकल आपकी बिरयानी बहुत अच्छी थी, हम भी आपको खीर और पूरी खिलायेंगे...।" श्याम भी अपने अंकल के लिए अपने घर से खाना लाकर खिलाने की बात करता है।

खाना खाने के बाद असलम बिस्तर के नीचे से कुछ तस्वीरें निकालता है और श्याम को दिखाने लगता है, "मैं तुम्हें आज तुम्हारी आण्टी और भाई की तस्वीर दिखाता हूँ।"

"ये लो...देखो...।" असलम श्याम की तरफ़ कुछ तस्वीरें बढ़ाता है।

श्याम तस्वीरें लेकर देखने लगा, "अंकल, लगता है ये हमारी आण्टी है।" श्याम असलम को उनकी बीवी की तस्वीर दिखाते हुए बात करता है।

"हाँ...।" असलम मुस्कुराता है।

"और ये हैं अनवर भाई...?" श्याम एक बच्चे की तस्वीर दिखाता है।

"हाँ बेटा...।" असलम अपने बेटे अनवर की तस्वीर देखकर भावुक हो जाता है।

"मगर अंकल आप हमारी आण्टी को क्यों नहीं लाते? हम उनसे मिलना चाहते हैं।"

"अच्छा, तो ठीक है हम उन्हें अभी चिट्ठी लिख देते हैं और जल्द ही यहाँ आने की पेशकश करते हैं।"

"हाँ और यह भी लिख दें कि आप उन्हें उनके बेटे से मिलवाना चाहते हैं।"

"हाँ–हाँ...क्यों नहीं, उन्हें हम अपने बेटे से ज़रूर मिलवायेंगे।"

“अच्छा अंकल, अब आप देर न करें और जल्दी से कॉपी–पैन उठायें और ख़त लिख डालें।”

“अरे भई हम लिख देंगे, आप बेफ़िक्र रहें।” असलम श्याम को समझाता है।

“नहीं अभी लिखिए, हमारे सामने।” श्याम जिद करता है।

“ओफ...ठीक भई, ये लो अभी लिखे देते हैं।” असलम कॉपी–पैन उठाकर ख़त लिखना शुरू करता है।

“कहो, क्या लिखूँ?” असलम श्याम से पूछता है।

“लिखिए, आप और हम यहाँ ठीक–ठाक हैं, और बाकी जो आप अभी कह रहे थे वही सब लिखिए और हाँ ये भी लिखिए कि आप यहाँ जल्द आ जायें, बस और क्या?” असलम ऐसे लेटर लिखने को बोलता है जैसे वह टीचर है और लिखने वाला स्टूडेण्ट।

“भई अगर हमने लिखा कि आप यहाँ आ जायें, तो उनके लिए अकेले यहाँ आना मुश्किल हो सकता है।” असलम जानता था कि गाँव से शहर का सफ़र इतना आसान नहीं कि कोई महिला अकेले इसे असानी से पूरा कर सके।

“फिर क्या करेंगे आप?”

“हम ऐसा करते हैं कि उन्हें लेने ही चले जाते हैं।”

“हाँ, यह तो बहुत ही अच्छा रहेगा।”

“हम उन्हें ख़त लिखकर बता देते हैं कि हम उन्हें लेने के लिए जल्द आ रहे हैं।” असलम की बातचीत में बच्चों सी उत्सुकता नज़र आ रही थी।

“आप अगर जायेंगे, तो हमारे लिए मुश्किल हो जायेगा।”

“क्यों भई, हम जायेंगे और झट से उन्हें लेकर वापस आ जायेंगे।”

“लेकिन आप जायेंगे कब और आयेंगे कब?”

“हम अगले हफ्ते, जुम्मे को जायेंगे और रविवार शाम तक लौट आयेंगे।”

“हाँ, जल्द लिख डालिए।”

असलम ख़त लिखने लगता है और श्याम तस्वीरों को पलटकर देखने लगता है। असलम उत्साहित होकर ख़त लिख रहा था।

“अंकल हो गया आपका ख़त पूरा तो ज़रा पढ़कर हमें सुना दीजिए।”

“तो अब सुनाना भी पड़ेगा...आप पढ़ लीजिए।”

असलम ख़त को श्याम की तरफ़ बढ़ाता है। श्याम ख़त लेकर पढ़ना

शुरू कर देता है, "बेगम, हम तुम्हें तुम्हारे लाल से मिलवायेंगे, श्याम बेटा बहुत ही समझदार व अच्छा बच्चा है, मैंने तुम्हें आज तक ख़त नहीं डाला क्योंकि मैं इस लायक नहीं था कि तुम्हें अपने अनवर के बारे में बता सकता। वह एक लम्बी कहानी है, उसके बारे में मैं तुम्हें मिलने पर ही बताऊँगा, फिलहाल मैं तुम्हें तुम्हारे अनवर यानी श्याम बेटे से मिलवाने यहाँ लाना चाहता हूँ...मैं अगले जुम्मे की रात तक पहुँच जाऊँगा...तुम तैयार रहना...। –तुम्हारा–असलम!"

श्याम ख़त को पढ़कर असलम की तरफ़ देखता है, उसकी आँखें कुछ नम हो गयी थीं, "चलो श्याम इस ख़त को लेटर–बॉक्स में डाल आते हैं।"

दोनों ख़त को लेकर पोस्ट करने के लिए चल पड़ते हैं। मलंग अपने कुत्तों के साथ खेल रहा था। वह उन दोनों को जाते देखता है और ज़ोर से तालियाँ बजाने लगता है।

...इनसान का इनसान से विश्वास ही उठ गया है और इसी लकीर को हर कोई लम्बा किये जा रहा है। जबकि विश्वास ही सही मायने में खुशहाल जीवन की नींव है। मगर हालात व परिस्थितियों का दायरा इतना तंग है कि इनसान का विश्वास झुठला जाता है और फिर ज़िन्दगी एक बोझ बन इसी के नीचे दबाकर बोझिल लगने लगती है। किन्तु जब भी हालात सच्चाई का रूप लेकर सामने आते हैं तो धीरे–धीरे एक नयी रोशनी का एहसास दिलाते हैं और एक खुशी का प्रतीक बनकर अँधेरे से उजाले की ओर ले आते हैं।

●●●

9

वक़्त अपनी ही गति से चलता रहता है, जो कभी रुकता नहीं। असलम का श्याम को लॉन–टेनिस के बारे में हर जानकरी देना, उसे खेल की बारीकियों को समझाना असलम और श्याम के लिए हर रोज़ की गतिविधि में शामिल हो चुका था। बस्ती के लोगों की सोच भी वक़्त के अनुसार बदलने लगती है और धीरे–धीरे वहाँ के लोग असलम से जुड़ने लगे थे और उसका बच्चों को खेल की अहमियत समझाते रहना रास आने लगा था। एक दिन वह आ जाता है जब असलम ख़ान को अपने गाँव जाना होता है। असलग ख़ान अगनी अटैची को दरवाज़े के बाहर लेकर आता है और दरवाज़े की साँकल लगाकर वहाँ से जाने लगता है।

इसी बीच श्याम भी वहाँ आ पहुँचता है और अपने अंकल को सामान के साथ जाते हुए देखकर उत्सुकता से पूछता है, "असलम अंकल, कहाँ जा रहे हो...?"

"आज जुम्मा था, तुम्हें मालूम है...मैं कहाँ जा रहा हूँ।" असलम उसे चिट्ठी की याद दिलाता है जिसमें उसने लिखा था कि वह जल्द ही अपने गाँव जाकर अपनी पत्नी से मिलेगा।

श्याम याद करते हुए कहता है, "ओ...अच्छा तो आज आप हमारी आण्टी को लाने के लिए अपने गाँव जा रहे हैं।"

"जी हाँ...हम अपने वादे के मुताबिक जा रहे हैं।"

"मगर अंकल आप वादे के मुताबिक ही वापस आ जाना।"

"क्यों नहीं, नौकरी से सिर्फ़ चार दिन की छुट्टी मिली है और फिर हमें तुम्हारी ट्रेनिंग भी तो तेज़ी से आगे बढ़ानी है।" असलम को श्याम के लॉन–टेनिस प्रेक्टिस की फ़िक्र रहती है।

"अंकल, जब तक आप नहीं आयेंगे हम खेलेंगे भी नहीं।" श्याम

ऐसा इसलिए कहता है ताकि उसके असलम अंकल जल्दी ही वापस आ जायें।

"नहीं बेटा, तुम अपने खेल की प्रेक्टिस ज़रूर करते रहना, आख़िर तुम्हें एक अच्छा खिलाड़ी बनना है...हमने अपने आपसे वादा किया है कि हम एक दिन तुम्हें हिन्दुस्तान का बेहतरीन खिलाड़ी बनाकर विम्बलडन ट्रॉफ़ी के साथ देखना चाहेंगे।" असलम ख़ान की इस बात में उसके अपने जज़्बात छिपे नज़र आते हैं।

"अगर आप चाहते हैं, हम अच्छे खिलाड़ी बनें, तो आप जल्दी आइएगा।"

"तुम भी वादा करो, हमारे सपने को पूरा करने के लिए हमेशा लॉन–टेनिस के खेल को पूरी शिद्दत से खेलोगे।"

"हम आपसे वादा करते हैं, हर हाल में आपके सपने को पूरा करेंगे और एक दिन ट्रॉफ़ी जीतकर आपका, अपनी बस्ती का नाम रोशन करेंगे।" श्याम भावना के आवेग में आकर अपने असलम अंकल से वादा कर देता है।

इसी बीच सभी बच्चे श्याम की इस बात पर तालियाँ बजाते हुए वहाँ आ पहुँचते हैं, "यस अंकल, श्याम के इस वादे को पूरा करने में हमसे भी जो बन पड़ेगा, हम सब करेंगे।"

"शाबाश बच्चो, तुम सब अपना ख़याल रखना, मैं जल्द ही लौट आऊँगा।" असलम सब बच्चों को दिलासा देता है।

"अंकल, हमारा मन आपके बिना नहीं लगेगा...।" सभी बच्चे एक साथ अपने असलम अंकल से कहते हैं।

छोटी जगह रहने वालों की यह ख़ासियत होती है, वह किसी भी रिश्ते को भावुकता के आवेग में आकर जीते हैं। जब भी वहाँ कोई कहीं जाता है तो सब भावुक हो जाते हैं और ऐसा महसूस करते हैं मानो कोई उनका अपना बरसों के लिए जुदा हो रहा हो। आज असलम और उन सब बच्चों के बीच ऐसा रिश्ता कायम हो गया था, जिसके मर्म को शब्दों में बयान करना मुश्किल हो जाता है।

"देखो मैं कोई हमेशा के लिए तो जा नहीं रहा हूँ...बस आज गया और परसों तक लौट आऊँगा...तुम लोग सब अपनी पढ़ाई के साथ–साथ अपने खेल को भी अच्छी तरह से बनाये रखना...चलो अब देर हो रही है।"

असलम अपनी अटैची उठाकर चलने लगता है, सब बच्चे भी साथ

चलते हैं। श्याम एक जाते हुए रिक्शे को रोकता है और असलम रिक्शे पर बैठ जाता है। सभी बच्चे हाथ हिलाकर असलम को विदा करते हैं। श्याम की आँखों में आँसू भर आते हैं।

मलंग भी वहाँ आ गया था और असलम को जाते देखता रहता है। कुछ दूर उसके पीछे भागता भी है, फिर रुक जाता है और गाना बड़बड़ाने लगता है, "जाने वाले हो सके तो फिर लौटकर आना... ।"

●●●

बच्चों की अपनी दुनिया होती है, वह परिस्थिति के अनुसार अपने आपको ढाल लेते हैं। एक दिन श्याम अपने आप से बातें करता हुआ नदी किनारे चला जा रहा था। आशुतोष और मोनी उसे देख लेते हैं, वह ख़ुद भी उसके पीछे चल देते हैं। डेनियल और काले पहले ही से नदी किनारे बैठे मछली पकड़ रहे हैं।

डेनियल श्याम को अपने पास आता देखकर उससे पूछता है, "आओ श्याम, तुम यहाँ क्या करने आये हो?"

श्याम कहता है, "और अगर मैं भी यही सवाल तुमसे करूँ तो?"

"तो जवाब साफ़ है, डोर हमने पानी में डाली हुई है, मछली का इन्तज़ार है।" काले बड़े फ़िल्मी अन्दाज़ से कहता है।

आशुतोष और मोनी भी इरा बीच वहाँ आ पहुँचते हैं। डेनियल उन सबका स्वागत करता है, "आओ आशु और मोनी, तुम्हारी ही कमी बाकी थी, सो वह भी पूरी हो गयी।"

"डेनियल, हम तो इस श्याम के पीछे आ गये...आज जनाब ये कुछ मलंग बाबा की तरह अपने आपसे बातें करते हुए जा रहे थे।" आशुतोष बड़ों की भाषा में बात करता है।

मोनी भी बीच में बोलता है, "बस हमने भी पीछा करना शुरू किया और यहाँ पहुँच गये, अच्छा हुआ तुम भी यहाँ मिल गये...अब श्याम हमें होटल के बारे में बतायेगा।"

"मछली फँसे, तब तो ये सब सुनें।" डेनियल ज़ोर से मछली के काँटे को बाहर खींचता है, जो बिना मछली के खाली बाहर आता है।

"ठेंगा...तुम मछली–मार अपनी हरकतों से बाज नहीं आओगे...बेचारी

मछली को जीने दो आराम से, क्यों उसकी जान के पीछे पड़े हो?" श्याम सबको मछली न पकड़ने की राय देता है।

काले भी मुस्कुराते हुए कहता है, "हम पीछे कहाँ पड़े हैं, वह हमारे इस काँटे के पीछे पड़ी है...अरे वो देखो...डेनियल फिर खींच...गया तेरा काँटा...।"

डेनियल फिर ज़ोर से अपना काँटा खींचता है, लेकिन मछली फिर नहीं फँसती, उल्टा इस बार काँटा ही टूट जाता है।

"चलो अच्छा हुआ...एक काँटे से तो पीछा छूटा बेचारी मछलियों का।" श्याम मुस्कुराते हुए कहता है।

"यार डेनियल, तू भी बस जल्दबाजी करता है, आराम से खींचना चाहिए था।" काले ज़ोर से डेनियल को डाँटता है।

"खींचा तो बेचारे ने आराम से ही था, पर क्या करे।" मोनी डेनियल पर तरस खाता है।

"चलो छोड़ो, चलो चलकर वहाँ पेड़ के नीचे बैठकर श्याम से बातचीत करते हैं और जानते हैं कि फाइव–स्टार होटल में क्या–क्या होता है।" आशुतोष अपनी उत्सुकता से कहता है।

सभी नदी के किनारे से दूर एक बड़े से पेड़ के नीचे बैठ जाते हैं।

"डेनियल नहीं आया, क्या कर रहा है वह?" श्याम कहता है।

मोनी, "बेचारा मछली से अपनी डोरी–काँटा माँग रहा होगा, उसको छोड़ आ जायेगा, तू तो बस ये बता कि फाइव–स्टार होटल में कैसा लगता है।"

श्याम अपने दोस्तों की उत्सुकता को अच्छी तरह से जानता है, उसे मालूम है किस तरह से उसे भी इस बात में कितना आनन्द आया था जब असलम अंकल ने उसे अपने साथ होटल ले जाने की बात कही थी। आज वह असलम की अनुपस्थिति में उन दिनों को याद करके अपने दोस्तों के साथ साझा करना चाहता है जब वह फाइव–स्टार होटल में जाकर लॉन–टेनिस खेल के बारे में जानकारी व उसे खेलने के तरीक़े सीखने लगा था।

इसी बातचीत के दौरान उन्हें एहसास होता है कि डेनियल काफ़ी वक़्त गुज़र जाने के बाद भी वहाँ नहीं पहुँचा है तो वह उसे बुलाकर लाने की बात कहता है, "यार बहुत देर कर दी डेनियल ने, काले जाकर देख, क्या कर रहा है।"

"मैं जाकर देखता हूँ आख़िर जनाब कर क्या रहे हैं?" काले नदी की तरफ़ चल पड़ता है।

मोनी अपने घर में असलम को लेकर होने वाली बातों के बारे में बताता है, "श्याम, असलम अंकल इतने अच्छे हैं, पर पता नहीं घरवाले क्यों नाराज़ होते हैं?"

श्याम हैरानी से, "क्यों, क्या कहते हैं?"

आशुतोष, "कहना क्या है, बस ज़्यादा बात करने और मिलने से मना करते हैं।"

मोनी भी उसी स्थिति से गुज़र रहा था, "यहाँ तक कि घरवाले किसी पर विश्वास ही नहीं करते, ख़ासकर अंकल असलम ख़ान पर।" ?

बच्चों की बातचीत उनकी अपनी उस चिन्ता से भरी हुई थी जिसमें बड़े अपने विचारों को उन पर थोपने की कोशिश करते हैं। जहाँ यह बातें एक तरफ़ बच्चों में तनाव और हीन भावना पैदा करती हैं, तो वहीं दूसरी तरफ़ यह उनके अपने स्वयं के विकास की गति को भी धीमा करती हैं।

•••

उधर काले नदी के किनारे आ पहुँचता है, वहाँ उसे सिर्फ़ डेनियल की कमीज़ मिलती है, उसके कपड़ों को वहाँ पड़ा देखकर वह चारों तरफ़ डेनियल को ढूँढ़ता है, मगर उसे डेनियल कहीं नज़र नहीं आता। काले ज़ोर–ज़ोर से आवाज़ें लगाता है, "डेनियल...! डेनियल...! डेनियल....!!"

उसे कहीं से कोई जवाब नहीं मिलता, काले घबरा जाता है और भागता हुआ सब बच्चों की तरफ़ आता है। नदी के पानी में बिल्कुल सन्नाटा था और डेनियल का कहीं दूर–दूर तक पता नहीं लग पा रहा था।

•••

श्याम काले को चीख़ते हुए अपनी तरफ़ आता देखकर, "ये काले चीख़ता हुआ क्यों आ रहा है?"

सभी बच्चे खड़े होकर काले की तरफ़ दौड़ते हैं। काले घबराया हुआ कहता है, "श्याम...श्याम...डेनियल...?"

"क्या हुआ?" श्याम घबराहट में डूबे काले को झँझोड़ता है।

"डेनियल वहाँ नदी पर नहीं है!" काले की आवाज़ में रोना और आँखों में आँसू थे।

मोनी चौंकते हुए, "क्या बक रहा है तू?"

सभी नदी की तरफ़ भागते हैं। नदी के किनारे आकर देखते हैं और वहाँ सिर्फ़ डेनियल की कमीज़ ही पड़ी पाते हैं। श्याम उसकी कमीज़ को उठाकर आशुतोष को पकड़ाता है।

"लगता है डेनियल नदी में नहाने लगा होगा...चलो जल्दी करो जिसे तैरना आता है, नदी में कूदकर डेनियल को ढूँढ़ो...जल्दी करो!" श्याम सबको जल्दी करने के लिए कहता है।

सभी एक–दूसरे की तरफ़ देख रहे हैं, मानो सभी एक–दूसरे से पूछ रहे हों कि किसे तैरना आता है।

"मुझे तैरना आता है, इतना तो मैं तैर ही लूँगा कि अपने दोस्त डेनियल को ढूँढ़ सकूँ।" मोनी अपने कपड़ों समेत नदी में कूद जाता है।

श्याम काले से कहता है, "काले, तुम भागकर जाओ और बस्ती में ख़बर कर दो।"

काले बस्ती की तरफ़ रोता हुआ भागता है। आशुतोष घबराया हुआ था, "श्याम अब क्या होगा...?"

श्याम भी घबराया हुआ है, "अपने कपड़े उतारो...जल्दी करो...।"

आशुतोष और श्याम दोनों अपने कपड़े उतारकर उनमें गाँठें लगाकर रस्सी सी बना लेते हैं। मोनी डेनियल को ढूँढ़ रहा है, मगर डेनियल का कुछ पता नहीं चल पा रहा था। आशुतोष और श्याम रोने लग पड़ते हैं।

श्याम रोते हुए कहता है, "मोनी, बाहर आकर ये रस्सी पकड़ लो।"

"श्याम जल्दी जाकर एक लम्बा डण्डा उठा लाओ," मोनी चिल्लाते हुए कहता है।

आशुतोष भागकर दूर पड़े डण्डे को उठा लाता है, "ये लो इसे पकड़कर ढूँढ़ो...मोनी जल्दी करो...कहीं ऐसा न हो देर हो जाये...पानी में उसकी साँसें न पूरी तरह रुक जायें।"

"चुप, ऐसी बकवास मत कर...पागल है क्या?" श्याम की बातों में अधूरापन और घबराहट थी।

इसी बीच बस्ती के कुछ लोग भागे हुए वहाँ आ पहुँचते हैं। डेनियल की माँ भी भागी हुई आ पहुँचती है। मोनी भी नदी में से बाहर आ जाता है। सभी बच्चे रो रहे हैं।

डेनियल की मदर रोती हुई, "कहाँ है डेनियल...कहाँ है मेरा बेटा...?"

श्याम डेनियल की मदर से रोते हुए, "आण्टी...हम लोग उस तरफ़ चले गये थे, लगता है डेनियल नदी में नहाने चला गया होगा और फिर....?"

डेनियल की मदर बुरी तरह घबराती हुई पूछती है, "फिर क्या हुआ...?"

आशुतोष आगे आकर अपने हाथ में पकड़ी हुई डेनियल की कमीज़ देता है, "डेनियल की ये कमीज़ है, जो हम लोगों को यहाँ पड़ी मिली थी।"

डेनियल की मदर ज़ोर–ज़ोर से रो रही थी। श्याम उन्हें रोता देखकर बेहद दुःखी होता है, "आण्टी....प्लीज़...अपने आपको सँभालिए।"

काले ज़ोर से चिल्लाता है, "वो देखो पानी में ऊपर की तरफ़ कुछ नज़र आ रहा है।"

सभी उस तरफ़ देखते भागते हैं। श्याम चिल्लाकर, "मोनी, जल्दी करो...पकड़ो उसे...।"

मोनी नदी में छलाँग लगा देता है। श्याम उसे डण्डा पकड़ाता है। मोनी उसे पकड़कर बाहर की तरफ़ लाता है। दूर से डेनियल को देखकर उसकी मदर चिल्लाती है, "माई सन...डेनियल...!"

सभी डेनियल को नदी से उठाकर बाहर लाते हैं। डेनियल को उल्टा कर पानी निकालने की कोशिश करते हैं, मगर वह बेजान था, डेनियल की साँसें रुक चुकी थीं और उसका शरीर शिथिल पड़ चुका था। सभी रोने लगते हैं।

डेनियल की मदर दहाड़ें मारकर रोने लगती है, "डेनियल...माई सन...तू मुझे अकेला छोड़कर नहीं जा सकता...मुझे किसके सहारे छोड़ गया तू...बोल...बोलता क्यों नहीं माई सन, फोर गॉड सेक, स्पीक टू मी...।"

बाकी बच्चों की माताएँ भी रो रही हैं। सब बच्चे रोते हुए डेनियल की मदर से लिपट जाते हैं, "आण्टी, आप अपने आपको सँभालें, हम हैं न आपके डेनियल।"

सभी बच्चे अपने दोस्त डेनियल की लाश को उठाकर चल पड़ते हैं। मलंग की आँखों में भी आँसू हैं, वह भी सब बच्चों के साथ चलता रहता है।

जीवन का यह चक्कर है कैसा,
चलते–चलते चला जाता है कहाँ!

•••

चारों तरफ़ रात का सन्नाटा है, डेनियल की तस्वीर के पास उसकी मदर बैठी रो रही है। साथी–संगी जब छोड़ जाता है तो एक ऐसा खालीपन आता है जिसे शायद भर पाना किसी के लिए भी मुश्किल होता है। डेनियल की माँ जो बस्ती के ही सरकारी क्लीनिक में आया का काम करती है, वह अपने बेटे के जाने के बाद बिल्कुल अकेली हो गयी थी। डेनियल के सारे दोस्त वहाँ आते हैं और उसकी मदर के पास आकर बैठ जाते हैं। कुछ देर बच्चे चुपचाप एक–दूसरे की तरफ़ देखते रहते हैं और उस दुःख से भरे सन्नाटे को तोड़ने की कोशिश में डेनियल की मदर से बात करने लगते हैं।

श्याम बड़ी भावुकता से कहता है, "आण्टी, आप रोइये मत...।"

मोनी के चेहरे पर भी दुःख के भाव हैं, "हम सब आपका ख़याल रखेंगे...।"

मदर उन बच्चों की इस भावना को समझती है और बड़े प्यार से उन सबसे कहती है, "ओ माई चाइल्ड...तुम सब मेरे डेनियल ही तो हो...तुम हर रोज़ यहाँ आते रहना...मेरे डेनियल को केक बहुत पसन्द था, मैं तुम सबको बनाकर खिलाया करूँगी...।"

सभी बच्चे डेनियल की मदर को गले से लगा लेते हैं। भावनाओं और संवेदनाओं का किसी के धर्म–जाति या उसकी हैसियत से कुछ नहीं लेना–देना होता है। इनके उदाहरण जितने ग़रीबी में मिलते हैं उतने अमीर परिवेश में जीने वालों में हों यह ठीक से कह पाना बड़ा मुश्किल है।

•••

रात का सन्नाटा, राजस्थानी परिवार में आशुतोष एक कोने में बैठा था। बाहर उसका पिता, तानपूरे पर दुःखभरी धुन निकाल रहा था। आशुतोष की माँ अपनी लड़कियों के साथ सोयी पड़ी थी।

काले का परिवार जहाँ था वहाँ पर भी बिल्कुल सन्नाटा छाया हुआ था। काले अपने घर की चौखट पर बैठा था। बूढ़ा और बुढ़िया एक तरफ़ ज़मीन पर सोये पड़े थे। काले बाहर से उठकर अन्दर आता है, फिर ज़मीन पर लेट जाता है। काले को डेनियल की तस्वीर नज़र आती है। काले बार–बार करवट बदलता रहता है। फिर उठकर बैठ जाता है।

श्याम भी भगवान् की तस्वीर के आगे हाथ जोड़कर प्रार्थना कर रहा था। श्याम की माँ उठकर उसके पीछे खड़ी थी। "चल बेटा अब सो जा...जो होना था सो हो गया।" श्याम की अम्मा उसे दिलासा देते हुए समझाती है।

"माँ, आख़िर ऐसा क्यों हुआ...डेनियल की माँ अकेली रह गयी...भगवान् ने इतना बड़ा अनर्थ क्यों किया?" श्याम बड़े दुःखी मन से अपनी अम्मा से कहता है।

"नहीं बेटा, भगवान् कभी अनर्थ नहीं करते...ये तो सृष्टि है, इसमें जो आता है, उसे जाना ही पड़ता है, किसी–न–किसी रास्ते से... इस दुनिया में कोई मरता नहीं है, बस एक जगह से दूसरी जगह चला जाता है।" अम्मा अपने बेटे श्याम को अपने सीने से लगा लेती है।

"मगर जाने का कोई वक़्त होना चाहिए...ये नहीं कि जब जी चाहा किसी को भी बुला लिया...।" श्याम बेहद दुःखी नज़र आ रहा था।

"जैसी हरि इच्छा...उसकी मर्ज़ी के आगे कहाँ किसकी चलती है...भगवान् उसकी आत्मा को शान्ति दे, बस यही प्रार्थना कर सकते हैं हम सब। " अम्मा अपने बेटे के उदास मन को सान्त्वना देने की कोशिश करती है और अपनी गोद में उसका सिर रखकर उसे सुलाने लगती है।

"अम्मा असलम अंकल पूछेंगे तो हम क्या जवाब देंगे...वह भी न जाने कब आयेंगे।"

"आ जायेंगे...चल सो जा...।"

उदासी के आलम में माँ की गोद से बड़ा सुख कहीं नहीं होता, श्याम भी अपने दुःख में अपनी अम्मा की गोद में सिर रखे नींद के आगोश

में चला जाता है। यह रात भी हर रोज़ की रातों से अलग गहरी और सन्नाटे से भरी नज़र आती है।

●●●

उधर डेनियल की मदर एक कुर्सी पर बैठी हुई आँखों में आँसू भरे, सोच रही थी। पूरे घर में सन्नाटा था। अचानक बिल्ली एक बर्तन गिरा कर रोती हुई उसके पैरों में आकर बैठ जाती है। डेनियल की मदर भी अपनी आँखें बन्द कर लेती है।

●●●

सूरज की किरणें आकाश में प्रकाशमान हो रही थीं। श्याम चुपचाप नदी के किनारे आकर वहीं खड़ा हो जाता है, जहाँ पर डेनियल डूब गया था। मोनी, काले, आशुतोष और राजू पार्क में चुपचाप बैठे थे।

मोनी अपने दोस्तों से कहता है, "यारो आज श्याम नज़र नहीं आ रहा।"

काले भी हैरानी प्रकट करता है, "हाँ यार, मालूम नहीं आज कहाँ चला गया।"

आशुतोष अपनी राय देता है, "मुझे लगता है घर पर ही होगा।"

"नहीं मैं वहीं से होकर आ रहा हूँ, मुझे तो नहीं मिला।" राजू श्याम के घर की तरफ़ से ही आया था।

"फिर गया तो गया कहाँ?" मोनी अपनी चिन्ता जताता है।

काले श्याम की भावनात्मक स्थिति को अच्छी तरह से समझता है, उसे लगता है, श्याम हो न हो उसी जगह गया होगा जहाँ डेनियल डूबा था, "मुझे लगता है श्याम नदी के किनारे ही गया होगा।"

"हाँ काले ठीक कह रहा है, उस दिन भी वह अपने--आप से बातें करता हुआ उसी तरफ़ जाते हुए नज़र आया था।" आशुतोष भी काले की बात को सही ठहराता है।

"चलो वहीं चलकर देखते हैं।" मोनी सबसे चलने के लिए कहता है। सभी बच्चे नदी की तरफ़ चल पड़ते हैं।

●●●

श्याम चुपचाप उसी जगह पर बैठा था, जहाँ डेनियल बैठा मछली पकड़ रहा था। श्याम पानी में पत्थर फेंक रहा था और उदासी के आलम में डूबा अपने आप से बातें कर रहा था। "डेनियल मेरे दोस्त, तुम इस तरह अकेले नदी में क्यों उतर गये, हम तो तुम्हें मछलियाँ पकड़ते हुए छोड़ गये थे...मैंने कई बार तुमसे कहा था कि मछलियाँ पकड़ना छोड़ दो, मगर तुमने मेरी एक नहीं मानी...तुम यूँ हम सब को अकेला छोड़कर कहाँ चले गये? असलम अंकल पूछेंगे तो क्या जवाब देंगे?" श्याम उदासी में डूबा अपने मन की बात कह रहा था, श्याम एक और पत्थर नदी में ज़ोर से फेंकता है। सभी बच्चे नदी के किनारे उस तक आ पहुँचते हैं।

मोनी उसके पास आकर उससे पूछता है, "श्याम, तुम यहाँ क्या कर रहे हो?"

आशुतोष भी कहता है, "हम तुम्हारा इन्तज़ार पार्क में कर रहे थे।"

काले श्याम को समझाते हुए अपनी बात कहता है, "श्याम, अब यहाँ बैठे रहने से डेनियल वापस तो आ नहीं जायेगा...बल्कि हम सबको चलकर उसकी मदर को देखना चाहिए।"

श्याम काले की बात से सहमत होता है, "तुम ठीक कह रहे हो काले, मगर मैं क्या करूँ, मुझे बार–बार डेनियल का वही चेहरा याद आ रहा है जब वह यहाँ बैठा मछलियाँ पकड़ रहा था।"

"मुझे भी कल रात सपने में आकर डेनियल बोला कि श्याम मुझे अपने साथ होटल नहीं ले जायेगा...हम भी असलम अंकल को कहेंगे कि वह हमें भी फाइव–स्टार होटल में लॉन–टेनिस सिखायें।" यह बात कहते हुए मोनी की आँखों में आँसू भर आते हैं।

"मैं क्या करूँ, शायद मेरा ही कसूर था, अगर मैं उस दिन यहाँ नहीं आता तो शायद आज यह दिन नहीं देखने को मिलता।" श्याम अपने आपको डेनियल की मौत के लिए ज़िम्मेदार ठहरा रहा था।

काले अपने आप को दोषी मानता है, "नहीं श्याम कसूर मेरा था, मैंने ही उसे कहा था कि हम मछली पकड़ने चलेंगे...न मैं उससे कहता, न आज वह हम सबको यूँ अकेला छोड़कर जाता।"

आशुतोष उनकी बातों में पैदा होने वाले तनाव को टालने की कोशिश में कहता है, "डेनियल हम सबसे ज़्यादा होशियार था, वैसे उसकी मदर

हमेशा उसे पढ़ाती रहती थीं, वह हर बार सबसे ज़्यादा नम्बर लेकर पास होता था, कितना मज़ा आता था जब वह अपने फर्स्ट आने पर सबको पार्टी दिया करता था...मुझे अब उसकी मदर की चिन्ता है...।"

श्याम इस बात को मानता है, "बेचारी अब बिल्कुल अकेली रह गयी हैं...हम सबको उन्हें वो प्यार देना होगा जो उन्हें अपने बेटे डेनियल से मिलता था।"

मोनी भी इस बात को महसूस करता है, "तुम ठीक कह रहे हो...हम सबको ऐसा ही करना चाहिए।"

श्याम असलम अंकल को याद करता है, "असलम अंकल आ जाते तो अच्छा हो जाता, वही हमें सही राह दिखा सकते हैं...न जाने वो कब आयेंगे?"

राजू भी कहता है, "अब तक तो वैसे उन्हें आ ही जाना चाहिए था?"

श्याम अपने उदास मन से कहता है, "पता नहीं कब आयेंगे?"

"चलो अभी डेनियल के घर चलते हैं।" आशुतोष सबको वहाँ से डेनियल के घर चलने के लिए तैयार करता है।

•••

डेनियल की माँ कुर्सी पर बैठी डेनियल की तस्वीर की तरफ़ देख रही थीं। बिल्ली वहाँ आती है और दूध के गिलास को गिराकर दूध पीने लगती है। डेनियल की मदर वैसे ही बैठे हुए देख रही थीं। कमरे के दरवाज़े पर खटखट होती है। मदर सुनकर भी अनसुनी कर देती हैं। फिर ज़ोर से खटखटाने की आवाज़ होती है।

"कौन? आ जाओ दरवाज़ा खुला है।" डेनियल की मदर धीमी–सी आवाज़ में बोलती हैं।

दरवाज़ा धीरे–धीरे खुलता है, सभी बच्चे एक–एक करके अन्दर आते हैं।

"आण्टी हम थे।" श्याम अन्दर आते हुए बोलता है।

"आओ...कैसे आये...?" डेनियल की मदर की धीमी आवाज़ से उनकी उदासी झलक रही थी।

"आण्टी...हमने सोचा, आपको कुछ चाहिए हो तो हम बाज़ार से जाकर ले आते हैं?" श्याम मदर के क़रीब आ जाता है।

"नो माई चाइल्ड...मुझे कुछ नहीं चाहिए, आई एम फाइन।" मदर की नज़रें अपने डेनियल की तस्वीर की तरफ़ थीं।

"अगर आप बुरा न मानें तो....मैं आपसे पढ़ने के लिए रोज़ आ जाऊँ?" मोनी मदर के उदास मन को दूर करने के लिए ख़ुद उनसे पढ़कर उनके मन में आयी उदासी को कम करना चाहता था।

"और मैं भी यही चाहता हूँ।" आशुतोष भी मोनी की बात से जुड़ जाता है।

"मैं आण्टी आपके घर का सारा काम कर दिया करूँगा...कपड़े धोने से लेकर रोटी तक बना दूँगा।" राजू भी बड़ी तन्मयता से कहता है।

"मैं बर्तन साफ़ कर दिया करूँगा।" काले आगे बढ़कर उत्सुकता से अपनी बात रखता है।

"हम सब आपकी पूरी सेवा करेंगे आण्टी, आप किसी बात की चिन्ता न करें, हम सब आपके डेनियल हैं।" श्याम की बात डेनियल की मदर के प्रति अपनी भावुकता प्रकट करती है।

डेनियल की मदर श्याम को अपने बेटे डेनियल की तरह सीने से लगा लेती है। मदर की आँखों में आँसू भर आते हैं, "ओ...माई चाइल्ड... तुम सचमुच मेरे डेनियल हो...तुम कोई काम नहीं करोगे...मैं कपड़े धोना, बर्तन साफ़ करना और रोटी बनाना...सब ख़ुद कर लूँगी...तुम सब बस यहाँ पढ़ने आया करो।"

मोनी सब बच्चों से ज़्यादा उत्साहित होता है, "हाँ आण्टी मैं भी पढ़ाई शुरू करके बड़ा आदमी बनूँगा।"

"मैं भी आपसे अंग्रेज़ी सीखूँगा।" काले भी अपनी उत्सुकता दिखाता है।

"हाँ आण्टी हम सब आपसे शिक्षा पाकर बड़े इनसान बनना चाहते हैं।" श्याम के मन में सदा से कुछ अच्छा और बड़ा करने की लालसा रहती है।

"मैं भी ख़ुद तुम्हें पढ़ाऊँगी...आज से मुझे तुम सब ने मिलकर नया मकसद दे दिया है...डेनियल को न सही पर तुम सबको मैं समाज का गुड–ह्यूमेन और एक कामयाब इनसान देखना चाहती हूँ...तुम सब बैठो मैं चाय बनाकर लाती हूँ।" मदर सब बच्चों के लिए चाय बनाने किचन की तरफ़ उठकर जाती हैं।

एकाएक नज़र आता है, बिल्ली सारा दूध पीकर ख़त्म कर चुकी थी। मदर ये देखकर चौंकती हैं, "अरे...दूध तो सारा बिल्ली पी गयी।"

श्याम आगे बढ़कर कहता है, "कोई बात नहीं आण्टी, हम चाय नहीं पीयेंगे...शायद बिल्ली के लिए दूध ज़्यादा ज़रूरी था...सो उसने दूध पी लिया....अच्छा आण्टी अब हम चलते हैं।"

सभी बच्चे वहाँ से चले जाते हैं। डेनियल की मदर नम आँखों से सब को जाते हुए देखती रहती है।

•••

श्याम अपनी अम्मा के पास बैठा है। श्याम अपने घर के दरवाज़े की चौखट से बाहर असलम के घर की तरफ़ देख रहा है। श्याम अपनी अम्मा से कहता है, "अम्मा, असलम अंकल अभी तक नहीं आये!"

"आ जायेंगे बेटा।" अम्मा अपने बेटे श्याम की भावनाओं को समझती थी।

"अम्मा, डेनियल की मदर बहुत उदास रहती हैं।" श्याम अपनी अम्मा से डेनियल की मदर के बारे में चिन्ता प्रकट करता है।

"उदास न रहें तो और भला क्या करें, बेचारी का एक ही बेटा था जो उसके जीवन का सहारा था, अब वो ही नहीं रहा तो उदास नहीं रहेंगी तो क्या करेंगी।" एक माँ दूसरी माँ के सन्तान के दुःख को भली–भाँति समझती है।

...बहुत से अनेक सवाल श्याम के मन में रह–रहकर उठते हैं, जीवन गतिशील है तो मौत ठहराव क्यों? क्या ज़िन्दगी और मौत दोनों एक–दूसरे के पूरक हैं? क्यों नहीं है जीवन निश्चित...इस अनिश्चितता में भी इनसान दौड़ रहा है, अपने ख़ुद के स्वार्थों को पूरा करने के लिए। क्या सिर्फ़ यही जीवन है? क्या यही सृष्टि की व्यूह–रचना है, जिसमें इनसान को लड़ना पड़ता है जीतने के लिए, और फिर क्यों अन्त भी इसी चक्रव्यूह में निश्चित होता है...?

•••

10

धीरे–धीरे कई दिन हफ़्तों में बदलकर गुज़रते चले जाते हैं, किन्तु असलम अंकल वापस नहीं आये थे। रात का अँधेरा बढ़ रहा था, श्याम अपने बिस्तर पर लेटा सोच रहा था। कभी इस तरफ़ करवट बदलता कभी उस तरफ़। अपने अंकल के इन्तज़ार में श्याम बेचैन–सा रहने लगा था, न नींद ही आती थी उसे, न भूख ही लगती थी। अम्मा अपने बेटे श्याम की यह हालत देखती है, तो अपनी चिन्ता प्रकट करती है, "बेटा, रोटी खा ले।"

"नहीं माँ, मुझे भूख नहीं है।" श्याम अपने उदास मन से जवाब देता है।

"बेटा, खाना न खाने से तेरे असलम अंकल तो जल्दी वापस नहीं आ जायेंगे...चल उठ, खाली पेट नींद भी नहीं आयेगी।"

"अम्मा ज़िद मत करो, आप जाओ...मुझे चैन से रहने दो।"

श्याम के पिता आते हैं। अपनी साइकिल को खड़ा कर अन्दर आकर, सब्ज़ी का थैला एक कोने में रखते हैं। "क्या हो रहा है?" पिता बड़ी कड़क आवाज़ में पूछते हैं।

"देखिए न इस श्याम को, खाना–पीना सब छोड़कर बैठा है...अपने असलम अंकल के इन्तज़ार में पगला हो गया है।" अम्मा श्याम के बारे में बताती है।

"क्यों भई...तेरा दिमाग़ तो ठीक है...चल उठ खाना खा नहीं तो पिटाई खानी पड़ेगी।" पिता डाँटने के सुर में अपनी कड़क आवाज़ में बोलते हैं। श्याम एक तरफ़ करवट बदलकर सो जाता है और अपने पिता की बात को अनसुना कर देता है।

"उठ भी अब....कहना मान लेते हैं।" अम्मा नज़दीक जाकर उसे उठाने लगती हैं। श्याम की आँखों में आँसू भर आये थे। अम्मा उसे देखकर चौंकती हैं, "देखो जी...यह तो रोने लग पड़ा है।"

"इसका इलाज मुझे लगता है करना ही पड़ेगा...चल तू मुझे खाना लगा...छोड़ इसे...बड़ा हमदर्द बना फिर रहा है उसका...अबे उसी के साथ चला जाता।" पिता डाँटते हुए गुस्से से बोलते हैं।

"पता नहीं क्या हो गया है इसे, राम जाने कब भूत उतरेगा इसका, बड़ा लॉन–टेनिस खेलने चला है।" अम्मा उठकर चली जाती है।

"अबे पता भी है यह खेल ग़रीब लोग नहीं खेलते हैं, अमीरों के चोंचले हैं यह होटलों में जाकर लॉन–टेनिस खेलना...इतने बड़े सपने देखना छोड़ दे वरना घर से भी जायेगा...ज़्यादा असलम...असलम की तो ससुरे तेरा खतना करवा के उसी के पास छोड़ आऊँगा।"

अपने माँ–बाप की बात से दुःखी होकर श्याम रोने लग जाता है और अपने चेहरे को चादर से ढँक लेता है।

•••

सुबह का माहौल था, तेज़ हवा चल रही थी। हर रोज़ की तरह आज भी श्याम अपने घर की चौखट के बाहर खड़ा असलम के घर की तरफ़ देख रहा था। असलम के दरवाज़े की साँकल लगी हुई थी। श्याम अपने घर से चलकर पार्क में आकर बैठ जाता है। मोनी भी वहाँ आ पहुँचता है।

"श्याम, आज तो आण्टी के पास पढ़ने जाना था? ...क्या सोच रहा है, अरे यार असलम अंकल आ जायेंगे, क्यों चिन्ता करता रहता है। तुझे क्या हम सब को भी उनके आने का इन्तज़ार रहता है।" मोनी श्याम की उदासी की वजह जानता था।

आशुतोष भी वहाँ आ जाता है, "लगता है आज तो श्याम सबसे पहले आ गया....भई आज रात सोया भी था या भजन करता रहा।"

श्याम आशुतोष की तरफ़ देखता है, फिर मोनी से कहता है, "हाँ मोनी, तुम जाओ, मैं कल से पढ़ने चलूँगा।"

आशुतोष अनजान–सा बना पूछता है, "पढ़ने? भई कहाँ और कल से क्यों?"

मोनी उसे याद दिलाते हुए कहता है, "डेनियल की मदर के पास नहीं जाना आज?"

आशुतोष अपने माथे पर हाथ मारते हुए, "ओहो...मैं तो भूल ही गया था, चलो भई देर हो जायेगी।"

मोनी उसे श्याम की तरफ़ देखने का इशारा करते हुए, "मगर इस श्याम को देखो यहाँ असलम अंकल के इन्तज़ार में बैठा है, मैं कह रहा हूँ अगर वह आयेंगे तो हमें पता चल ही जायेगा, फिर यहाँ बैठे रहने से क्या होगा, वो कोई जिन्न थोड़े ही हैं कि तू यहाँ बैठा पत्थर रगड़ेगा और वह तेरे सामने आकर खड़े हो जायेंगे?"

"तुम मेरी फ़िक्र मत करो...बस तुम जाओ और मुझे अकेला छोड़ दो।" श्याम बुझे मन से बिना किसी की तरफ़ देखे हुए कहता है।

"चल यार मोनी, इसे रहने दे यहीं पर बैठे।" आशुतोष उठकर चलने लगता है।

"अच्छा, काले और राजू आयें तो उन्हें भी भेज देना।" मोनी वहाँ से जाते हुए श्याम को बोलता है।

श्याम उसकी तरफ़ देखता है और गर्दन हिलाते हुए धीमे–से कहता है, "ठीक है, भेज दूँगा।"

•••

काले अपनी किताबें बस्ते में डाल रहा है। उसकी माँ घर में झाड़ू लगा रही थी, "काले...कहाँ जा रहा है?"

काले बस्ते को कन्धे पर डालते हुए बोला, "पढ़ने जा रहा हूँ।"

"पढ़ने? कहाँ...?" उसकी माँ हैरानी से पूछती है।

"डेनियल की मदर के पास।"

"क्यों घर पर नहीं पढ़ सकता?"

"घर में तो बाबा कुछ–न–कुछ बोलते ही रहते हैं, हर वक़्त डर लगा रहता है।" काले अपने पिता के बारे में बात करता है।

"डरता क्यों है, कोई खा थोड़े ही जायेगा...चल ठीक है, मगर ध्यान से पढ़ियो।" काले की माँ क़द–काठी से थोड़ी भारी और मज़बूत थी, उसकी आवाज़ में भी वही ताक़त नज़र आती थी।

"अच्छा माँ तू देखना...मैं एक दिन पढ़–लिखकर बहुत पैसे कमाऊँगा और तुझे लाकर दूँगा...फिर तू लोगों के घरों में बर्तन माँजने नहीं

जायेगी।" काले अपनी माँ के घर–घर जाकर काम करने से हमेशा नाख़ुश रहता है, मगर बाप के निकम्मेपन की वजह से माँ को काम करने से नहीं रोक पाता है।

माँ काले की तरफ़ बड़े प्यार और आशा भरी दृष्टि से देखती है, उसकी आँखें अपने बच्चे की बात सुनकर नम हो जाती हैं और अपनी भावुकता के साथ कहती है, "मैं भी उसी दिन के इन्तज़ार में हूँ बेटा।"

"अच्छा माँ मैं चलता हूँ...पहले ही काफ़ी देर हो गयी है।" काले कहता हुआ वहाँ से चला जाता है।

•••

डेनियल की मदर का अपना नाम मरियम है, वह जीसस क्राइस्ट की तस्वीर के आगे खड़ी प्रार्थना कर रही थी। दूसरी तरफ़ बिल्ली दूध पी रही थी। मदर बिल्ली के पास आकर उसे प्यार से सहलाती हैं। कहते हैं जब इनसान से इनसान का साथ न हो तो जानवर उसका अच्छा साथी बनकर उसके अकेलेपन को दूर कर सकता है। आज जब डेनियल के चले जाने पर उसकी मदर अकेली रह गयी थीं तो घर में पलने वाली बिल्ली उनके मन के बोझ को हलका कर देती है।

आशु और मोनी दरवाज़ा खोलकर अपने घर की तरह अन्दर चले आते हैं। मरियम बच्चों को आता हुआ देखकर बोली, "आओ...बहुत देर से आये हो बच्चो आज?"

मोनी वहीं ज़मीन पर बैठते हुए कहता है, "सॉरी मदर, बस यूँ ही आज देर हो गयी।"

"और सब कहाँ हैं...आयेंगे नहीं क्या?" मरियम बड़े प्यार से पूछती हैं।

"आते ही होंगे मदर।" आशुतोष बड़े आदर भाव से कहता है और मोनी के साथ नीचे बैठ जाता है।

मदर पूछती हैं, "तुम किताब–कॉपी कुछ नहीं लाये?"

मोनी बड़ी मासूमियत से कहता है, "नहीं मदर...मेरे पास तो हैं ही नहीं।"

मदर मोनी की हालत जानती है, "ओह! ख़ैर कोई बात नहीं, मैं तुम्हें लाकर देती हूँ।"

मदर मरियम कमरे में एक लकड़ी की अलमारी की तरफ़ जाती हैं और उसमें से डेनियल का बैग उठा लाती हैं।

"ये लो...डेनियल की किताबें–कॉपियाँ हैं...तुम लोग बाँट लेना।" मदर उन दोनों को डेनियल की किताबें उसके बैग से निकालकर देती हैं। दोनों एक–दूसरे की तरफ़ देखते हैं और मदर मरियम के मन में छिपी भावनाओं को महसूस करते हैं।

आशुतोष मदर मरियम को मना करता है, "नहीं मदर, मैं कल से लेकर आ जाऊँगा।"

मोनी भी झट से बोल उठता है, "और मैं भी ले आऊँगा मदर।"

इसी बीच काले और राजू भी वहाँ आ जाते हैं। काले हाथ जोड़ते हुए, "नमस्ते आण्टी...।"

राजू भी एकाएक बोलता है, "नमस्ते मदर।"

"नमस्ते...आओ...श्याम तुम्हारे साथ नहीं आया...उसकी तबीयत तो ठीक है?" मदर बेहद अपनेपन से श्याम के बारे में पूछती है।

"सो तो हमें कुछ नहीं मालूम, मैं तो सीधा घर से ही आ रहा हूँ, रास्ते में काले गिला था, सो हम दोनों एक साथ आ गये।" राजू बताता है।

"आण्टी, श्याम कल आयेगा...आज...।" आशु पूरी बात कहते–कहते रुकता है।

"क्यों, आज क्या हुआ?" मदर श्याम के बारे में जानना चाहती है।

मोनी उसके बारे में सच बता डालता है, "वो अपने असलम अंकल के इन्तज़ार में उदास बैठा है।"

मदर बात को समझती हैं, "ओ! ठीक था आख़िर असलम को गये हुए बहुत दिन भी तो हो गये हैं, अभी तक नहीं लौटा...पता नहीं ऐसी क्या बात है!"

"मगर मदर, अभी तक असलम अंकल को आ जाना चाहिए था।" काले भी अपनी चिन्ता जताता है।

"आ जायेंगे...राजू तुम जाओ और श्याम को बुलाकर लाओ।" मदर मरियम श्याम से मिलकर उसकी उदासी को दूर करना चाहती हैं।

राजू मदर की बात सुनकर उठ जाता है और श्याम को लाने के लिए वहाँ से चला जाता है। मदर मरियम सब बच्चों को पढ़ाना शुरू करती हैं।

•••

श्याम पार्क के चारों तरफ़ चक्कर लगा रहा था। कभी बैठ जाता था, तो कभी चलने लगता था। अपने पैर से पत्थर को ठोकर मारता था, तो कभी पत्थर को उठाकर ऊपर की तरफ़ उछालता, श्याम बेहद सोच में डूबा हुआ बेचैन नज़र आ रहा था। इसी बीच राजू वहाँ आ पहुँचता है।

राजू उसे इस तरह की हरकतें देखकर हैरान होता है, "श्याम, तुम यहाँ क्या कर रहे हो...चलो तुम्हें डेनियल की मदर ने बुलाया है।"

श्याम बुझे मन से उससे कहता है ,"तुम जाओ...मैं कल आऊँगा।"

"चल यार...आण्टी नहीं तो ख़ुद यहाँ आ जायेंगी...हम सबको भी तो असलम अंकल का इन्तज़ार है, मुझे उन्हीं की वजह से एक नयी ज़िन्दगी मिली थी, नहीं तो मैं नशे की वजह से मर ही गया था।" राजू अपने ऊपर असलम अंकल के उस एहसान के बारे में बताता है, जिसने उसकी ज़िन्दगी बचायी थी।

श्याम राजू की तरफ़ देखता है, "राजू, हमारा डेनियल भी हमसे बिछुड़ गया है और असलम अंकल भी नहीं आ रहे...यह सब क्या हो रहा है यार, मेरी तो कुछ समझ नहीं आ रहा!"

"कुछ नहीं...चलो मदर हमारी राह देख रही होंगी।" राजू श्याम को लेकर वहाँ से डेनियल की मदर के पास चल पड़ता है।

•••

सभी बच्चे डेनियल की मदर के सामने बैठे पढ़ रहे हैं। मदर मरियम सब बच्चों को बड़े प्यार से पढ़ा रही हैं, "बच्चो...गीता, कुरान, बाइबिल, ये तीनों महान् रिलीजियस बुक्स (धार्मिक ग्रन्थ) हैं, इन तीनों की भाषा व ढंग भले ही अलग हों, मगर सारांश एक ही है...वह है इनसानियत की पूजा, सत्य व मानवता की विजय, भाईचारा, प्रेम, यही सब उद्देश्य है इन सब महाग्रन्थों का...।"

"अगर ऐसा है तो फिर भी सब लड़ते क्यों हैं मदर?" मोनी बड़े ही सौम्य भाव से पूछता है।

"यही तो सबकी भूल है...इनसान ख़ुद अपना ही अन्त निश्चित करता है।" मदर की बातों में बड़ी गम्भीरता है।

राजू और श्याम भी वहाँ आ पहुँचते हैं। मदर उन दोनों की तरफ़

देखती है और श्याम के चेहरे पर उदासी को महसूस करती है, "आओ, श्याम...तुम इतने समझदार होकर यूँ उदास क्यों हो?"

श्याम को ठीक से नहीं सूझता कि वह क्या जवाब दे और बात को हल्का करते हुए, मुस्कुराहट के साथ कहता है, "नहीं मदर...मैं ठीक हूँ।"

मदर मरियम श्याम की मनःस्थिति को समझती हैं, "अच्छा बैठो...मैं तुम्हारे लिए चाय लाती हूँ।"

"नहीं मदर...आप पढ़ाइए...मैं भी पढ़ना चाहता हूँ।" श्याम भी सब बच्चों के साथ पढ़ाई में शामिल हो जाता है।

"मैं बता रही थी कि हमारी दुनिया, इस सृष्टि की रचना बहुत सुन्दर है, इसे सँवारना हम सबका कर्तव्य है...इस अनमोल सृष्टि में इनसानियत को कायम रखना बहुत ज़रूरी है।"

"मगर इनसानियत क्या होती है मदर?" श्याम एक बच्चे की तरह इस भारी–भरकम शब्द के मायने जानना चाहता है।

"भाईचारा, प्रेम–विश्वास...ये सब इनसानियत है।" मदर मरियम बड़ी सौम्यता के साथ समझाती हैं।

"अगर ये न हो तो?" काले बीच में अपना सवाल करता है।

"तो इनसान इस दुनिया में रहने योग्य नहीं।" मदर मरियम एक फिलॉस्फर की भाँति नज़र आती हैं।

"फिर मेरे बाबा इस दुनिया में अभी तक क्यों हैं?" काले के भीतर के द्वन्द्व को सब समझते हैं।

"नहीं बेटा, ऐसा नहीं बोलते...ज़िन्दगी और मौत तो ऊपर वाले के हाथ में होती है।"

"तो क्या अच्छा–बुरा सब उसकी नज़र में एक है।" काले के सवाल गहरे होते जा रहे थे।

"ऐसा है भी और नहीं भी...।" मदर अपनी बात से ज़्यादा काले की बात से सहमत नज़र आ रही थी।

"डेनियल तो बहुत अच्छा था, उसके मन में तो हम सबके प्रति बहुत प्रेम–भाईचारा था...फिर वह हमसे इतनी दूर क्यों चला गया।" श्याम कहते–कहते रुक जाता है।

"गॉड को जो मंजूर होता है, वही होता है।" मदर मरियम बड़े सलीके से बच्चों को समझाने की कोशिश करती हैं।

"जब यह सब निश्चित है तो फिर इतनी भागदौड़ क्यों?" श्याम का सवाल संसार के उस पक्ष की बात करता है जहाँ हर कोई एक–दूसरे से आगे निकलने, एक–दूसरे से बड़ा बनने की दौड़ और होड़ में लगा नज़र आता है।

"यही तो जीवन है, इस सृष्टि की रचना ही कुछ ऐसी है, जिसमें सब को जीने के लिए भाग–दौड़ करनी पड़ती है...। अरे मैं तो चाय का पानी रखकर आयी थी...ठहरो, मैं तुम सबके लिए चाय लाती हूँ।" मदर उठकर जाने लगती हैं।

राजू उन्हें रोकता है, "आप ठहरिए, मैं लेकर आता हूँ मदर।"

"नहीं तुम बैठो।" मदर मरियम उठकर चली जाती हैं शायद वह बच्चों के बीच इतनी भारी–भरकम बातों को विराम देना चाहती थीं। वहीं जाते–जाते डेनियल की तस्वीर की तरफ़ देखती हैं और धीरे–से अपने आप से कहती हैं, "ओ! गॉड...इन बच्चों को हिम्मत और हौसला देना... मुझे इनसे इतनी बड़ी–बड़ी बातें नहीं करनी चाहिए...ऐसी बातों और सोच से इनका बचपन कहीं ठहर न जाये...इन्हें तो इस समय हँसना–खेलना चाहिए न कि इतनी भारी–भरकम बातों के बोझ तले अपने आपको दबा देना चाहिए।"

मदर सभी के लिए चाय कपों में डालती हैं और लेकर आती हैं," ये लो गरमा–गरम चाय...इसके बाद हम खेलेंगे...।" माहौल में आयी उस टेंशन को दूर करने की कोशिश में मदर मरियम हँसते हुए कहती हैं।

सभी चाय के कप उठा लेते हैं किन्तु श्याम नहीं उठाता। मदर उसकी तरफ़ हैरानी से देखती हैं, "श्याम बेटा, तुम भी लो।" –चाय का कप उसकी तरफ़ बढ़ाती है।

"नहीं आण्टी मुझे नहीं पीनी।" –श्याम चाय पीने से मना करता है।

मदर उसकी मनःस्थिति को समझती हैं, "देखो बेटा...ख़ुश रहा करो...मुझे देखो...मेरा डेनियल तो अब कभी नहीं आयेगा जबकि तुम्हारे असलम अंकल तो जल्द ही लौट आयेंगे और तुम पहले की तरह लॉन–टेनिस खेलने होटल जाया करोगे।"

...श्याम के अन्तर्मन में एक द्वन्द्व चल रहा था, उसे इन्तज़ार था अपने असलम अंकल का और दुःख था, अपने दोस्त डेनियल के

बिछुड़ने का...डेनियल की मदर मरियम ने सभी बच्चों को नैतिक शिक्षा देने का क्रम अपना लिया था और अब यही उनके जीवन का मकसद व जीने की वजह बन गया था। सचमुच नैतिक शिक्षा ही आज की नयी ज़रूरत है ताकि एक नयी दिशा में एक नये ख़ुशहाल समाज की रचना हो सके...!

•••

11

सुबह का समय, आसमान पर बादलों की घटा छायी हुई थी। सूरज बादलों के पीछे छिपा हुआ था। फिर भी मुर्गा ज़ोर से बाँग देता है। श्याम सोते हुए, एकदम से अपनी चादर हटाते हुए जल्दी से उठकर बाहर आता है और असलम ख़ान के घर की तरफ़ देखता है। असलम के दरवाज़े की साँकल खुली देखकर वह हैरान होता है।

श्याम भागकर वहाँ आ पहुँचता है और जब वो वहाँ आकर देखता है तो सहम जाता है। एक लम्बी दाढ़ीवाला बूढ़ा व्यक्ति, सिर पर सफ़ेद जालीदार टोपी पहने हुए, असलम के घर के पलँग को दरवाज़े से बाहर घसीट रहा था। वहीं दूसरी तरफ़ एक जवान अधेड़ उम्र की औरत जो सिर पर पल्लू डाले हुए थी, घर का सामान निकाल रही थी। श्याम कुछ समझ नहीं पाता और अपने आप में झुँझलाहट महसूस करता है।

श्याम उनसे पूछता है, "आप...आप...कौन हैं...और असलम अंकल का सामान बाहर क्यों निकाल रहे हैं?"

दोनों में से कोई उसकी बात नहीं सुनता और सामान बाहर निकालने में लगे रहते हैं। श्याम औरत का पल्लू पकड़कर पूछता है, "आप लोग कमाल करते हैं, हमें बताइएगा आप कौन हैं और यह सब क्या कर रहे हैं?"

पल्लू के खींचते ही औरत उसकी तरफ़ घूमती है और हाथ में पकड़ी असलम की तस्वीर को सन्दूक में रखती है, साथ ही श्याम की ओर देखती है, "तुम श्याम हो न?"

श्याम अपना नाम उसके मुँह से सुनकर चौंकता है और हैरानी से उसकी तरफ़ देखता है। औरत उसकी आँखों में उमड़े सवाल को समझते हुए बताती है, "हाँ उन्होंने मुझे ख़त में तुम्हारे बारे में लिखा था।"

यह कहते ही वह औरत रो उठती है। श्याम उसे रोता देखकर ख़ुद

भी रोने लगता है। बूढ़ा व्यक्ति उनकी तरफ़ देखता है और अटैची को बाहर लाकर रखता है।

श्याम उसे रोता देखकर बेचैन होता है, "आप रोकर हमसे कुछ छिपा रही हैं, आण्टी?"

इसी बीच मोनी भी वहाँ आ जाता है और श्याम को रोता देखकर हैरान होता है। मोनी अपने आपसे, "कुछ गड़बड़ लगती है, मुझे सबको बुला लाना चाहिए।" मोनी वहाँ से चला जाता है। कुछ आस–पास के लोग भी वहाँ आ पहुँचते हैं।

श्याम के मन में सच जानने की बेचैनी बढ़ जाती है, "देखिए...आप हमें बताइए कि हमारे असलम अंकल कहाँ हैं और आप कौन लोग हैं?"

बस्ती का एक वृद्ध व्यक्ति भी पूछता है, "हाँ, आप इस तरह सामान कहाँ ले जा रहे हैं?"

दूसरा व्यक्ति, "बहन जी, आप क्या असलम ख़ान की बीवी हैं?"

औरत पल्लू को मुँह से दबाते हुए, "जी हाँ।"

श्याम की आँखों में आँसू थे, "तब भी आप हमें अंकल के बारे में कुछ नहीं बता रहीं?"

मोनी, आशुतोष, राजू, काले और डेनियल की मदर वहाँ आ पहुँचती हैं। श्याम के माँ–बाप भी वहाँ आ जाते हैं। सभी दोस्त एक साथ श्याम के पास आ पहुँचते हैं।

श्याम रोते हुए, "देखो दोस्त, यह लोग हमें असलम अंकल के बारे में कुछ भी नहीं बता रहे हैं।"

मदर मरियम श्याम को रोने से रोकती हैं, "श्याम बेटा, रोते नहीं।"

श्याम मदर की तरफ़ बढ़ता है, "आण्टी...देखिए न...असलम अंकल के बारे में कुछ भी नहीं बता रहे हैं।" कहते हुए उसके गले लगकर रोता जाता है।

बूढ़ा व्यक्ति सामान को नीचे रखते हुए बोल ही पड़ता है, "आप सब लोग, असलम को शायद बहुत चाहते हो, मगर मेरे बच्चो, मैं तुम्हें कैसे बताऊँ कि असलम जिस दिन यहाँ से गया था उसी रोज़ रास्ते में कुछ साम्प्रदायिक दंगों के कारण उसकी बस में आग लगा दी गयी...असलम ने लोगों को बचाने की बेहद कोशिश की, मगर वह बचा नहीं पाया और बस में सवार सभी व्यक्ति ज़िन्दा जला दिये गये...जिनमें, तुम्हारे अंकल

असलम ख़ान भी शामिल थे।" रोते हुए अपनी आँखों में आये आँसुओं को साफ़ करने लगता है।

यह सुनते ही दिखायी देता है कि एक बिल्ला मुर्गी को दबाकर भाग रहा है। मुर्गी के बच्चे "चँ..चँ...!" करते हुए इधर–उधर भागते हैं। बिल्ला मुर्गी की गर्दन मुँह में चबा जाता है।

बूढ़े बाबा की इतनी बात सुनते ही श्याम ज़ोर–ज़ोर से रोने लगता है। वहाँ खड़े सभी लोगों की आँखों में आँसू भर आते हैं। बड़े लोग सभी एक–दूसरे की तरफ़ हैरानी और दुःख से देखते रह जाते हैं। सभी बच्चों के माँ–बाप मायूस खड़े हुए अपने बच्चों की आँखों से बहते आँसुओं को देख, ख़ुद भी भावुक हो जाते हैं और रो पड़ते हैं।

श्याम बेतहासा रोते हुए कहता है, "नहीं अंकल...नहीं...आपके साथ ऐसा कैसे हो सकता है...डेनियल भी हमें छोड़कर चला गया अंकल और आप भी...। जिसने भी यह सब किया है, मैं उसे मार डालूँगा...मैं...सच आपका बदला लूँगा।" पागलों की तरह दीवार में ज़ोर–ज़ोर से अपना सिर मारने लगता है और उल्टा–सीधा बड़बड़ाने लगता है।

डेनियल की मदर उसे रोकती है, जबकि उसकी ख़ुद की आँखों से भी आँसू बह रहे थे, "नहीं बेटा श्याम, ऐसे नहीं कहते, तुमने तो असलम अंकल से वादा किया है...तुम्हें एक बहुत अच्छा खिलाड़ी बनना है...जो सपना उन्होंने देखा था वह तुम्हें पूरा करना है।"

श्याम रोते हुए कहता है, "मैं अब अंकल के बिना कैसे खिलाड़ी बन पाऊँगा, अब मुझे कौन खेलना सिखायेगा मदर।"

मदर मरियम उसे अपने गले से लगा लेती हैं, "अब आँसू बहाने से क्या होगा बेटा...तुम्हें अपने अंकल की अधूरी कामयाबी को पूरा करना होगा...उनके सिखाये हुए खेल में कामयाबी को हासिल करना होगा और यही उनके लिए एक सच्ची श्रद्धांजलि होगी।"

काले भी रोते हुए, "नहीं आण्टी, हमारे अंकल का क्या कसूर था, वह तो कभी किसी से नहीं लड़ते थे, सबसे प्यार करते थे...फिर उनके साथ ऐसा क्यों हुआ?"

"बेटा...क्रूरता के हाथों सिर्फ़ मासूम ही मारे जाते हैं, शैतान तो इसके दोस्त होते हैं, वही इसे बढ़ावा देते हैं...असलम ही नहीं, न जाने कितने बेगुनाह, ईमानदार, सीधे–सादे लोग इन उग्रवादियों के शिकार बन गये

हैं और आज भी बन रहे हैं।" मदर बड़े प्यार से उन सबको समझाती हैं।

मोनी की आँखों में भी आँसू हैं, "मगर आण्टी, इन दंगा–फ़साद करने वालों को कौन पनपने देता है ?"

"यह बहुत बड़ा सवाल है, हम ख़ुद इसके ज़िम्मेदार हैं शायद... तुम्हें इस उधेड़बुन में नहीं पड़ना चाहिए, तुम तो सिर्फ़ अपने अंकल की इच्छाओं को पूरा करने की कोशिश करो, यही उनकी आत्मा को शान्ति पहुँचायेगा।" मदर अपने गले में पड़े जीसस क्राइस्ट के क्रॉस को सीने और माथे से लगाकर चूमती हैं।

श्याम रोते हुए असलम की बीवी के गले लग जाता है, "असलम अंकल के साथ ही ऐसा क्यों हुआ, क्यों वह ही इस क्रूरता के शिकार बने...पहले उनका बेटा अनवर उनसे बिछुड़ गया और अब वह ख़ुद हमसे बिछुड़ गये।"

असलम की बीवी फूट–फूटकर रो पड़ती है, श्याम उन्हें रोता देखकर अपने रोने पर काबू पाता है और अपने आँसुओं को पोंछते हुए कहता है, "अम्मी, आप रोना नहीं हम आपका खयाल रखेंगे...असलम अंकल हमें बिरयानी खिलाते थे, होटल में घुमाते थे...मगर अब हम आपको बिरयानी बनाकर खिलायेंगे...सच अम्मी, हम सब कुछ करेंगे आपके लिए, आप चिन्ता न करें। आप देखना हम अपने अंकल के सपनों को ज़रूर पूरा करेंगे...हम लॉन–टेनिस के बहुत अच्छे खिलाड़ी बनकर दिखायेंगे....यह हमारा वादा है आपसे... ।"

असलम की बीवी श्याम को वो सब सामान देती है जो असलम के खेल से जुड़ा था। वह उसे असलम का वह रैकेट (बल्ला) देती है, जिससे वह कभी अपनी प्रेक्टिस किया करता था और जिससे खेलकर वर्ल्ड–कप जीतने के सपने देखा करता था। उसकी वह जर्सी भी देती है जिसे उसने कभी अपने फाइनल मैच के लिए रखा था, जिसे जीतकर वह विम्बलडन मैच तक पहुँचना चाहता था। लेकिन ग़रीबी और खेल में पोलिटिक्स की वजह से वह पीछे रह गये थे। असलम ने जो ख़त वहाँ रहकर श्याम के बारे में उसे लिखकर भेजे थे, जिसमें उसने ज़िक्र किया था कि श्याम में वह हुनर है, जो उसके सपने को साकार कर अपने देश का नाम रोशन कर सकता है। यह तमाम ख़त उसने एक बॉक्स में सँभालकर रखे थे, जिन्हें वह श्याम को दे देती है।

"बेटा, इस बॉक्स में असलम के सपनों और उसकी यादों के कुछ लम्हे क़ैद हैं, कुछ चिट्ठियाँ जो उन्होंने मुझे लिखी थीं तुम्हारे बारे में, कुछ खेल की किताबें और कुछ सरकारी ख़त हैं, जो असलम के खेल में आगे बढ़ने और अपने देश का नाम रोशन करने की कोशिश से जुड़े हैं। इन्हें सँभालकर रखना और हो सके तो उनके अधूरे सपनों को कामयाब करने की कोशिश ज़रूर करना, खुदा तुम्हें खुशियों से नवाज़े और ज़िन्दगी में कामयाबी बख्शे...। श्याम बेटा, न जाने ऐसा कौन–सा रिश्ता रहा था उनका तुमसे कि वह अपने खोये बेटे से ज़्यादा तुम्हारे बारे में बात ख़त में लिखकर भेजा करते थे।" कहते–कहते उसकी आँखों से आँसू बहने लगते हैं।

श्याम की आँखों में भी आँसू थे, "अम्मी मुझे जो राह असलम अंकल ने दिखायी है, उसे पाने की मैं दिल से कोशिश करता रहूँगा, जब तक कि मैं उसे पा नहीं लेता।"

सभी लोगों की आँखों से आँसू टपक रहे थे। वातावरण में एक अजीब सी उदासी व दुःख का आलम भरा था। असलम के अब्बू श्याम को प्यार करते हैं, "हाँ बेटा, तुम असलम का प्रतीक बनना और उसकी तरह लॉन–टेनिस का अच्छा खिलाड़ी बनना...ये तुम्हारा एहसान होगा हम सब पर...ख़ुदा तुझे ताक़त और हिम्मत बख्शे ताकि तू मेरे बेटे असलम के अधूरे सपनों को पूरा कर सके...आमीन! अच्छा अभी हमें जाने दो, ख़ुदा ने चाहा तो हम फिर तुम लोगों से मिलने ज़रूर आयेंगे...।"

श्याम अपने असलम अंकल की चीज़ों को लेकर ज़ोर–ज़ोर से रोने लगता है, "नहीं बाबा...नहीं...आप मत जाओ।"

मदर मरियम उसे रोकती हैं, "श्याम बेटा ज़िद मत करो, इन्हें जाना होगा...चलो इनका सामान गाड़ी में रखवाओ।"

सभी लोग गाड़ी में सामान रखवाने लगते हैं। असलम के अब्बू अपनी बहू के साथ गाड़ी में बैठ जाते हैं और हाथ जोड़कर सबको प्रणाम करते हैं, गाड़ी चल पड़ती है। श्याम और सभी बच्चे रोते हुए गाड़ी को जाता देखते रहते हैं।

...आख़िर कौन है इन सबका ज़िम्मेदार...क्या ऐसे माहौल से गुज़रने वाली पीढ़ी सफलता की राह पर बढ़ सकेगी? कौन है जो हमारी रीढ़ ही तोड़ देना चाहता है, हमें बेजान, अपाहिज बना डालना चाहता है? ऐसे

अनेक सवाल आज भी पैदा होते हैं हम सबके ज़हन में, भले ही वक़्त और परिस्थितियाँ बदल गयी हों, मगर वह ज्यों के त्यों ही बने हुए हैं...!

मजनूं पागलों की तरह उस गाड़ी के साथ–साथ चलता रहता है। कुछ दूर जाकर वह रुक जाता है और अपनी भावनाओं को ज़ोर–ज़ोर से गाकर प्रकट करने लगता है...

...कुछ मरकर भी नहीं मरते हैं, कुछ जीते–जी मर जाते हैं,
कुछ औरों के लिए करते हैं, कुछ अपने में ही रह जाते हैं,
कुछ जाकर भी रह जाते हैं, कुछ होकर भी नहीं होते हैं,
कुछ अपनों के लिए जीते हैं, कुछ औरों के लिए मर जाते हैं।।

•••

12

रास्ते जब मुश्किल हो जाते हैं, तब जीने का मक़सद पुख़्ता हो जाता है और ऐसा ही अब श्याम के सामने भी था। असलम अंकल का यूँ अचानक हमेशा के लिए चले जाना और वह भी जीवन के एक ऐसे मुक़ाम पर जब सपनों को पाने की उम्मीद दिल में बस चुकी थी। ज़िन्दगी के एक ऐसे चौराहे पर आकर श्याम आज खड़ा था, जहाँ से एक रास्ता उसके घर, बस्ती के दोस्त और एक साधारण–सी ज़िन्दगी की तरफ़ जाता था और दूसरा उसके अंकल के दिखाये हुए उस मुश्किल सपने की तरफ़ है जो मुक़म्मल हो पायेगा या नहीं, इसके बारे में उसे ज़रा भी मालूम नहीं है। असलम अकसर श्याम से कहा करता था, "गिरते हैं सह–सवार ही मैदाने जंग में, मुर्दा दिल क्या खाक़ जिया करते हैं।"

एक तरफ़ श्याम के माँ–बाप उसे हर वक़्त अपने में खोया–खोया देखकर हैरान होते हैं, तो कभी रात में उसे अपने असलम अंकल से बातें करते हुए देखकर चौंक जाते हैं।

"लगता है तेरा ये बेटा बावला हो गया है, इसको भी उस मलंग के साथ भेज दे, थैला उठाकर ये भी...असलम...असलम...! चिल्लाता और नाचता फिरेगा।" श्याम का पिता उसकी माँ से अपने रूखेपन के साथ कहता है।

"आप तो बस यही चाहते हो कि वह अपने मन को मारकर पागलों की तरह दर–दर भटके।" श्याम की माँ की आँखों में आँसू थे। दुनिया लाख बुरा कहे मगर माँ का दिल हमेशा ही अपने बच्चे के लिए धड़कता है, उसकी भावनाओं को महसूस करता है और वह हर हाल में उसी के सपनों में अपने जीवन का रस ढूँढ़ती है। ठीक ऐसा ही श्याम की माँ के साथ भी होता है, वह अपने बेटे की इस मनोदशा को देखकर बेचैन तो

होती है, मगर फिर भी उसकी ख़ुशी के लिए हमेशा उसे खेलने के प्रति उत्साहित करती, उसका हौसला बढ़ाती रहती।

"बेटा, क्या हाल बना लिया है तूने अपना...इतना नहीं सोचते, इस दुनिया में जो आया है, उसे एक न एक दिन जाना ही होता है...सिर्फ़ समय का फेर होता है, तू बस अब अपने असलम अंकल के सपने को पाने में लग जा।" श्याम की अम्मा उसे बड़े प्यार से समझाती है।

"पर अम्मा असलम अंकल ने किसी का क्या बिगाड़ा था, वह तो हमेशा दूसरों की मदद करते थे।" श्याम बड़ी भावुकता में अपनी बात कहता है।

"काल के क्रूर हाथ किसी का साथ नहीं देखते हैं बेटा, वह नहीं देखते हैं कि कौन अच्छा है और कौन बुरा...वह तो बस एक तूफ़ान की तरह आते हैं और तबाह करके चले जाते हैं...ऐसे में ज़रूरत टूटने की नहीं, हिम्मत से खड़े रहकर, अपने मकसद की तरफ़ बढ़ने की होती है...तुम्हारे अंकल ने तुम्हारी कामयाबी का सपना देखा था, वह तुम्हें पूरा करना चाहिए।" अपनी अम्मा को इतनी समझदारी से भरी बातें करते सुनकर श्याम की आत्मशक्ति सौ गुना बढ़ जाती है।

●●●

श्याम अगली सुबह सूरज की पहली किरण से पहले उठकर, बिना किसी को बताये अपने अंकल के दिये हुए लॉन–टेनिस के बल्ले को निकालकर उस होटल की तरफ़ चल पड़ता है, जहाँ असलम ख़ान लॉन–टेनिस सिखाया करते थे। अपने तेज़ क़दमों के साथ श्याम नदी के किनारे की उसी सड़क से होता हुआ चले जा रहा था, जहाँ से कभी वह अपने अंकल असलम ख़ान के साथ साइकिल पर सवार होकर जाया करता था।

उसी रास्ते में मलंग–मजनूं कहीं दूर से श्याम को हाथ में असलम के बल्ले के साथ आता देखकर मुस्कुराता है और इशारे से श्याम से पूछता है, "ये सुबह–सुबह सवारी कहाँ जा रही है।"

श्याम भी उस मलंग–मजनूं के इशारे की भाषा को समझता है और बड़े फ़ख्र से कहता है, "अम्मा ने कहा है...'बेटा' हिम्मत से खड़े रहकर, अपने मक़सद की तरफ़ बढ़ना चाहिए...तुम्हारे अंकल ने तुम्हारी कामयाबी का सपना देखा था, वह तुम्हें पूरा करना होगा...बस उसी तरफ़ जा रहा हूँ।"

मलंग–मजनूं उछलने लगता है और तालियाँ बजाता है, मानो श्याम

ने कोई मैच जीत लिया हो। "बहुत अच्छा है!...बहुत अच्छा है!...तू बच्चा मन का सच्चा है...जो भी तू चाहेगा, उसको अवश्य तू पायेगा...मेरा वचन जाये न खाली...बहुत अच्छा है...बहुत अच्छा है, तू बच्चा मन का सच्चा है...!" कहते हुए वह दूर चला जाता है।

श्याम उस मलंग–मजनूं को इस तरह से उछलते–गाते देख खुश होता है और उसकी बातों को सुनकर अपने आत्मबल को महसूस करता है। उसके क़दम तेज़ी से दौड़ने लगते हैं, उधर सूरज की किरणें, पक्षियों की उड़ान आसमान में नज़र आने लगती हैं। वक़्त हर रास्ता तय कर जाता है, दौड़ता हुआ श्याम होटल के गेट तक आ पहुँचा था। बड़ी–बड़ी गाड़ियों का गेट में दाख़िल होना, श्याम को बाहर ही रोक देता है, उसे समझ नहीं आता कि वह क्या करे और कैसे अन्दर जाये। एक वक़्त था जब वह अपने असलम अंकल के साथ बेझिझक वहाँ आया करता था और एक वक़्त आज है जहाँ अचानक अपने आपको अकेला, अजनबी और सहमा हुआ महसूस कर रहा था। हिम्मत करके श्याम वहाँ सीना ताने खड़े एक दरबान से नज़रें बचाकर अन्दर घुसने की कोशिश करता है, एकाएक उस दरबान की नज़र उस पर पड़ जाती है और वह भागकर उसे अपने मज़बूत हाथों में जकड़ लेता है।

"कौन है भई तू...जो इस तरह नज़रें चुराकर अन्दर की तरफ़ भागे जा रहा है।" दरबान अपनी कड़क आवाज़ में श्याम को पकड़ते हुए पूछता है।

श्याम घबरा जाता है, "मैं...मैं...असलम अंकल के साथ यहाँ खेलने आता था।"

"कौन असलम अंकल?" दरबान हैरानी से पूछता है।

श्याम अपने हाथ में पकड़े हुए लॉन–टेनिस के रैकेट को दिखाता है, "वह यहाँ लॉन–टेनिस सिखाते थे।"

"तो अब तुम यहाँ सिखाने आये हो?" दरबान श्याम का मज़ाक़ उड़ाने की कोशिश करता है।

श्याम बड़ी मासूमियत से कहता है, "जी नहीं, खेलने आया हूँ।"

"(हैरानी से) यहाँ...खेलने...! फाइव–स्टार होटल में लॉन–टेनिस खेलना चाहते हो...चार फ़ीट का है तू, मगर सपने तेरे कुतुबमीनार से भी बड़े हैं...बेटा यहाँ बड़े लोग खेलने आते हैं...चल निकल ले यहाँ से वरना इसी रैकेट से इतना मारूँगा कि गेंद की तरह इधर से उधर उछलता फिरेगा।" दरबान उसके बल्ले को छीन लेता है।

श्याम अपने असलम अंकल के दिये हुए बल्ले के छिन जाने पर बौखला जाता है और दरबान पर झपटता है। लम्बा–चौड़ा दरबान हाथ में पकड़े बल्ले को ऊपर की तरफ़ कर लेता है और श्याम का मज़ाक उड़ाने लगता है।

"मेरा रैकेट दे दो अंकल...मैं यहाँ से चला जाऊँगा प्लीज़...।" श्याम ऊपर की तरफ़ उछलता है ताकि अपने रैकेट को पकड़ सके।

"बड़ा बन्दर की तरह उछल रहा है...इस बार तो दे देता हूँ, दोबारा यहाँ नज़र आया तो मारूँगा कम, घसीटूँगा ज़्यादा...ये ले अपना बल्ला और सीधा उल्टे पाँव यहाँ से निकल ले।" दरबान उसका बल्ला उसे दे देता है।

श्याम अपने बल्ले को अपने हाथों में लेकर अपने सीने से लगा लेता है और उदास मन से वहाँ से वापस लौट जाता है। कुछ दूर जाने के बाद श्याम के मन में न जाने क्या आता है कि वह होटल के पिछले हिस्से से होकर लॉन–टेनिस के उस कोर्ट के क़रीब जा पहुँचता है, जहाँ पर वह कभी अपने असलम अंकल के साथ आया करता था। ऊँची–ऊँची जालियों के बीच से नज़र आता लॉन–टेनिस का कोर्ट, श्याम को उन दिनों की याद दिलाता है, जब वह उसी जगह पर अपने असलम अंकल के साथ खेला करता था। आज वहाँ कोई और कोच लोगों को कोचिंग देता हुआ नज़र आ रहा था। वहीं छिपकर श्याम लॉन–टेनिस के खेल को देखता, उसकी बारीकियों को समझता और ख़ुद को महसूस करता है कि वह भी उस कोर्ट में लॉन–टेनिस खेल रहा है।

अकसर माना गया है, जब इरादे नेक हों और मन में दृढ़ निश्चय हो तो कुदरत भी आपकी मदद के लिए किसी को भेज देती है, ठीक ऐसा ही श्याम के साथ भी हो जाता है। दूर से जाली के पीछे से खड़े हुए लॉन–टेनिस के खेल को देखना और अपने हाथ में पकड़े रैकेट को हवा में ऐसे घुमाना मानो वह ख़ुद कोर्ट पर खेल रहा हो। यह सब श्याम को करते देखकर वहाँ कोर्ट में खड़ा (बॉल–ब्वॉय) एक लड़का जिसका काम इधर–उधर जाती गेंदों को इकट्ठा करना था, उसके मन के भीतर की भावना को पहचान लेता है और उसके पास जाकर अन्दर से ही उससे पूछता है, "क्यों लॉन–टेनिस चैम्पियन बनने का इरादा है, जो यहाँ अकेले ही उछल–उछलकर हवा में रैकेट घुमा रहा है।"

श्याम पहले तो कुछ झेंपता है फिर कह डालता है, "चैम्पियन तो मुझे बनना है, पर दरबान ने मुझे अन्दर नहीं आने दिया।"

"अच्छा ये बात है, चल अन्दर आ जा मैं देख लूँगा।" वह ऊँची जाली के बीच में बने छोटे से गेट को अन्दर से खोल देता है। श्याम की ख़ुशी का ठिकाना नहीं रहता, वह तेज़ी से अन्दर घुस जाता है। वह बॉल–ब्वॉय उसको पहले वहाँ इशारा करके एक तरफ़ बैठ जाने को कहता है, "थोड़ी देर वहाँ बैठ जा, फिर जब मैं बोलूँ तो जाकर इधर–उधर जाती गेंदों को उठाकर लाना।"

श्याम को उस लड़के की ये बात कुछ समझ नहीं आती। "अबे ज़्यादा सोच मत, जब बैठने की जगह चाहिए होती है तो उस जगह को पहले साफ़ करना पड़ता है और फिर उस पर बैठा जाता है, समझा कि नहीं...मैं थोड़ा दम मार लेता हूँ, तब तक तू देखते रहना गेंद जब इधर–उधर जाये तो उसे झट से उठाकर यहाँ इस बॉक्स में डालते रहना।" वह बॉल–ब्वॉय एक तरफ़ जाकर चुपके से छोटी–सी सिगरेट निकाल लेता है और सबसे नज़रें बचाकर सुट्टे मारने लगता है।

श्याम बेचारा क्या करता, उसके पास और कोई दूसरा रास्ता नहीं था। वह अपने हाथ के रैकेट को एक तरफ़ रख देता है और दूर इधर–उधर उछलकर जाती गेंदों को इकट्ठा करने लगता है। कुछ देर तक श्याम गेंदों को इकट्ठा करने के लिए ऐसे भागता, मानो वह ख़ुद मैदान में खेल रहा हो। इसी शिद्दत के चलते, एक खेलता हुआ आदमी कुछ रेस्ट लेने के लिए लॉन–टेनिस कोर्ट से बाहर आता है और उसे अपने हाथ का रैकेट पकड़ाते हुए, "ये लो, तुम्हें खेलना है...तुम खेलो...मैं थोड़ा रेस्ट कर लेता हूँ।"

"अंकल मेरे पास रैकेट है, मेरे अंकल ने दिया था मुझे।" श्याम को यह सब देखकर विश्वास नहीं होता कि कोई एकाएक उसे खेलने का मौक़ा इतनी आसानी से कैसे दे सकता है। सोचने में वक़्त न गँवाकर श्याम बड़े फख्र के साथ अपने बल्ले को उठाता है और प्यार से उसे चूमता है, इससे पहले कोई और आकर उसे रोकता, वह झट से मैदान में उतर जाता है।

आज श्याम ऐसे खेल रहा था जैसे वह इस खेल को अच्छी तरह से जानता है। वैसे कुछ दिन असलम के साथ रहकर उसने इस खेल को अच्छी तरह से समझ लिया था। अकसर जाने–अनजाने में इनसान कुछ लम्हों में ही बहुत कुछ सीख जाता है। कुछ बाहर से ली हुई जानकारी और कुछ अपने भीतर की इच्छा–शक्ति किसी को भी वह सब करवा

सकती है जो वह दिल से चाहता है। ठीक ऐसा ही श्याम के साथ भी होता है। असलम अंकल के साथ बिताये लॉन–टेनिस के मैदान के वह पल और कुछ भीतर के अरमानों की शिद्दत उसे ऐसी शक्ति देती है कि वह मैदान के एक छोर से दूसरे छोर तक ऐसे दौड़ता चला जाता है, मानो वह विम्बलडन वर्ल्ड–कप का मैच खेल रहा हो।

अकसर इनसान के भीतर का जुनून उसे वह सब सिखा देता है जिसे उसने पहले कभी न सीखा हो। उसके भीतर जो ब्रह्माण्ड है, उसमें न जाने कितनी ही ऐसी शक्तियाँ विराजमान होती हैं जिसे वह पूरी ज़िन्दगी जान नहीं पाता और उनसे अछूता ही रहकर इस दुनिया से रुख़सत हो जाता है। हर इनसान का जीवन कई जन्मों के परिश्रम का नतीजा होता है, जिसे कोई जान पाता है तो कोई बिल्कुल उससे अनजान रह जाता है। श्याम उनमें से है जो अपने भीतर की शक्ति से आसमान को पाने की चाह रखता है।

श्याम को खेलता हुआ बॉल–ब्वॉय देखता है तो घबरा जाता है, उसे इस बात का डर लगता है, कहीं कोई यह न पूछ बैठे कि वह कौन है और वह वहाँ आया कैसे, किससे पूछकर मैदान में दाख़िल हुआ है। वह जल्दी से श्याम के क़रीब जाकर उसे मैदान से बाहर आने का इशारा करता है। मगर श्याम अपने खेल में बेहद मशगूल रहता है और दनादन अपने असलम अंकल के रैकेट से गेंद को मारे चला जाता है।

बॉल–ब्वॉग बौखला जाता है और उसे बाजू से पकड़कर बाहर निकाल देता है, "अबे मरवायेगा...चल निकल ले यहाँ से, वरना मार–मारकर तेरा हुलिया बिगाड़ दूँगा...साले उँगली क्या पकड़ाई सिर पर कूदने लगा।" –बॉल–ब्वॉय उसे धक्के देकर बाहर उसी गेट से निकाल देता है जिससे उसने उसे अन्दर लिया था। श्याम अपने मन की बात कहना चाहता है, मगर वह बॉल–ब्वॉय उसकी एक नहीं सुनता और झट से गेट को अन्दर से बन्द कर देता है।

•••

श्याम को ज़रा भी उम्मीद नहीं थी कि वह होटल के उस मैदान में कभी फिर से खेल पायेगा जहाँ पर उसके असलम अंकल उसे लेकर आया

करते थे। शुरू की मुश्किल के बावजूद श्याम अपने मक़सद में कामयाब हो जाता है और मैदान में खेल पाता है। वहाँ से निकलकर श्याम उस जगह भी जाता है जहाँ वह असलम अंकल के साथ आकर समोसा और ब्रेड–पकौड़ा आदि खाया करता था।

श्याम बड़ी तमीज़ के साथ वहाँ आता है और दुकानदार से बात करता है, "नमस्ते, आपने मुझे पहचाना अंकल?"

दुकानदार ग़ौर से उसकी तरफ़ देखता है। "मैं श्याम अपने असलम अंकल के साथ यहाँ आया करता था।" श्याम दुकानदार को याद दिलाने की कोशिश करता है।

वह दुकानदार उसे पहचान लेता है और उससे असलम के बारे में बात करता है, "अरे हाँ...तुम तो असलम के साथ कभी–कभी आया करते थे...बड़े दुःख की बात है, बेचारा उन आतंकियों के हाथों मारा गया जो इनसानियत को बर्बाद करने पर तुले हुए हैं। बहादुर इनसान था असलम, सुना है अपनी जान की परवाह किये बिना आतंकियों से भिड़ गया था। ...बैठो बेटा, क्या खाओगे...?"

श्याम कुछ देर चुप रहता है और कुछ बोल नहीं पाता। "अरे क्या सोच रहा है, चल बैठ जा और बोल क्या खायेगा...सोच मत, मैं पैसे नहीं लेने वाला तुझसे...।" दुकानदार उसे चुप देखकर उसकी ग़रीबी की व्यथा को समझ जाता है।

श्याम दबी ज़बान में कहता है, "वही जो असलम अंकल खिलाया करते थे।"

"मालूम है मुझे, उसे समोसा और ब्रेड–पकौड़ा बहुत पसन्द था...ये लो (दुकानदार उसे एक प्लेट में समोसा और ब्रेड–पकौड़ा दोनों डालकर देता है)...चलो आज तुम्हारे अंकल की जगह हम तुम्हारे साथ बैठकर खायेंगे।" दुकानदार भी असलम ख़ान को अपना अच्छा दोस्त मानता था। दोनों के गाँव एक–दूसरे के आस–पास ही पड़ते थे।

उस दुकानदार की नज़र उसके हाथ में लॉन–टेनिस के रैकेट पर पड़ती है और वह उससे पूछता है, "अरे तुम ये हाथ में लॉन–टेनिस का रैकेट लेकर कहाँ से आ रहे हो?"

"मैं यहाँ होटल में खेलने आया था।" श्याम स्वाभिमान से कहता है क्योंकि वह सचमुच ही मैदान में खेलकर आया है।

"होटल में खेलने...! तुम्हारा दिमाग़ तो ठीक है, ये अमीरों का खेल है,

तुम्हारे अंकल तो कोच थे, इसलिए उन्हें इस फाइव–स्टार होटल में घुसने को मिल जाता था...हम ग़रीबों के लिए नहीं बने ये होटल–फोटल...अपना तो ये ढाबा ही बढ़िया है।"

"और यहाँ का ये समोसा भी।" श्याम उस दुकानदार के समोसों की तारीफ़ करता है।

"और लोगे...?" दुकानदार उससे बड़े अपनेपन से पूछता है।

"नहीं अंकल...।"

"अरे खा लो...मैं कौन–से पैसे लेने वाला हूँ...यूँ समझो कि असलम अंकल ही तुम्हें ये खिला रहे हैं...मैं तो हमेशा उसे दुनिया का बेहतरीन लॉन–टेनिस खिलाड़ी जॉन मेकनरो के नाम से पुकारता था...लगता भी कुछ वैसा ही था, घुँघराले बाल, नीली आँखें, चमकता चेहरा और खेल के मैदान में एक अलग ही जोश नज़र आता था उसमें...ये बल्ला जो तुमने उठा लिया है, इसे लेकर जब भी मैदान में उतरना तो असलम ख़ान की तरह अपने पूरे जोश के साथ खेलना...हो सकता है जो सपना उसने देखा था, तुम पूरा कर सको...।" यह दुकानदार भी असलम ख़ान के पूरे व्यक्तित्व से वाकिफ़ था और उससे पूरी हमदर्दी भी रखता था।

"मैं कोशिश करूँगा अंकल, पर क्या मुझे यहाँ खेलने के लिए मिल सकेगा, क्योंकि हमारी बस्ती में ऐसा मैदान नहीं है।" श्याम उस दुकानदार से चाहता है कि वह उसकी कुछ मदद कर दे।

"पागल है, खेलना तो दूर यहाँ तुझे घुसने भी नहीं देंगे, मेरी माने तो तू लॉन–टेनिस छोड़कर बेडमिण्टन खेल, उसमें इस तरह के मैदान की भी ज़रूरत नहीं होती, अपनी बस्ती में ही खुली सी जगह में दो बम्बू गाड़ना और बीच में एक रस्सी बाँध लेना, बस सस्ते से रैकेट लेकर शुरू हो जाना, बड़ा ही आसान है, इसे खेलते–खेलते तुम लॉन–टेनिस में भी माहिर हो जाओगे।" दुकानदार सस्ता और साधारण–सा उपाय बताता है ताकि श्याम अपने खेल को जारी रखे।

"नहीं अंकल मैं खेलूँगा तो लॉन–टेनिस ही, चाहे इसके लिए मुझे सारी ज़मीन खोदकर उसे मैदान के लिए समतल ही क्यों न करना पड़े...मैं अपने लिए लॉन–टेनिस मैदान ख़ुद ही बना लूँगा।"

"क्या बात है बच्चे, मान गया तुझे...इरादे अगर पक्के हों तो दुनिया की कोई ताकत नहीं है जो इनसान को उसके मक़सद से दूर रख सके।" दुकानदार श्याम के पक्के इरादों को भाँप लेता है।

"अच्छा अंकल मैं चलता हूँ...आपके समोसों और पकोड़ों की कीमत चुकाने एक दिन ज़रूर आऊँगा।" श्याम दुकानदार का थैंक्स करता है और वहाँ से जाने लगता है।

"समोसों की कीमत नहीं बेटा, रिश्तों की कीमत ज़रूर चुकाना।" दुकानदार इनसानी रिश्तों में विश्वास रखने वाला व्यक्ति नज़र आता है।

श्याम वहाँ से चला जाता है। दुकानदार का श्याम के प्रति इतना सद्भाव अगर था तो वह था उसके असलम अंकल की वजह से, जो हमेशा वहाँ आया करता था। असलम का व्यवहार हमेशा ही सब लोगों के प्रति इतना स्नेहपूर्ण होता था कि कोई भी उसके लिए आदर और सद्भावना रखता था। ये दुकानदार तो उसे तब से जानता था, जब दस साल पहले असलम वहाँ पहली बार अपनी ड्यूटी पर आया था। लॉन–टेनिस के सफ़ेद शूज़, टी–शर्ट और निकर पहनकर जब भी असलम उस दुकान में आता वह दुकानदार उसे लॉन–टेनिस के मशहूर खिलाड़ी जॉन मेकनरो के नाम से पुकारता। जब भी विम्बलडन का मैच होता असलम इसी दुकान में आकर उस ब्लेक एण्ड ह्वाइट टी.वी. के सामने ऐसे बैठ जाता मानो ख़ुद ही खेल के मैदान में उतरा हो और अपने आपको ही खेलते हुए देख रहा हो। इसी वजह से दुकानदार रामशरण को भी लॉन–टेनिस के खेल के बारे में काफ़ी जानकारी हो गयी थी। वह भी देर रात तक चलने वाले विम्बलडन मैच को असलम के साथ बैठकर देखा करता था।

•••

रात के सन्नाटे में आज श्याम अपने घर की छत पर पड़ी चारपाई पर लेटा हुआ, आसमान में आधे चाँद को बादलों के बीच से होकर निकलने की कोशिश में उनमें खोते हुए देख रहा था। वहीं आसमान में टिमटिमाते हुए तारे देख श्याम किसी एक तेज़ चमकते तारे को ग़ौर से देखने लगता है। धीरे–धीरे वह तारा टिमटिमाने लगता है, श्याम को लगता है मानो वह तारा उससे बातें करना चाहता है। बेचारा श्याम तो पहले से ही मन में लिए कई अरमानों को किसी से बाँटना चाहता था। एकान्त में जब कोई रात के अँधेरे में चाँद और तारों को देखता है तो उसके मन का कौतूहल बाहर निकलकर अपनी बात कहना चाहता है, अपने भीतर दबे हुए अनेक अनसुलझे सवालों के जवाब तलाशने की कोशिश में अपने आपसे बातें

करने लगता है। श्याम के मन के भीतर अपने असलम अंकल से बातें करने का कौतूहल था, वह उस तेज़ चमकते तारे से बातें कर अपनी बात अपने असलम अंकल तक पहुँचाना चाहता था।

श्याम का भोला–चंचल मन बोल उठता है, 'मुझे कुछ–कुछ याद है मेरी दादी कहा करती थी कि इनसान इस दुनिया से जब जाता है, तो आसमान में एक तारा बनकर टिमटिमाता है और ऊपर से नीचे अपनों को देखा करता है। मुझे नहीं मालूम इतने ढेर सारे तारों में आप कौन–सा तारा हैं अंकल...पर ये सबसे तेज़ चमकता तारा जो मुझे दिखायी दे रहा है, हो न हो यही आप हैं...(तारा थोड़ा ज़ोर से टिमटिमाता है)...अरे आपने तो मुझे पहचान लिया...मुझे यक़ीन है, पूरे आसमान में आप ही हैं, जो इतने अच्छे लग सकते हैं...अंकल आज मैं आपके होटल गया था, वहाँ आपके मैदान में खेला भी और वह आपके समोसे वाले दोस्त उनसे भी मिला, आपके बारे में बातें कर रहे थे...आपको वह जॉन मेकनरो कहते थे...मुझे बोल रहे थे कि मैं लॉन–टेनिस नहीं बेडमिण्टन खेलूँ...क्योंकि लॉन–टेनिस अमीरों का खेल है और मैं ग़रीब हूँ, इसलिए मैं यह नहीं खेल सकता...आप बताओ अंकल, क्या आप अमीर थे?...नहीं ना...मैंने कह दिया उन्हें, मैं खेलूँगा तो लॉन–टेनिस ही और इसमें कुछ करके दिखाऊँगा चाहे कुछ भी हो जाये...।' आसमान में तारों से बातें करते–करते श्याम अपनी नींद में चला जाता है।

सुप्रभात की वेला आसमान के तारों को अपने में समा लेती है और धीरे–धीरे सूरज की रोशनी अपनी लालिमा बिखेरती हुई, पूरे वातावरण को रोशन कर देती है। श्याम की अम्मा नीचे से आवाज़ लगाती है, "श्याम...! बेटा...धूप निकल आयी है, उठ जा...।"

ऊपर छत से कोई जवाब नहीं आ रहा था और नीचे श्याम की अम्मा परेशान हो रही थी, "श्याम...बेटा श्याम...क्यों अपनी अम्मा को लकड़ी की सीढ़ियाँ चढ़वायेगा...नीचे आ जा...(कोई जवाब नहीं आता)...लगता है घोड़े बेचकर सोया है आज...देखती हूँ...।"

श्याम की अम्मा खुद सीढ़ियाँ चढ़कर ऊपर छत की तरफ़ जाती है। वहाँ देखती है, चारपाई खाली पड़ी थी और श्याम छत पर नहीं था।

श्याम की अम्मा परेशान हो जाती है, "हे भगवान् कहाँ चला गया ये...सुबह–सबह...?"

•••

श्याम नदी के किनारे एक बड़े से बंजर मैदान को साफ़ करने में लगा नज़र आ रहा था। उसके साथ उसके दोस्त भी थे, सब बच्चे मैदान को लॉन–टेनिस खेले जाने के लिए समतल कर रहे थे और नदी से पानी लाकर नरम ज़मीन को सख़्त कर रहे थे, क्योंकि लॉन–टेनिस खेलने के लिए मैदान का पक्का और मज़बूत होना बहुत ज़रूरी होता है।

नदी के किनारे की ये ज़मीन कहीं थोड़ी सख़्त और कहीं थोड़ी नरम ज़रूर थी, मगर वहाँ काफ़ी छोटे–छोटे झाड़ थे, जिन्हें काटना काफ़ी ज़रूरी था। इन्हीं झाड़ों को काटने में लगे थे सब बच्चे, कोई काट रहा था तो कोई कटी हुई झाड़ियों को उठाकर दूर ले जाकर फेंक रहा था। इन्हीं सब के बीच में एक तरफ़ मलंग भी लगा हुआ था, जो चुपचाप बच्चों की मदद कर रहा था। वह भी अपने हाथ के डण्डे से छोटी–छोटी झाड़ियों को तोड़ने में लगा था। कभी वह वहाँ पड़ा कोई पत्थर उठाकर ज़ोर से दूर ले जाकर फेंक देता, तो कभी अपनी मस्ती में झूमने लगता, कभी ज़ोर–ज़ोर से गाने लगता...

निकल सकती है पत्थर से बूँद पानी की,
बस शिद्दत से मेहनत का पसीना बहाइये।।

ज्यों ही मलंग एक बड़े से पत्थर को हटाता है, उसके नीचे दुबका–छिपा बैठा साँप फुंकारकर उस पर झपटता है और झट से उसके पाँव के अँगूठे पर काट लेता है। सब बच्चे ये देखकर डर जाते हैं और "साँप...साँप...!" करके चिल्लाने लगते हैं। मगर मलंग साँप से नहीं डरता और झट से अपना डण्डा उठाकर उस भागते हुए साँप के पीछे भागता है और अपने पागलपन के दौरे में उसे अपने डण्डे से मार डालता है। मलंग उस मरे हुए साँप को उठाकर नदी में फेंक देता है। सब बच्चे डरे हुए उसके पीछे–पीछे जाते हैं और उसकी हिम्मत के लिए उसका शुक्रिया अदा करते हैं, "थैंक्स अंकल...।"

मोनी मलंग के पाँव के अँगूठे से निकलते ख़ून को देखता है और ज़ोर से बोलता है, "अरे अंकल, आपके पाँव से ख़ून निकल रहा...आपको साँप ने काटा है...।"

सब बच्चे घबरा जाते हैं, जबकि मलंग बेपरवाह एक ऊँचे बड़े–से पत्थर पर जाकर बैठ जाता है और अपने झोले से एक पुराना जंग लगा छोटा–सा चाकू निकालता है और अपने अँगूठे की उस जगह को कुरेदता है जहाँ पर साँप ने काटा था। उसके ऐसा करने से ख़ून की धारा ज़ोर से बह निकलती है। श्याम उसे ऐसा करने से मना करता है, "अरे ऐसा मत करिए अंकल...।"

मगर मलंग बिना डर और दर्द के अपने पाँव से दबा–दबाकर ख़ून निकालता रहता है और ज़ोर से एक रस्सी से अपने अँगूठे को बाँध देता है ताकि साँप का ज़हर उसके शरीर तक न पहुँच सके। मलंग की इतनी निडरता और बेबाकी देखकर सब हैरान होते हैं। कुछ देर के बाद मलंग वहीं एक झाड़ी से कुछ पत्ते तोड़ता है और उन्हें पत्थर पर रगड़कर अपने अँगूठे पर लगा लेता है। वह बड़बड़ाता हुआ अपनी धुन में वहाँ से चला जाता है....

...कर ले तू अपना काम, सफ़र अभी बाकी है,
चले जाओ इधर से, काम बहुत अभी बाकी है।।

वहाँ से जाते–जाते मलंग सब बच्चों को अपने काम और मक़सद की तरफ़ प्रेरित करके चला जाता है। कुदरत का अपना तरीक़ा होता है, हर घटना के घटने का और उससे कुछ सीखने–सिखाने का। साँप का पत्थर के पीछे से निकलना, उसका काटने के बाद भी मलंग का ना डरना और साँप को उस जगह से हमेशा–हमेशा के लिए हटा देना, जहाँ पर बच्चे लॉन–टेनिस का कोर्ट बनाना चाहते हैं, इस बात का प्रतीक है कि जीवन के हर उस रास्ते में परेशानियाँ और रुकावटें आयेंगी, जो आपको किसी बड़े मक़सद की ओर ले जाता है।

•••

धीरे–धीरे नदी के पास की बंजर ज़मीन समतल मैदान में बदल जाती है। श्याम अपने दोस्तों के साथ मिलकर, वहाँ बैठकर उस मैदान को कैसे लॉन–टेनिस के मैदान में बदले इस पर चर्चा कर रहा था। "हम लोगों ने

इस जगह को अच्छा मैदान तो बना दिया अब इसे खेलने लायक कैसे बनाया जाये, ये समझ नहीं आ रहा।"

"अरे अब करना क्या है, तू इधर से बल्ला घुमाकर मार गेंद को, हम वहाँ से मारेंगे।" मोनी बड़े मज़े से श्याम को समझाता है।

"क्या बात है मोनी जी, आपने तो मुझे चैम्पियन बना ही देना है।" श्याभ बड़े मज़ाकिया अन्दाज़ में कहता है।

"चैम्पियन तो तू है श्याम मियाँ, अब बस बल्ला उठा और शुरू हो जा।" आशुतोष बड़े फ़ख्र और विश्वास से बोलता है।

श्याम अपने हाथ के बल्ले को उठाता है और दूसरी तरफ़ लकड़ी के बनाये हुए बल्ले को मोनी पकड़ लेता है। खेल शुरू होता है तो समझ नहीं आता कि गेंद को कहाँ से कहाँ तक मारा जाये। किसी तरह से श्याम गेंद को उछालकर मारता है, मगर दूसरी तरफ़ मोनी और आशुतोष उस गेंद को पकड़ नहीं पाते और रबर की गेंद उछलती हुई नदी में चली जाती है। मोनी गेंद की तरफ़ भागता है, मगर जब तक वह उस तक पहुँचता, गेंद बह जाती है।

"ले अब क्या करें...गेंद तो गयी पानी में...।" मोनी हाथ मलता रह जाता है।

"पहला, हमें इस मैदान को चारों तरफ़ से घेरना होगा, ताकि गेंद उछलकर बाहर न जा सके, दूसरा, इसको लॉन–टेनिस के मैदान के हिसाब से नापना होगा और साथ ही बीच में नेट बाँधना होगा।" श्याम अपने इस मैदान को उस फाइव–स्टार होटल जैसे मैदान की तरह बनाना चाहता है।

मोनी बोलता है, "तेरा मतलब है कि ये मैदान असलम अंकल के मैदान की तरह हो जाये, इरादा तो अच्छा है, पर ये होगा कैसे।"

आशुतोष बड़े विश्वास के साथ कहता है, "बहुत आसान है, हम लोग उस होटल के मैदान में जायेंगे और पूरी तरह से उसे नापेंगे और फिर आकर अपने मैदान को वैसा बना देंगे।"

"जितनी आसानी से तूने कह दिया न वह होने वाला नहीं है, साले घुसने तक नहीं देते और तुझे लगता है वह हम लोगों को आराम से वहाँ का नाप–तोल करने देंगे।" श्याम अपने पिछले अनुभव से यह बात कहता है।

"अरे तो इसमें परेशानी क्या है, हम कौन–सा उनके मैदान को उठाकर यहाँ लाने वाले हैं।" आशुतोष की बात में झुँझलाहट नज़र आती है।

"चल ठीक है, एक बार तो हमें कोशिश करनी ही होगी...कल चलकर उस बॉल–ब्वॉय को मिलेंगे, हो सकता है वह हमारी मदद कर दे।" श्याम को खुद पर भरोसा है, कुछ–न–कुछ तो हो ही जायेगा।

मोनी सरदारों वाली बात करता है, "अरे उसने कोई आनाकानी की तो उसी को यहाँ जबर्दस्ती उठा लायेंगे और अपना मैदान बनवा लेंगे साले से...।"

"तेरे इरादे कुछ ठीक नहीं हैं मोनी जी...।" श्याम सरदार मोनी के तेज़–तर्रार होने को जानता है।

"वाहे–गुरुजी दा खालसा, वाहे–गुरुजी दी फतेह।" मोनी अपने जोश में नारा लगाता है।

सब हाथ मिलाते हैं और अपने मक़सद को पाने का वादा मज़बूत करते हैं। वहीं दूर एक ऊँचे से टीले पर बैठा मलंग उन सबको देख रहा था और तालियाँ बजा रहा था।

मक़सद को तुझे पाना है,
अपना वादा निभाना है।।

●●●

अगले दिन सुबह–सुबह श्याम अपने दोस्तों के साथ होटल के उस पिछले गेट पर पहुँच जाता है, जहाँ के वॉचमैन ने उसे अन्दर जाने दिया था। मगर आज कोई दूसरा आदमी था, जो उन्हें अन्दर घुसने से रोक देता है। लाख कोशिश के बावजूद जब वह अन्दर नहीं जा पाते तो तरकीब लगा कर, चारों तरफ़ लगी ऊँची–ऊँची जालियों को लाँघने की सोचते हैं।

मोनी अपने जोशीले अन्दाज़ में कहता है, "मैं तो कहता हूँ इस जाली पर चढ़कर उस तरफ़ उतर जाते हैं।"

श्याम उसकी इस बात के पीछे की भावना को समझता है, "तेरी बात में दम है, मगर इतनी ऊँची जालियाँ लाँघना इतना आसान नहीं है और किसी ने देख लिया तो लेने के देने पड़ सकते हैं।"

"तो ऐसा करते हैं, यहीं बैठकर अँधेरा होने का इन्तज़ार करते हैं और फिर मौक़ा देखकर अन्दर घुस जायेंगे।" मोनी बड़े प्लेनर की तरह बात करता है।

आशुतोष बोलता है, "तेरे दिमाग़ की दाद देनी होगी मोहन सिंह

सरदार...ऐसा कर तू यहाँ बैठा रह और मौक़ा लगे तो अन्दर घुस जाना और हमें बता देना, हम लोग नाचते हुए आ जायेंगे।"

"ख़ैर छोड़ो ये बेकार की बातें, ऐसा करते हैं हम यहाँ से उस बॉल–ब्वॉय को इशारे से बाहर बुला लेंगे और बस फिर उससे सब पता लग जायेगा।" मोनी बड़ी तमीज़ से अपनी बात सबके सामने रखता है।

आशुतोष, "इशारे से क्यों...आवाज़ देकर बुला लेंगे उसे...।"

"उसका नाम मालूम है तुझे...?" मोनी ने कहा।

"नाम...श्याम को पता होगा, ये मिला था उससे एक बार...क्यों श्याम तुझे तो पता होगा उसका नाम...?" आशुतोष श्याम से कहता है।

"नहीं यार, उस दिन मिला ज़रूर था मगर उसका नाम नहीं पूछ पाया था मैं...।" श्याम नाम न पूछने को अपनी ग़लती महसूस करता है।

"कोई बात नहीं बॉल–ब्वॉय कहकर पुकार लेंगे।" मोनी अपनी तिकड़म लगाता है।

"लगता है हम लोग कुछ बेकार की बातों में उलझ गये हैं, पहले इन झाड़ियों और हरी–भरी बेल से पूरी तरह से ढँकी हुई इस जाली के अन्दर देखने का रास्ता तो बनाओ।" श्याम जानता है, इस ऊँची जाली से न बाहर कुछ नज़र आता है और न ही बाहर से कुछ अन्दर का नज़र आता है।

मोनी पतले शरीर का होने की वजह से झाड़ियों के बीच में छोटी–सी जगह देखकर रास्ता निकाल लेता है और जाली से अन्दर की ओर झाँकता है, "अरे भाई श्याम, यहाँ तो आज लड़कियाँ खेल रही हैं और बॉल–ब्वॉय कहीं भी नज़र नहीं आ रहा है, आवाज़ लगाऊँ, हो सकता है यहाँ से दिखायी न दे रहा हो, क्या बोलूँ उसे...।"

"तू लगता है मरवायेगा, आवाज़ लगाना छोड़, चल वापस आ जा, फिर देखेंगे।" श्याम वहाँ से चलने की बात करता है।

मोनी झाड़ियों में से निकलकर बाहर आ जाता है और सब वहाँ से वापस चलने लगते हैं। श्याम सामने से आते बॉल–ब्वॉय को पहचान लेता है, "अरे वह रहा, चलो उसे बाहर ही पकड़ लेते हैं।"

सब भागकर उसके पास जाते हैं। श्याम उसका झट से हाथ पकड़कर अपने हाथ में ले लेता है, "आपका बहुत–बहुत धन्यवाद...आज मैं खेलने नहीं, आपसे मिलने आया हूँ...।"

बॉल–ब्वॉय देखकर चौंकता है, "अरे कमाल है, तुझे उस दिन हमदर्दी क्या दिखा दी, मुझे मिलने तक चला आया...वाह क्या बात है।"

"वो बात ज़रा ऐसी है, हमने सोचा आप तो यहाँ हमें खेलने नहीं दोगे, तो क्यों न अपना ही मैदान बना लिया जाये...हमने मजनूं के टीले के पास नदी के किनारे बेकार पड़ी ज़मीन को बिल्कुल साफ़–सुथरा करके तैयार कर लिया है...बस अब हमें आपकी मदद चाहिए...।" श्याम बड़ी उत्सुकता से अपनी बात कह डालता है।

"मदद...मुझसे...वो क्या...?" बॉल–ब्वॉय हैरानी प्रकट करता है।

"हमें मैदान की लम्बाई और चौड़ाई तय करनी थी और उसके लिए हम चाहते हैं कि आप हमें इस होटल के मैदान की लम्बाई–चौड़ाई नापने दें।"

"अबे हलवा है...जो यहाँ आकर मैदान की लम्बाई–चौड़ाई नापने लगोगे।" वह बॉल–ब्वॉय उन लोगों को झिड़क देता है।

"हलवा तो गुरुद्वारे में बहुत अच्छा मिलता है, आप चलो हमारे साथ आपको खिलवाते हैं...।" मोनी चुटकी लेता है।

"जाओ भई क्यों दिमाग़ ख़राब कर रहे हो।" बॉल–ब्वॉय झुंझला जाता है।

"चलो चलते हैं।" आशुतोष सबको लेकर अन्दर की तरफ़ चलने लगता है।

"अबे अन्दर नहीं, अपने–अपने घर जाओ।" बॉल–ब्वॉय अब अकड़कर बात करता है, वह देखने में इनसे काफ़ी बड़ा और ताकतवर लगता है।

श्याम जानता है किसी के दिल को गुस्से से नहीं, प्यार से ही जीता जा सकता है, इसलिए वह उसके आगे हाथ जोड़ता है, "हम पर मेहरबानी करो, हमारी मदद करो, मैं आपके आगे हाथ जोड़ता हूँ।"

"अबे क्यों भिखारियों की तरह मेरे पीछे पड़ गये हो।" कहते हुए बॉल–ब्वॉय आगे की तरफ़ बढ़ने लगता है।

श्याम एकाएक उसके पैरों पर गिर जाता है और उसके पाँव पकड़ लेता है, "हम पर रहम करो।"

"अबे क्या कर रहा है, छोड़ मेरे पाँव...दिमाग़ की दही कर दी है तूने...चल खड़ा हो...देखते हैं अन्दर चलकर...पर हाँ ज़्यादा होशियारी मत दिखाना और मैदान में खेलने मत घुस जाना...।" बॉल–ब्वॉय आख़िरकार श्याम की शिद्दत देखकर तैयार हो जाता है और उसे होटल के अन्दर, मैदान की तरफ़ ले जाता है। अन्दर जाने के बाद वह सोच में पड़ जाते हैं कि अब वह मैदान को नापें तो नापें कैसे, उनके पास न कोई नापने के लिए इंचटेप है और न ही कोई रस्सी।

मोनी रियलाइज करता है, "कमाल है, इतना कुछ सोच के निकले थे मगर इंचटेप तो लेकर ही नहीं आये।"

आशुतोष झुँझलाकर मोनी से कहता है, "यार मैंने तुझे बोला था न, तेरी बीजी कपड़े सिलती हैं, उनका इंचटेप लेते आना, अब नापेंगे कैसे...।"

श्याम सोच में पड़ जाता है और यह तय करता है कि वह एक-एक पाँव जोड़कर मैदान की लम्बाई-चौड़ाई नाप लेंगे, "ऐसा करते हैं, एक-एक पाँव जोड़कर नाप लेते हैं, मोनी तू वहाँ से शुरू कर और आशुतोष तू वहाँ दूसरी तरफ़ से...मैं यहाँ से नाप लेता हूँ।"

बॉल-ब्वॉय उसके इस विचार से इतना तो जान जाता है कि श्याम के मन में एक निश्चय है और उसे पाने के लिए कोई-न-कोई रास्ता वह निकाल ही लेता है, "मान गये तुम्हें श्याम...क्या तरकीब निकाली है...पर जो भी करो, जल्दी करो...लोग खेलने के लिए आने लगेंगे तो मेरे लिए मुश्किल हो जायेगा...मेरी नौकरी भी जा सकती है।"

श्याम बड़े प्यार से बोलता है, "आप चिन्ता न करें...दो मिनट में हम लोग यहाँ से चले जायेंगे...एक...दो...तीन...चार...पाँच...छह...।" सब अपने क़दमों से लॉन-टेनिस के कोर्ट को नापने लगते हैं और हर क़दम, क़दम से मिलाते हैं। ऐसे दिखायी पड़ता है मानो कह रहो हो, "क़दम से क़दम बढ़ायेगा...अपने मक़सद को तू पायेगा।" सब अपनी-अपनी तरफ़ से कोर्ट को नाप लेते हैं और अपने क़दमों को याद कर लेते हैं।

मोनी बोलता है, "मेरी तरफ़ से 39 क़दम थे।" वह मैदान की चौड़ाई की बात करता है।

"मेरे भी 39 क़दम थे।" आशुतोष मैदान की लम्बाई के आधे हिस्से की बात कहता है।

"कमाल है मेरे क़दम भी 39 ही थे।" श्याम मैदान की लम्बाई के दूसरे आधे हिस्से की बात कहता है।

मोनी के पैर श्याम और आशुतोष के पैरों से छोटे थे, फिर भी तीनों के अपने क़दमों की गिनती एक सी आती है, जो उन तीनों की एक ही सोच को दर्शाती है। वैसे लॉन-टेनिस के मैदान की लम्बाई 78 फ़ीट, चौड़ाई 36 फ़ीट डबल्स के लिए और 27 फीट सिंगल्स के लिए होती है। तभी तो मैदान की चौड़ाई 36 फ़ीट होने के बावजूद मोनी ने 39 क़दम चले थे।

बॉल-ब्वॉय से हाथ मिलाकर वह सब वहाँ से जाने लगते हैं। श्याम

पलट कर आता है और मैदान के बीच में बने नेट की ऊँचाई, जो नेट पोस्ट की तरफ़ से 3 फ़ीट 6 इंच होती है और मैदान के बीच में नेट की ऊँचाई लगभग 3 फ़ीट रहती है, जिसे वह अपने शरीर की ऊँचाई से नापने लगता है, जो उसकी कमर तक आता है। बॉल–ब्वॉय उसकी तरफ़ हैरानी से देखता है, श्याम उसके पास जाकर, "आपका यह एहसान हम कभी नहीं भूलेंगे...हमारा नाम तो आप जान गये हैं, क्या हम आपका नाम जान सकते हैं?"

"नाम में क्या रखा है, तुम्हारा काम हो गया इतना ही काफ़ी है...फिर भी लोग मुझे यहाँ ओमी के नाम से पुकारते हैं।" बॉल–ब्वॉय अपना नाम बता देता है।

"थैंक्यू ओमी भइया...अगर ज़रूरत होगी तो हम फिर आयेंगे।" मोनी मुस्कुराते हुए कहता है।

ओमी नहीं चाहता कि वह लोग फिर वहाँ कभी आयें, "मैं उम्मीद करता हूँ, फिर यहाँ आने की ज़रूरत नहीं है तुम लोगों को।"

मैदान में खेलने वालों का आना शुरू हो जाता है। श्याम और उसके दोस्त वहाँ से चले जाते हैं।

•••

13

सब होटल से निकलकर सीधा अपने मैदान में पहुँचते हैं और अपने लॉन–टेनिस कोर्ट में गाय–बकरियाँ बैठी हुई देखते हैं। सारा मैदान बुरी तरह से गन्दा हो चुका था, चारों तरफ़ गोबर और सूखे पत्ते बिखरे नज़र आ रहे थे। श्याम यह सब देखकर बहुत दुःखी होता है। मोनी वहीं झाड़ से लम्बी डण्डी उठाता है और वहाँ बैठी गाय–बकरियों को भगाने लगता है।

मोनी ज़ोर से चिल्लाते हुए उन जानवरों के पीछे दौड़ता है, "तुम सबको यही जगह मिली थी...हट...हट...चलो निकलो...यहाँ से...हट, हट...।"

आशुतोष और श्याम भी उन सबको वहाँ से भगाते हैं। सब जानवर वहाँ से उठकर दूसरी तरफ़ चले जाते हैं। अब सब मैदान को साफ़ करने लगते हैं और साथ ही चारों तरफ़ बाड़ लगाने की तैयारी करते हैं। आस–पास से लम्बी–लम्बी लकड़ियों को इकट्ठा करते हैं और फिर चारों तरफ़ उन्हें ज़मीन में गाड़कर पूरे मैदान को अच्छी तरह से कवर कर लेते हैं। जब चारों तरफ़ से मैदान घेर लिया जाता है, तो अब वह टेनिस–कोर्ट को अपने क़दमों से नापने लगते हैं और उसे सही तरह से खेलने लायक बना देते हैं।

मोनी मैदान की तरफ़ देखकर ख़ुश होता है, "खेल तो अब शुरू होगा...क्यों श्याम मियाँ...कैसा लग रहा है, अपने इस शानदार मैदान को देखकर।"

आशुतोष, "श्याम लगता है अब तो तू खिलाड़ी बनकर ही दिखायेगा।"

श्याम के चेहरे पर आत्मविश्वास झलकता है, "तुम दोस्तों का साथ और असलम अंकल का आशीर्वाद मेरे साथ है, तो क्या मुश्किल है।"

मोनी घर से निकले काफ़ी देर हो जाने को महसूस करता है, "आज

के लिए इतना ही काफ़ी है, सुबह से निकले हैं, घरवाले परेशान होंगे... अब चलना चाहिए।"

श्याम अपनी चिन्ता प्रकट करता है, "मैं तो सोच रहा था, यहीं रह जाऊँ, कहीं फिर कोई यहाँ मैदान में घुसकर बर्बाद न कर दे।"

आशुतोष, "इरादा तो नेक है, मगर ये मत भूलना यहाँ साँप भी निकलते हैं और फिर रात के अँधेरे में, नदी के किनारे भूत भी ज़रूर आते होंगे।"

मोनी सबको याद दिलाता है, "अबे हाँ यार, उस मलंग बाबा को भी उस दिन साँप ने काट लिया था।"

श्याम मलंग के लिए चिन्ता ज़ाहिर करता है, "अरे हाँ, कई दिन से उन्हें देखा भी नहीं, चलो चलकर पता करते हैं।"

मोनी जाना चाहता है, "मैं चलता हूँ यार, नहीं तो मेरी बीजी बहुत ग़ुस्सा करेंगी।"

आशुतोष मोनी को झिड़कता है, "तू हमेशा ही अपनी अम्मा से बहुत डरता है।"

"माँ ही तो है, जो मारती है तो प्यार भी करती है, फिर उससे डरने में क्या हर्ज़ है।" श्याग के मन में माँ के प्रति हमेशा आदर रहता है।

"तेरी बात में भी दम है...ठीक है मोनी तू चल, हम लोग जाकर मलंग बाबा से मिलकर आते हैं।" आशुतोष ने कहा।

"ठीक है, मैं चलता हूँ।" मोनी अपने घर की तरफ़ निकल जाता है। श्याम और आशुतोष वहाँ से मलंग की तरफ़ चल पड़ते हैं।

●●●

वहीं नदी और सड़क के बीच पड़े हुए सीमेण्ट के बड़े से सीवरेज़ के पाइप में मलंग ने अपनी रहने की कुटिया बना रखी थी, जिसमें दुबका हुआ वह लेटा पड़ा था। श्याम और आशुतोष उसे ढूँढ़ते हुए वहाँ पहुँच जाते हैं। उस पाइप के नज़दीक जाकर वह दोनों पहले चुपचाप देखते रहते हैं। मलंग बिल्कुल बेसुध पड़ा था।

आशुतोष धीरे–से श्याम से कहता है, "ठहर जा श्याम, पहले ध्यान से देख लेते हैं इसकी साँसें तो चल रही हैं या रुक तो नहीं गयीं...?"

"क्या बकवास कर रहा है...!" श्याम आशुतोष की बात को झिड़क देता है।

"उस दिन साँप ने काटा था, कहीं साँप का ज़हर न चढ़ गया हो।" आशुतोष को लगता है, साँप के ज़हर ने मलंग को मार डाला है।

"ऐसा नहीं हो सकता...देख, देख ध्यान से साँसें चल रही हैं।" श्याम गौर से देखता है, मलंग के शरीर से लग रहा था, उसकी साँसें चल रही हैं।

"हिल तो रहा है, आवाज़ लगा...नहीं रुक जा।" आशुतोष वहीं मलंग के पड़े हुए डण्डे से उसे हिलाता है। मगर मलंग नहीं उठता, श्याम को यह अच्छा नहीं लगता।

"पागल है, क्या कर रहा है...तू रुक मैं देखता हूँ...।" श्याम उसे रोकता है और ख़ुद आगे बढ़कर मलंग के चेहरे पर से धीरे से कपड़ा हटाता है। मलंग बेसुध पड़ा है, श्याम उसकी ये हालत देखकर हैरान होता है।

आशुतोष मलंग–मजनूं के क़रीब जाने से डरता है, "अबे क्या कर रहा है, पागल है ये, उठकर सीधा मार सकता है, चल निकल ले यहाँ से, सोने दे इसे...।"

"लगता है इसकी तबीयत ख़राब है, अरे इसका तो बदन तप रहा है, आशु इसे डॉक्टर के पास ले जाना होगा...।" श्याम मलंग को छूकर महसूस करता है।

"पर इसे उठायेगा कौन...मेरी माने तो यहाँ से चलते हैं, अपने आप ठीक हो जायेगा।" आशुतोष को मलंग के बीमार होने पर कोई हमदर्दी नहीं होती है।

"अपने आप कैसे होगा...।" श्याम को आशुतोष की बात अच्छी नहीं लगी।

"रहने दे यार, वैसे भी इस तरह की पागलों की ज़िन्दगी जीने से बेहतर है, ये हमेशा–हमेशा के लिए सो जाये।" आशुतोष की बात में एक कठोरता तो थी मगर किसी हद तक एक सच्चाई भी थी।

"ऐसा नहीं कहते...अच्छा तू ऐसा कर यहाँ रुक, मैं किसी डॉक्टर को लेकर आता हूँ...।"

"तेरा दिमाग़ ख़राब है, तुझे लगता है, इस पागल के लिए कोई डॉक्टर यहाँ आयेगा।"

"डॉक्टर के लिए कोई भी इनसान पागल नहीं होता, वह एक मरीज़ की तरह ही उसका इलाज करता है, मैं जाकर देखता हूँ।"

"डॉक्टर को पैसे कौन देगा?"

"तू चिन्ता मत कर मैं उसका भी इन्तज़ाम कर लूँगा।" श्याम उसकी बातों से इत्तफाक़ रखता है।

"ठीक है महाराज, आप देखिए क्या करना है, पर मैं यहाँ नहीं रुक सकता...मैं तो यहाँ से चलता हूँ।" आशुतोष वहाँ से चला जाता है।

"तेरे दिमाग़ का भी समझ नहीं आता...ठीक है तू भी जा, मैं कुछ करता हूँ।" श्याम वहाँ से डॉक्टर को लाने के लिए चला जाता है।

उनके चले जाने के बाद मलंग धीरे–से अपनी आँखें खोलता है, मानो वह श्याम और आशुतोष की बातें सुन रहा था।

•••

श्याम किसी तरह से उस बस्ती के पास ही बने छोटे–से सरकारी अस्पताल में जाकर डॉक्टर से मिलता है और उनसे प्रार्थना करता है कि वह उसके साथ एक मरीज़ को देखने के लिए चलें।

"डॉक्टर साहब, कल साँप ने उसे काटा था, आज उसकी हालत बहुत ख़राब नज़र आ रही है, अगर आप नहीं चले तो वह बेचारा मर जायेगा और ये पाप आप पर आयेगा।" श्याम डॉक्टर को मना लेता है।

"अच्छा चलो...।" डॉक्टर अपना बैग उठाता है और श्याम के साथ चल पड़ता है।

•••

श्याम अपने साथ डॉक्टर को लेकर उस जगह आ पहुँचता है, जहाँ पर मलंग सोया हुआ था। डॉक्टर मलंग को ऐसी वीरान–सी जगह में पड़े देखकर हैरान होता है। वह उसे पहले छूने से डरता है मगर एक मेडिकल प्रोफेशन के ऐथिक्स के तहत वह ऐसा नहीं कर पाता और मलंग को छूकर उसकी हालत का जायज़ा लेता है।

"भई ये हैं कौन और यहाँ इस तरह पाइप में कैसे रहता है।" डॉक्टर श्याम से पूछता है।

"डॉक्टर साहब इस बस्ती के लोग इसे पागल समझते हैं, यहाँ कैसे और कहाँ से आया किसी को कुछ नहीं मालूम...मगर मैं इसे पागल नहीं समझता...मुझे तो ये कोई मलंग नज़र आता है, जो इस दुनिया में रहकर

भी किसी और ही दुनिया में रहता है।" श्याम बड़ी समझदारी के साथ डॉक्टर से बात करता है।

"मुझे हैरानी होती है, तुम अपनी उम्र से कहीं ज़्यादा बड़ी बातें करते हो।"

"नहीं डॉक्टर साब...मैंने जो सुना वही कहा है आपसे...प्लीज़ देखिए न इसे...काफ़ी तेज़ बुख़ार लगता है।"

डॉक्टर उसे चैक करता है और महसूस करता है, उसे काफ़ी तेज़ बुख़ार है। वह अपने बैग से एक इन्जेक्शन निकालता है और मलंग को लगा देता है। मलंग इन्जेक्शन के दर्द से थोड़ा-सा कराहता है, मगर चिल्लाता नहीं।

"लगता है, कल सुबह तक यह ठीक हो जायेगा...।" डॉक्टर बड़े विश्वास के साथ कहता है।

"डॉक्टर साब...दोबारा इन्जेक्शन देना पड़ेगा क्या?"

डॉक्टर मुस्कुराता है, "चिन्ता मत करो, मैं कल फिर आकर इसे इन्जेक्शन लगा दूँगा...ये बिल्कुल ठीक हो जायेगा।"

"मेरे पास पैसे नहीं हैं, पर मैं कल लाकर आपको दे दूँगा।" श्याम अपनी खाली जेबें डॉक्टर को दिखा देता है।

"ये काम तुम्हारा नहीं है, ये मेरा काम है और मैं अपने काम के पैसे नहीं लेता।" डॉक्टर वहाँ से चला जाता है।

कुछ देर श्याम वहाँ रुकता है और फिर वहाँ से चल पड़ता है, "मैं भी चलता हूँ...आप आराम करो, कल तक आप ठीक हो जायेंगे, मैं फिर कल आऊँगा।" ज्यूँ ही श्याम वहाँ से उठकर जाने लगता है, मलंग उसका हाथ पकड़ लेता है। श्याम बड़े प्यार से अपने हाथ को हटाते हुए कहता है, "अगर मैं नहीं गया तो मेरी अम्मा परेशान होंगी और बापू गुस्सा करेंगे, आप चिन्ता मत करो, यहाँ पानी रखा है, कुछ बिस्कुट भी हैं, थोड़ी देर में बुख़ार उतर जायेगा, फिर ये खा लेना और पानी पी लेना, कल तक आप बिल्कुल ठीक हो जायेंगे।"

मलंग धीरे-से अपनी गर्दन हिलाकर हामी भरता है और श्याम वहाँ से चला जाता है।

...इस दर्द भरी दुनिया का,
थोड़ा-सा दर्द कोई बाँट ले...!

•••

श्याम के लिए आज की रात फिर आसमान में तारों से भरी थी और इन्हीं तारों में वो टिमटिमाता हुआ तारा भी नज़र आ रहा था जिससे वह अकसर बातें करता है। आज के आसमान में आधा चाँद भी दिखायी दे रहा था, जिसकी रोशनी में तारे साफ़ से दिखायी पड़ रहे थे। श्याम अपनी चारपाई पर लेटा हुआ, आसमान की तरफ़ देख रहा था। "अंकल आज हमने खेलने के लिए मैदान तो बना दिया है, अब हमें यक़ीन है कि हम आपके सपने को ज़रूर पूरा कर पायेंगे...मगर हमारे दिमाग़ में ये हमेशा रहता है कि इस खेल की बारीकियाँ और हमारी गलतियाँ...इस खेल में कामयाबी का रास्ता यह सब कौन हमें बतायेगा...आपने जो बताया या सिखाया था वो सब तो हमें अच्छी तरह से याद है...क्या उतना ही काफ़ी होगा?...कभी–कभी डर भी लगता है कि इस रास्ते में आपने जो कष्ट सहे उन सबका मुक़ाबला मैं कैसे कर पाऊँगा...अंकल प्लीज़ बताइए न मैं क्या करूँ.... ।" बोलते–बोलते श्याम नींद में चला जाता है मगर उसका बोलना अभी भी जारी रहता है..."प्लीज अंकल बताइए न, मैं कैसे करूँ...प्लीज़... ।"

..."बेटा जब आप हिम्मत से अँधेरे रास्ते पर आगे बढ़ते हैं तो अँधेरा ख़ुद–ब–ख़ुद उजाले में बदल जाता है और रास्ता आसान होता जाता है...बस तुम्हें आगे बढ़ने से नहीं डरना है और न ही रुकना है...तुम्हारा अपना खेल ही तुम्हें सही दिशा देता रहेगा। ...सुबह से तुम्हारी नये मैदान में नयी शुरुआत होगी...अभी तुम आराम से सो जाओ।" असलम वहीं श्याम की चारपाई के किनारे पर बैठा उसके सिर पर हाथ फेरता है और गायब हो जाता है।

"...ठीक है अंकल...आप भी सो जाओ... ।" श्याम बड़बड़ाता हुआ सो जाता है।

•••

सुबह होने से पहले ही श्याम उठकर अपना टेनिस–रैकेट लेकर मैदान की तरफ़ निकल जाता है और रास्ते में सबसे पहले वह मलंग की तबीयत के बारे में जानने के लिए उस पाइप की तरफ़ बढ़ता है जहाँ मलंग रहता है। वहाँ जाकर श्याम देखता है, मलंग वहाँ नहीं है। श्याम

को हैरानी होती है और वह मैदान की तरफ़ भागता हुआ पहुँचता है ताकि वह अपने दोस्तों से मिलकर उन्हें बता सके। मगर वहाँ जाकर देखता है कि मलंग एक लम्बा–सा डण्डा लिए पहले से ही बैठा हुआ है ताकि कोई जानवर मैदान के अन्दर न घुस सके और उसे ख़राब न कर दे।

श्याम को इस बात की ख़ुशी होती है कि मलंग ठीक हो गया है और बड़े आराम से वहाँ बैठा हुआ है, "अरे आप मलंग चाचा यहाँ हैं, मैं तो आपके घर गया था...आपको तो आराम करना चाहिए था, यहाँ क्यों आ गये सुबह–सुबह?"

मलंग उसकी तरफ़ देखता है और मुस्कुराता है, "मैं...ठीक हूँ बिल्कुल ...देखो...(वह उठकर चारों तरफ़ घूमकर दिखाता है)...तुम खेलो...मैं देखता हूँ...जानवर कैसे घुस आये यहाँ...छू...छू...हट...हट...।" वह ऐसे करता जैसे जानवरों को भगा रहा हो और ख़ुद भी भागते–भागते वहाँ से चला जाता है..."खेलो...खेल...ऐसा...न देखा किसी ने जैसा...।।"

सामने से मोनी और आशुतोष आते हुए नज़र आते हैं और वह भी मलंग को वहाँ से नाचते हुए जाते देखते हैं। आशुतोष यह देखकर हैरान होता है, "श्याम यार ऐसी कौन–सी दवाई पिलाई तूने मलंग को, जो ये बिल्कुल ठीक, उछलता हुआ नज़र आ रहा है।"

"डॉक्टर ने आकर इन्जेक्शन दिया, बस सुबह जब मैं यहाँ आया तो ये मलंग चाचा यहाँ अपना डण्डा हाथ में लिए बैठे थे, पूछा तो बोले कोई जानवर आकर मैदान न ख़राब कर दे...और हट...हट...करते हुए यहाँ से चले गये...।" श्याम बताता है।

मोनी, "चलो उसे छोड़ो और श्याम मियाँ अपना खेल शुरू करो।"

"हाँ, चलो...मैं इधर से मारता हूँ और तुम दोनों उस तरफ़ से खेलो।" श्याम टेनिस–कोर्ट में अपना बल्ला लेकर उतर जाता है।

दूसरी तरफ़ मोनी कोर्ट में उतरता है, श्याम गेंद को उठाकर सर्विस करने लगता है, "लव ऑल।"

श्याम की सर्विस को मोनी उठा नहीं पाता और बल्ला घुमाकर ही रह जाता है। श्याम दूसरी सर्विस करता है और साथ ही स्कोर बोलता है, "फिफ्टीन–लव।"

यह स्कोर सुनकर मोनी और आशुतोष चौंकते हैं, "सिर्फ़ एक प्वाइण्ट जीतने पर फिफ्टीन–लव, सीधा पन्द्रह प्वाइण्ट आगे, ये कैसा गेम है भाई?"

श्याम मुस्कुराता है, "दूसरा प्वाइण्ट जीतने पर सीधा तीस, तीसरे पर सीधा चालीस और चौथे पर सीधा साठ–गेम प्वाइण्ट।"

"भाई श्याम, तू यह क्या बक रहा है, कैसा गेम है यह, अपनी तो समझ से बाहर है।" मोनी और आशुतोष दोनों खेल के इस अन्दाज़ से हैरान थे।

श्याम समझ जाता है कि वह भी ठीक उसकी तरह ही हैरान–परेशान हुआ था जब पहली बार उसने भी असलम अंकल को खेलते हुए इस तरह से प्वाइण्ट्स गिनते हुए देखा था। उसने भी यही सवाल अपने अंकल से किये थे। श्याम खेल को रोककर मोनी और आशुतोष के साथ इस खेल की वह जानकारी बाँटता है जो उसने असलम से सीखी थी।

श्याम अपने दोस्तों को बताता है, "पता है खेल शुरू करने से पहले 'लव' क्यों कहते हैं ताकि आमने–सामने वाले खिलाड़ी ज़ीरो पर होने के बावजूद एक–दूसरे के प्रति प्यार का भाव रखें।"

मोनी अचरज से पूछता है, "वह तो चलो ठीक है पर सीधा पन्द्रह, तीस, चालीस, पचास, साठ और पता नहीं क्या–क्या है।"

श्याम मुस्कुराता है, "ठीक ऐसे ही मैंने भी असलम अंकल से कहा था फिर उन्होंने मुझे बताया ऐसा क्यों होता है। दरअसल टेनिस के खेल की स्कोरिंग को घड़ी की सूइयों के आधार पर रखा गया था क्योंकि खेलने वाले को जीतने के लिए चार प्वाइण्ट्स गेम चाहिए होते हैं इसलिए घड़ी की सूइयों को चार हिस्सों में बाँटा गया।"

आशुतोष हैरानी प्रकट करता है, "तब तो 15 के बाद 30 और 30 के बाद 45 होना चाहिए 40 क्यों...?"

श्याम फिर मुस्कुराता है, "कमाल है यार, जो सवाल मैंने असलम अंकल से पूछे थे वही तुम मुझसे पूछ रहे हो...।"

मोनी मज़ाकिया अन्दाज़ में कहता है, "तू तो अब सब जानता है, तू खिलाड़ी है हम अनाड़ी हैं।"

वहीं पास ही खड़ा मलंग खिलाड़ी और अनाड़ी सुनकर ज़ोर से हँसने लगता है।

श्याम अपने पूरे विश्वास से भरा है, "अभी तो मुझे खिलाड़ी बनना है मेरे दोस्त, हाँ तो तुमने पूछा था 45 की जगह 40 क्यों, वो इसलिए क्योंकि फोरटी फाइव बोलने से आसान है फोरटी बोलना...।"

आशुतोष, "फिर फोरटी के बाद सीधा साठ?"

"नहीं दोस्त अगर खिलाड़ी फोरटी प्वाइण्ट्स जीत चुका है तो उसके बाद के प्वाइण्ट के लिए घड़ी की सूई फिफ्टी यानी पचास पर घूमेगी और अगर इसके बाद भी अगर वही खिलाड़ी प्वाइण्ट जीतता है तो सूई घूमकर सिक्सटी यानी साठ पर आ जायेगी और इस तरह से खेल का एक गेम पूरा हो जायेगा...एक बात और है इस खेल को जीतने वाले को हारने वाले से सिर्फ़ एक प्वाइण्ट ही ज़्यादा नहीं जीतना होता बल्कि दो प्वाइण्ट्स ज़्यादा जीतने होते हैं।" श्याम बिल्कुल वैसे ही समझाता है जैसे उसके असलम अंकल ने उसे समझाया था।

मोनी अपने कन्धे उचकाते हुए, "यानी के लक्क बाई चांस इसमें बिल्कुल नहीं चलने वाला।"

"हाँ, सिर्फ़ बाई चांस एक प्वाइण्ट जीतने से ही जीत हासिल नहीं हो जाती बल्कि मेहनत से खेलने की ज़िम्मेदारी और बढ़ जाती है।" श्याम की बात कहने में उसका अपना आत्मविश्वास झलक रहा था।

यह बात सच है किसी गुरु का शिष्य भी किसी–न–किसी के लिए गुरु होता है। इनसान की अपनी ट्रेनिंग व उसका अपना विकास अकसर उसके स्वयं के ज्ञान को बाँटने से ही होता है। जाने–अनजाने में ही सही श्याम के साथ ऐसा ही सब घट रहा था। वह जितना लॉन–टेनिस के खेल को अपने दोस्तों के साथ बाँटता व खेलता है, उतना ही उसका खेल स्वयं निखरता चला जाता है।

लॉन–टेनिस अमीरों का खेल, ग़रीब बस्ती में रहने वाले बच्चों द्वारा नदी के किनारे की बंजर ज़मीन पर खेला जाता है तो यह नज़ारा देखते ही बनता है। धीरे–धीरे वहाँ नदी के किनारे टहलने आने वाले लोग, उन बच्चों को लॉन–टेनिस खेलता देखकर दर्शक की तरह खड़े हो जाते हैं और श्याम के उछल–उछल के मारने वाले हर शॉट पर तालियाँ बजाते हैं। अब ये खेल श्याम और उसके दोस्तों के लिए रोज़मर्रा का एक हिस्सा बन गया था। श्याम की मैदान में स्फूर्ति देखते ही बनती थी। एक तरफ़ वह अकेला और दूसरी तरफ़ दोनों मोनी–आशुतोष, इसके बावजूद भी श्याम उन दोनों पर भारी पड़ता था।

..."करत करत अभ्यास के जड़मति होत सुजान, रसरी आवत जात ते सि़ल पर परत निसान...।" ऐसा ही श्याम के साथ भी होता है। हर रोज़ खेलते रहने से श्याम लॉन–टेनिस में काफ़ी होशियार हो गया था।

मगर मिट्टी में बने मैदान की अपनी कुछ कमियाँ और सीमाएँ थीं, रात को पड़ती ओस से ज़मीन काफ़ी नम हो जाती थी और गेंद का ठीक से उछलना नहीं होता था, जिसकी वजह से श्याम अच्छी तरह से नहीं खेल पाता था। इसके साथ–साथ उसे कोई गाइड करने वाला भी नहीं था, जो उसे खेल में सही और ग़लत के फ़र्क़ को समझा सके। श्याम के दिमाग़ में हर वक़्त एक ही सवाल बना रहता है आख़िर वह ऐसा क्या करे जो उसे उसकी कामयाबी की तरफ़ ले जा सके।

●●●

14

रात का वक़्त था, तक़रीबन रात के दस बजे होंगे, अचानक बस्ती के उस इलाके से शोर उठता है जहाँ पर सूती कपड़े की चादरें बनती थीं। इस कपड़ा बुनकरों की जगह को खड्डियों के नाम से जाना जाता था। यह जगह बस्ती से थोड़ी बाहर थी लेकिन बहुत दूर भी नहीं, सिर्फ़ बीच में एक सड़क का फ़ासला भर था, जो बस्ती और इस कपड़े की चादरें बनाने वाली जगह को एक–दूसरे से अलग करता था। इससे पहले कि पूरी बस्ती को इस उठते शोर का पता लग पाता, दूर से आग की लपटें उठती नज़र आने लगती हैं।

श्याम जो अपनी छत पर लेटा था, एकाएक जब उठकर आग की लपटें देखता है तो जल्दी से कूदकर उस तरफ़ भागने लगता है। उसकी अम्मा उसे रोक लेती है, "नहीं बेटा श्याम, वहाँ मत जाओ...आग की लपटें बढ़ सकती हैं।"

श्याम अपनी अम्मा की बात मान लेता है और वापस छत पर जाकर देखने लगता है। इसी बीच आग बुझाने वाली गाड़ियों के आने की आवाज़ें सुनाई देती हैं और आग की उठती लपटों पर काबू पा लिया जाता है। चीख़ने–चिल्लाने की आवाज़ें भी अब बन्द हो जाती हैं। आस–पास से आती आवाज़ों से पता चलता है कि आग ने उन कपड़ा बुनकरों के घरों को जला कर पूरी तरह से राख कर दिया है। ऊपर वाले की दया से इस भयंकर आग में कोई हताहत नहीं हुआ था।

•••

आज की सुबह श्याम के लिए इतनी ख़ुशहाल और जोश से भरी नहीं

थी, क्योंकि रात को आग ने काफ़ी लोगों को बेघर कर दिया था। मगर फिर भी श्याम अपना टेनिस–रैकेट उठाकर मैदान की तरफ़ चल पड़ता है। वहाँ पहुँचकर जो नज़ारा वह देखता है, उसे देखकर उसके होश उड़ जाते हैं, सारे मैदान को उन लोगों ने घेर लिया था जिनके घर पिछली रात को जल गये थे।

मोनी और आशुतोष पहले से ही वहाँ मौजूद थे, वहीं दूर एक टीले से मलंग भी यह सब देख रहा था। यह एक ऐसा दुःख–भरा नज़ारा था कि कोई करे भी तो क्या करे। श्याम, मोनी और आशुतोष एक–दूसरे की तरफ़ देखते रह जाते हैं।

मोनी उदास मन से कहता है, "सारी मेहनत पर पानी फिर गया दोस्त...।"

आशुतोष का मुँह भी लटका हुआ था, "अब क्या करें श्याम...?"

श्याम अपने दुःख को सँभालता है, "कुछ नहीं कर सकते, हमारी ज़रूरत से ज़्यादा बड़ी ज़रूरत इन लोगों की है, जिनके घर जल गये हैं।"

मोनी हैरान होकर पूछता है, "तो इसका मतलब आज से तेरा खेलना खत्म...!"

"ये तो मैंने नहीं कहा...मेरी अम्मा हमेशा कहती है कि ऊपर वाला अगर एक दरवाज़ा बन्द करता है तो कई दरवाज़े खोलता भी है।" श्याम ऐसी स्थिति में समझदारी से पेश आता है।

वहाँ दूर टीले पर बैठा मलंग ज़ोर–ज़ोर से तालियाँ बजाने लगता है, मानो उसने श्याम की बात सुन ली हो।

•••

...शाम का वक़्त था, नदी के किनारे की उसी सड़क से होता हुआ श्याम उस जगह जाकर पहुँच जाता है जहाँ पर बॉल–ब्वॉय ओमी ने उसकी मदद की थी। उसे नहीं मालूम कि ओमी वहाँ उसे मिलेगा भी या नहीं, मगर फिर भी मन में उम्मीद की किरण लिए श्याम वहाँ पहुँच जाता है। ओमी होटल के उस मैदान में बिल्कुल अकेला बिखरी गेंदों को समेट रहा था। आज श्याम को मैदान के गेट पर किसी ने रोका तक नहीं, वह अपने अधूरे से ख़याल और सपने के साथ वहाँ आकर ओमी के सामने खड़ा हो जाता है।

ओमी उसे कुछ देर तक तो देखता रहता है फिर पूछता है, "क्या हुआ बर्खुदार, किस सोच में डूबा है, आज क्या नापने आया है...(श्याम कोई जवाब नहीं देता)...अरे भई कुछ बोलेगा भी, क्या हुआ?"

"मुझे लॉन–टेनिस सीखना है, क्या आप मेरी मदद कर सकते हैं।" श्याम बड़े ही उदास मन से कहता है।

ओमी आज बड़ी सहजता से श्याम की बात सुनता है और कुछ सोचकर कहता है, "बड़ी मुश्किल बात कर रहा है तू...ये नहीं हो सकता ...कुछ नहीं कर पाऊँगा...तूने तो अपने लिए मैदान बना लिया था, फिर अब क्या हुआ?"

"वह मैदान हमारे हाथ से चला गया, बस्ती में कुछ लोगों के घर जल गये थे और उन लोगों ने वहाँ खुले मैदान में अपने घर बना लिये हैं।"

"ऐसे कैसे कर सकते हैं वो लोग, तुझे उन्हें रोकना चाहिए था, अपनी बात कहनी चाहिए थी उनसे...वह कहीं और अपना घर बना सकते थे।"

"वैसे भी वहाँ खेलना मेरे लिए एक मज़ाक़ ही था, जिस खेल को सिर्फ़ खेलने के लिए खेला जाता है, वह बस एक मज़ाक़ ही बनकर रह जाता है, ऐसा असलम अंकल ने कहा था...जब खेल को किसी मक़सद के लिए खेला जाता है, तब वो कामयाबी की तरफ़ ले जाता है। मैं लॉन–टेनिस मक़सद के लिए खेलना चाहता हूँ और उसके लिए मुझे इसे अच्छे से सीखना और खेलना होगा।" श्याम बड़ी गम्भीरता से अपनी बात ओमी के सामने रखता है।

"तो ऐसा करो तुम यहाँ की मेम्बरशिप ले लो...बस यही कोई दो लाख लगेंगे...और तुम एक बेहतर खिलाड़ी बन जाओगे।" ओमी जानता था कि श्याम ऐसा नहीं कर पायेगा।

"आप जानते हैं, यह मेरे लिए मुमकिन नहीं हो पायेगा...आप कुछ करो प्लीज़।" श्याम हाथ जोड़कर प्रार्थना करता है।

ओमी कुछ सोचता है, "हाँ एक आइडिया है, तू भी मेरी तरह कहीं बॉल–ब्वॉय की नौकरी कर ले...लोगों को खेलता देखेगा और मौक़ा लगते ही ख़ुद भी मैदान में उतर जाया करना।"

"ठीक है, पर मुझे रखेगा कौन?"

"उसकी चिन्ता तू मत कर, कल सुबह से तू यहाँ आ जाना, इस नौकरी में नाम मेरा ही रहेगा और काम तू करेगा...कैसा है आइडिया...

तेरे लिए इतना तो बनता है बरखुरदार...।" ओमी की इस बात में अपना स्वार्थ छिपा था।

"आपका मतलब है, यहाँ काम करने के पैसे आपको मिलेंगे और काम मैं करूँगा।" श्याम उसकी बात के पीछे छिपे मतलब को समझ जाता है।

"यही तो तुम चाहते हो, अगर सौदा मंजूर है तो कल सुबह से आ जाना, मैं तुम्हारा चक्कर चला दूँगा...अभी तुम निकलो...ये आइडिया आया है, इसे ऐसे ही रहने दो वरना बदल गया तो तुम्हारे सपने बिखर जायेंगे बरखुरदार...आज के लिए इतना ही काफ़ी है, कल मिलेंगे... ।" ओमी बड़े अन्दाज़ से यह सब कहकर वहाँ से निकल जाता है।

...कभी–कभी इनसान को अपना मन मारकर भी जीना पड़ता है, यूँ कहो कि इस दुनिया की यही फितरत है, सब एक–दूसरे का इस्तेमाल करते हैं। फ़र्क़ बस इतना है, कोई इस्तेमाल हो रहा है और कोई इस्तेमाल कर रहा है। मगर यहाँ एक सवाल पैदा होता है, क्या ओमी इस्तेमाल कर रहा है और श्याम इस्तेमाल हो रहा है?

•••

श्याम अपनी ही धुन में इतना मशगूल था कि उसे अपनी अम्मा से बात किये और अपने बापू की डाँट खाये कई दिन हो गये थे। हर रोज़ की तरह श्याम घर से निकलता तो स्कूल के लिए मगर पहुँच जाता था टेनिस–कोर्ट में जहाँ पर बॉल–ब्वॉय की नौकरी करने लगा था और वहीं पर समय रहते, मौक़ा मिलते ही स्वयं भी लॉन–टेनिस खेलने लग जाता था। अब टेनिस के खेल की बारीकियाँ बड़ी अच्छी तरह से श्याम की समझ में आने लगी थीं।

खेल के प्रति श्याम की ये शिद्दत उसे एक दिन मुसीबत में डाल देती है, जब उसके घर में पता चल जाता है कि वह स्कूल नहीं जाता और लॉन–टेनिस खेलने होटल चला जाता है। अम्मा तो अपने बेटे के इस जुनून को समझती थी, मगर बापू को ये बिल्कुल भी रास नहीं आता है और वह एक छड़ी उठाकर श्याम की पिटाई करने लगता है। ..."हरामखोर, खेल के लिए तूने स्कूल जाना छोड़ दिया, हमें धोखे में रखा है तूने...कितनी मेहनत करनी पड़ती है मुझे, तेरे स्कूल की फीस, किताबें और कपड़ों के लिए और तू है कि उस

मरे असलम की तरह टेनिस का बल्ला लिए भागता रहता है।" बापू उसे मारते हुए बोले जा रहा था।

अम्मा बीच–बीच में आकर उसे रोकने की कोशिश करती है, "रहने दो, अब नहीं करेगा...।"

"तू हट जा...तूने ही इसे सिर पर चढ़ा रखा है...बोल स्कूल जायेगा या खेलने में लगा रहेगा...बोल हरामखोर...टाँगें तोड़ दूँगा तेरी मैं आज...।" श्याम अपने बापू से पिटते जा रहा था, मगर यह नहीं बोलता कि वह खेलना छोड़ देगा।

माँ अपने बच्चे की ये हालत बहुत देर तक नहीं देख पाती है और वह श्याम को जबर्दस्ती वहाँ से ले जाती है। इस खींचातानी में श्याम की अम्मा को भी छड़ी की चोट लगती है, मगर वह इसकी परवाह नहीं करती और श्याम को वहाँ से घसीटकर दूसरे कमरे में ले जाती है। बाप का ग़ुस्सा इतना ज़्यादा था कि मारते हुए उसके हाथ की छड़ी भी टूट जाती है।

•••

श्याम अपनी अम्मा के सीने से लगकर रोता जा रहा था। अम्मा उसे पुचकारती है, "नहीं मेरे बेटे, रोते नहीं, हर बड़े काम के रास्ते में मुश्किलें आती हैं...वैसे भी वह तेरे पिता हैं, तेरी भलाई चाहते हैं, अगर तू पढ़ेगा नहीं तो बड़ा आदमी कैसे बनेगा...और बड़ा आदमी नहीं बनेगा तो हम लोग ग़रीबी से बाहर कैसे आयेंगे बेटा...चल चुप हो जा और कल से सीधा स्कूल जाना शुरू कर और अपना मन पढ़ाई में लगा, सब ठीक हो जायेगा।"

"नहीं अम्मा, ठीक नहीं होगा...मुझे लॉन–टेनिस खेलना है और असलम अंकल के अधूरे सपनों को पूरा करना है...उन्होंने कहा था कि मैं एक बड़ा कामयाब खिलाड़ी बन सकता हूँ।"

"अपने असलम अंकल, जो अब इस दुनिया में भी नहीं हैं, उनके सपनों को पाना चाहता है और तेरी अम्मा–बापू के सपनों का क्या, जो तुझसे लगाये बैठे हैं।"

"अम्मा तुम तो ऐसा मत कहो...खेल में बड़ा नाम कमाना भी बड़ा बनना है...तुम देखना, मैं इसमें इतना बड़ा नाम कमाऊँगा कि आपकी सारी ग़रीबी दूर हो जायेगी।"

"बेटा ये टेनिस–फेनिस अमीरों का खेल है, इसमें ग़रीब कभी भी कामयाब नहीं हो सकता...देखा नहीं तूने असलम अंकल को यहाँ अपनी ग़रीबी के साथ रहते हुए...अगर ये खेल ग़रीब के लिए होता तो वो नहीं अपना नाम बनाकर पैसे कमा लेता, यूँ गुमनामी के अँधेरों में थोड़े जीता रहता।" अम्मा की इस बात में किसी हद तक एक सच्चाई शामिल थी।

"इसीलिए अम्मा मैं उस गुमनामी के अँधेरे से निकलकर बाहर आना चाहता हूँ।"

"जिद मत कर मेरे लाल...जो रास्ता अँधेरे की तरफ़ ले जाता हो उस पर चलने की कोशिश मत कर...तेरे गिरने पर हम सब गिर जायेंगे।" अम्मा की आवाज़ में भावुकता और जीवन भर का दर्द शामिल था।

"नहीं अम्मा, ये मेरा वादा है, तेरा बेटा गिरेगा नहीं...कुछ तो ज़रूर करेगा...मुझ पर भरोसा रखो।" श्याम अपने अन्तर्मन के विश्वास के साथ अपनी अम्मा की हिम्मत बढ़ाता है।

"कहाँ से इतनी बड़ी–बड़ी बातें करना सीख गया तू...माँ नौ महीने कोख में पालती है अपने बच्चे को, उस पर भरोसा नहीं होगा, तो किस पर होगा उसे...।" अम्मा अपने बेटे श्याम के सिर पर प्यार से हाथ फेरती है।

"और मैं उस भरोसे को टूटने नहीं दूँगा अम्मा...।"

"ठीक है, मैं उस दिन की कामना करूँगी जब तू इस खेल में कामयाबी हासिल करेगा।"

श्याम अपनी अम्मा के पाँव छूकर आशीर्वाद लेता है और उसकी अम्मा उसे अपने सीने से लगा लेती है।

●●●

किसी भी बच्चे की हिम्मत चौगुना बढ़ जाती है जब उसकी माँ उसका हौसला बढ़ाती है और उसके मक़सद में उसके साथ खड़ी हो जाती है। श्याम के साथ भी ऐसा ही होता है, आज उसकी हर हरकत में एक जोश और रवानगी नज़र आ रही थी। मैदान में आज वह गोली की तरह इधर से उधर भागता हुआ दिखायी दे रहा था। मौक़ा मिलने पर टेनिस का रैकेट उठाकर कोर्ट में उतर जाता है और अपने बेहतरीन शॉट्स मारने लगता है।

कुछ ही देर में एक 17–18 साल की लड़की अपने पिता के साथ वहाँ आती है और टेनिस खेलने की कोशिश करती है। आज उसका टेनिस के कोर्ट में पहला दिन था, इसलिए उसे अभी सही तरीक़े से टेनिस–रैकेट भी पकड़ना नहीं आ रहा था। उसके पिता उसे सिखाने की कोशिश करते हैं। लड़की जब भी बॉल को मारने की कोशिश करती है तो उसके हाथ से टेनिस–रैकेट छूट जाता है या कभी वह ख़ुद गिर जाती है। एक बार तो बॉल को मारने की कोशिश में उसके हाथ का रैकेट इतनी तेज़ी से उसके हाथ से फिसल जाता है कि श्याम के बिल्कुल क़रीब आकर गिरता है। श्याम उसे उठाकर देता है और साथ ही उसे ठीक से पकड़ने की तरकीब भी सिखाता है। इस दौरान उसके पिता खेलते–खेलते थक जाते हैं और श्याम को उसके साथ खेलने के लिए कहते हैं।

श्याम दूसरी तरफ़ जाकर टेनिस–रैकेट सँभाल लेता है और उस लड़की के साथ खेलने लगता है। श्याम बड़े जोश के साथ खेलता है किन्तु वह लड़की उसके शॉट्स को पकड़ नहीं पाती और इधर–उधर भागते हुए थक जाती है। वह लड़की खेलते ही श्याम की तारीफ़ करती है, "तुम तो खेलने में काफ़ी होशियार हो...तुम्हारा नाम क्या है?"

"जी मेरा नाम श्याम है, आपका नाम मैडम...?" श्याम बड़े ही भोले भाव से बात करता है।

"मैडम नहीं, दीपिका नाम है मेरा... !" कहते हुए वह ज़ोर से बॉल को मारने की कोशिश करती है और फिसलकर गिर जाती है।

"दीपिका जी...पहले आप धीरे–धीरे खेलें...एक बार जब आपको आदत हो जायेगी तब आप ज़ोर से शॉट मार सकती हैं और तब आप गिरेंगी भी नहीं।" श्याम ख़ुद धीरे–धीरे खेलना शुरू कर देता है।

"ठीक है, मास्टर जी... ।" दीपिका हँसते हुए कहती है और ज़ोर से शॉट मारती है।

श्याम के खेल को देखकर दीपिका बेहद इम्प्रेस होती है और अब वह हमेशा उसके खेलते हुए उससे लॉन–टेनिस के खेल को सीखने लगती है। यह सिलसिला हर रोज़ का बन गया था, दीपिका अपने पिता के साथ ही नहीं अकेले भी वहाँ खेलने के लिए आने लगी थी। उसे अब श्याम एक बॉल–ब्वॉय नहीं एक कोच की तरह लगने लगा था।

अकसर इनसान जब किसी को कुछ सिखाने लगता है तो वह सिर्फ़ सिखाता ही नहीं है बल्कि ख़ुद भी सीखने लगता है। जैसे–जैसे सिखाने

वाले से सीखने वाला सीखने लगता है, सिखाने वाले की महारत भी बढ़ती जाती है और ख़ुद साधारण से असाधारण बन गुरु कहलाने लगता है। श्याम के साथ भी कुछ ऐसा ही होने लगा था, दीपिका को सिखाने की कोशिश में उसकी ख़ुद की प्रेक्टिस होने लगी थी और उसके ख़ुद का खेलना बेहतर होने लगा था। दीपिका अपने खेल में आनन्द का अनुभव करने लगी थी। श्याम भी अब दीपिका का हर रोज़ बेसब्री से इन्तज़ार करने लगा था। जब कभी दीपिका को आने में देर हो जाती या कभी वह खेलने से छुट्टी मार लेती तो श्याम को अपना पूरा दिन ख़राब लगने लगता है।

एक दिन खेलते–खेलते दीपिका की नज़र श्याम के पैरों पर पड़ती है, जो फटे जूतों के साथ टेनिस–कोर्ट पर दौड़ते हुए दिखायी दे रहे थे। अचानक दौड़ते–दौड़ते श्याम का फटा हुआ जूता उसे गिरा देता है। दीपिका उसकी तरफ़ जाती है और उसे उठाने की कोशिश करती है, मगर श्याम ख़ुद झट से उठ जाता है। इस गिरने में श्याम के घुटने में रगड़ लग जाती है और उससे ख़ून रिसने लगता है। दीपिका अपनी पानी की बोतल लाकर श्याम के घुटने पर डालती है और ख़ून का रिसना बन्द करने की कोशिश करती है।

"जब तुम्हारे जूते फटे हुए थे तो तुम उन्हें पहनकर टेनिस–कोर्ट में उतरे क्यों...तुम्हें पता होना चाहिए फटे हुए जूतों से भागते हुए गिर सकते हैं।" दीपिका उसे फटकार लगाती है।

"कोई बात नहीं ठीक हो जायेगा, मैं कल जूते ठीक करवा लूँगा।" श्याम ऐसे पेश आता है, मानो कुछ हुआ ही नहीं है।

"ये तुम्हारे जूते ठीक करवाने की हालत में नहीं हैं।" दीपिका उसके फटे हुए जूतों की तरफ़ इशारा करते हुए कहती है।

"वह सब छोड़िए मैडम...चलिए खेल शुरू करते हैं।"

"बस आज के लिए इतना ही काफ़ी है, पहले तुम जाकर डॉक्टर को दिखाना, जब ठीक हो जाये तब खेलने का सोचना।" दीपिका श्याम को हिदायत देती है।

"नहीं, नहीं मैं तो बिल्कुल फिट हूँ...आप चाहें तो एक मैच खेला जा सकता है।" श्याम खड़ा होकर अपना रैकेट उठाकर टेनिस–कोर्ट में उतर जाता है।

"मिस्टर खिलाड़ी...ज़्यादा एक्साइटमेण्ट की ज़रूरत नहीं है...मैं जा रही हूँ...और तुम भी जाओ...कल देखते हैं।" दीपिका वहाँ से चली जाती है।

श्याम भी कुछ देर वहाँ रुककर अपना काम पूरा करता है और फिर वहाँ से चला जाता है।

•••

श्याम जब घर पहुँचता है तो अपनी अम्मा से ऐसे पेश आता है, मानो कुछ भी न हुआ हो। उसकी अम्मा जब उससे कुछ बात करने की कोशिश करती है, तो वह बातों को टाल देता है।

"आज कैसा रहा बेटा, खेलने को मिला...।" –अम्मा अपने बेटे श्याम हर रोज़ की तरह पूछती है।

"हाँ अम्मा, ऐसे–ऐसे शॉट मारे कि सब देखते रह गये।"

"चल अच्छा, पहले मुँह–हाथ धो ले, मैं खाना लगाती हूँ।"

श्याम अपने खेलने के सामान को रखकर, बाथरूम में जाता है और मुँह–हाथ धोकर खाने के लिए अपनी अम्मा के पास जा पहुँचता है। अम्मा थाली में दाल–चावल डालकर श्याम को देती है। खाना खाने के बाद जब श्याम उठता है तो अचानक अपने घुटने में लगी चोट की वजह से थोड़ा दर्द महसूस करता है और उसके मुँह से दर्द की कराहट निकल जाती है।

अम्मा उसके घुटने में लगी चोट को देख लेती है, "ये क्या हुआ, कैसे लगी ये चोट?"

"कुछ नहीं अम्मा बस खेलते हुए थोड़ा पाँव फिसल गया था।" श्याम बड़ी सहजता से बताता है।

अम्मा बड़ी हैरानी के साथ कहती है, "थोड़ा पाँव फिसल गया था, दिमाग़ ख़राब है तेरा, ठीक से चला नहीं जा रहा तेरे से...दिखा तो ज़रा...बैठ यहाँ, मैं तेल में हल्दी मिलाकर लगा देती हूँ।"

"नहीं अम्मा, क्या हल्दी लगाकर मेरी टाँग पीली कर दोगी...आप चिन्ता न करो, मैं ठीक हूँ।" कहते हुए श्याम अपने फटे हुए जूते को उठाकर चिपकाने वाले सोलूशन से जोड़ने में लग जाता है।

अम्मा उसके फटे हुए जूते को देखकर समझ जाती है कि इस फटे जूते की वजह से ही उसका बेटा गिरा है, "तेरे पिता को कितनी बार कहा

था कि नया जूता ला दो, कहीं बेटा फटे जूते पहनकर गिर ना पड़े...पर वह मेरी सुनते ही कहाँ हैं...लग गयी न चोट...जब तक मैं उन्हें चिल्लाकर न कहूँ मेरी सुनते ही कहाँ हैं...आने दे तू उन्हें आज...।"

"नहीं अम्मा रहने दो, मैं इसे चिपका लूँगा और काम चला लूँगा।"

"जानती हूँ, तेरी तो आदत है फटे–पुरानों से गुज़ारा करने की।"

"कोई बात नहीं अम्मा, खेलने के लिए जूते की क्या ज़रूरत है, मैं तो नंगे पाँव में भी अच्छा खेल सकता हूँ।"

अम्मा अपने बेटे की मनोदशा को भाँप लेती है और प्यार से उसके सिर पर हाथ फेरती है, "तू हमेशा से ही ऐसा है, थोड़े में गुज़ारा करना तुझे ख़ूब आता है।"

"अम्मा असलम अंकल ने कहा था, बेटा, बनने के लिए सुविधाएँ नहीं हौसले की ज़रूरत होती है और जब रास्ता लम्बा हो और मक़सद बड़ा, तो गिरना ज़रूरी होता है वरना मंज़िल पर पहुँचने की ख़ुशी नहीं होगी।"

"तू इतना समझदार कैसे है रे...।" अम्मा अपने बेटे को लाड़ करती है।

"अपनी अम्मा का बेटा जो हूँ...।" श्याम भी अपनी अम्मा को बड़े लाड़ से कहता है।

अम्मा उसे अपने सीने से लगा लेती है और उसके माथे को चूमती है।

हौसले में वह तासीर है कि रत्ती भर मिल जाये,
तो मुश्किल नहीं रह जाता मंज़िल को पा लेना।।

•••

श्याम सुबह की पहली किरण निकलने से पहले ही उठकर होटल के टेनिस–कोर्ट में जा पहुँचता है और कोर्ट के चारों तरफ़ दौड़कर चक्कर लगाने लगता है। अपने टेनिस–रैकेट के साथ बॉल को डिरीबलिंग करते हुए दौड़ने लगता है। टेनिस खेल में अच्छी महारत हासिल करने के लिए डिरीबलिंग की प्रेक्टिस करना काफ़ी अच्छा माना जाता है।

इसी बीच कन्धे पर टेनिस बैग और हाथ में नाइके के जूतों का बैग लिए दीपिका अपने पापा के साथ वहाँ आ पहुँचती है और श्याम के डिरीबलिंग करने के अन्दाज़ को देखती रह जाती है। जब श्याम की

नज़र उस पर पड़ती है तो वह रुक जाता है और जाकर दीपिका के पापा के हाथ से टेनिस बैग लेकर लॉन–टेनिस–कोर्ट के साइड में पड़े बेंच पर रख देता है।

दीपिका के पापा, "काफ़ी अच्छी डिरीबलिंग कर लेते हो, टेनिस में लगता है कुछ करके दिखाना चाहते हो।"

"जी सर, मैं अपने असलम अंकल के सपनों को पूरा करना चाहता हूँ।"

"असलम अंकल, क्या सपने थे उनके?"

"वो चाहते थे कि मैं टेनिस में अपना नाम कमाऊँ...और विम्बलडन ट्रॉफ़ी जीतकर अपने देश का नाम रोशन करूँ।"

"और इसलिए आज से तुम ये शूज़ पहनकर खेलेंगे।" दीपिका अपने हाथ में पकड़ा हुआ जूतों का बैग श्याम को देती है।

श्याम नाइके के इतने महँगे जूते देखकर हैरान रह जाता है और वह समझ नहीं पाता उन जूतों के साथ क्या करे।

"पहनकर देखो...।" दीपिका के पापा आगे बढ़कर श्याम के कन्धे पर हाथ रखते हैं।

श्याम जूते बॉक्स में से निकाल कर बड़े गौर से देखता है। इस सारी प्रक्रिया में वह कुछ नर्वस हो रहा था। कभी उसे लगता कि उसे यूँ किसी से जूते नहीं लेने चाहिए किन्तु दीपिका और उसके फादर की भावनाओं का आदर करने का सोचकर चुप रह जाता है और उन जूतों को पहन लेता है।

"दैट्स गुड...अब तुम खेलते हुए कोर्ट में फिसलोगे नहीं...और हो सकता है तुम अपने असलम अंकल के सपने को भी पूरा कर पाओ।" दीपिका के फादर का चेहरा उनकी सौम्यता और अच्छेपन को दर्शाता था।

"थैंक्यू अंकल, आपने मेरे बारे में इतना सोचा।" श्याम दीपिका के पापा के पाँव छू लेता है।

"दैट्स लाइक ये गुड ब्वॉय...कमओन दीपिका लेट्स प्ले...।" दीपिका के पापा टेनिस कोर्ट की तरफ़ बढ़ जाते हैं।

"इन जूतों में अच्छे लग रहे हो...।" दीपिका श्याम से कहते हुए खेलने के लिए चल पड़ती है।

नये जूतों को पहनकर खेलने में श्याम की स्पीड बढ़ जाती है। टेनिस की गेंदों को उठाना और फिर कोर्ट में उतरकर एक से बढ़कर एक शॉट

मारना, श्याम का खेल में निपुणता हासिल करने को दर्शाता था। श्याम के साथ खेलने में दीपिका को बेहद अच्छा लगने लगा था। दीपिका को श्याम हर एक शॉट पर समझाता और उसमें एक अच्छे सह–खिलाड़ी की झलक पाता।

यह सच है, इरादे अगर पक्के हों और दिल में दृढ़ निश्चय हो तो इनसान को कामयाब होने से कोई नहीं रोक सकता। श्याम में कामयाबी की तरफ़ बढ़ने की झलक नज़र आने लगी थी। दीपिका उसके खेलने के अन्दाज़ की फैन हो चुकी थी और वह अपने पिताजी से श्याम को अण्डर ऐटीन टूर्नामेण्ट्स में खिलवाने की गुज़ारिश करती है। उसके पिता भी श्याम के खेल से मुतासिर होते हैं और उसको हर तरह से गाइड करने के लिए तैयार हो जाते हैं।

"श्याम तुम अच्छा खेलते हो, मैं चाहता हूँ कि तुम टूर्नामेण्ट्स में भाग लो और अपने खेलने की इस क़ाबिलियत का भरपूर फ़ायदा उठा सको।"

"उसके लिए मुझे क्या करना होगा अंकल?" –श्याम अपनी उत्सुकता दिखाता है।

"कुछ नहीं बस कल तुम अपनी एक फोटो लेकर आना, मैं तुम्हारा फार्म भर दूँगा और तुम्हें टूर्नामेण्ट में खेलने के लिए मिल जायेगा।"

"सच...मैं कल अपनी एक फोटो ले आऊँगा अंकल...।" श्याम यह जानकर बेहद खुश होता है।

"ओके...चलो दीपिका बेटा...आज के लिए इतना ही काफ़ी है मुझे भी मीटिंग्स में जाना है।"

दीपिका श्याम से हाथ मिलाकर वहाँ से चली जाती है, "बाय श्याम...आल द बेस्ट...।"

श्याम सकपकाता है और हाथ जोड़कर नमस्ते करता है। दीपिका मुस्कुराती है और अपने पापा के साथ वहाँ से चली जाती है।

•••

श्याम अपने दोस्तों के साथ बैठा हुआ है और उन्हें अपने टेनिस शूज़ दिखा रहा है।

मोनी अपने ही मज़ाकिया अन्दाज़ में कहता है, "क्या बात है श्याम बाबू...नाइके के कीमती जूते...।"

आशुतोष, "अपने को भी खेलने के लिए तेरे साथ चलना चाहिए था... ।"

श्याम बड़ी उत्सुकता के साथ उन्हें बताता है, "दीपिका के पापा ने बोला है कि मैं अण्डर ऐटीन टूर्नामेण्ट्स में खेलूँगा... ।"

"ओ चक्क दे फटे...मौका मिलते ही चौका मार देना मेरे यार... ।" मोनी बड़ी गर्मजोशी के साथ उसे गले लगा लेता है।

"बिल्कुल, अपनी जान लगा दूँगा, बस एक बार मौका मिल जाये... ।" श्याम की बात में फर्मनेस थी, वह अपने इरादों में मज़बूत नज़र आ रहा था।

"जब मैच होगा तो हमें भी बता देना...वहाँ आकर हंगामा कर देंगे... ।" आशुतोष ऐसे बात करता था जैसे बस कल ही मैच शुरू होने वाला है।

...सपनों को पकड़ने की चाह में छोटी–छोटी बातें उम्मीदों को क़रीब आते हुए दिखाने लगती हैं, मगर होता कुछ और ही है, सपने जितने क़रीब आते दिखने लगते हैं, वह फिर से उतने ही दूर जाने लगते हैं। क्या ऐसा श्याम के साथ भी होगा, यह तो वक़्त ही बतायेगा... ।

•••

सारा टेनिस–कोर्ट बच्चों और उनके साथ आये उनके माता–पिता से भरा हुआ था। मोनी और आशुतोष भी किसी तरह से उस जगह आ पहुँचते हैं। श्याम मैदान में उतरता है और उसके हाथ में असलम अंकल का टेनिस–रैकेट है। रेफरी के एनाउंसमेण्ट के बाद खेल शूरू होता है। टेनिस –कोर्ट में खेलते हुए श्याम को देखकर मोनी और आशुतोष बेहद ख़ुश होते हैं और उसके हर एक शॉट पर सीटियाँ मारते हैं। उनका चिल्लाना और सीटियाँ मारना सबको चौंकाता है, मगर वह बिना किसी की परवाह किये अपनी धुन में श्याम के एक–एक शॉट पर उछलते हैं और ज़ोर–ज़ोर से चिल्लाते रहते हैं। श्याम की स्फूर्ति टेनिस–कोर्ट के मैदान में देखते ही बनती है। कई बार तो श्याम का यही ओवर एक्साइटमेण्ट उसे गेम लूज़ करने की तरफ़ ले जाता था। लेकिन श्याम पहला राउण्ड जीत जाता है और जब वह दूसरे राउण्ड के लिए मैदान में उतरने लगता है तो उसके दोस्त उसे समझाते हैं कि वह सँभलकर खेले, क्योंकि उसे किसी भी हाल में जीतना होगा।

श्याम जब दूसरे राउण्ड में शॉट मारना शुरू करता है तो सामने वाले को ज़ीरो से हरा डालता है। उसका हर शॉट ऐसे जाता है जैसे बन्दूक से निकली हुई गोली जो बिल्कुल नज़र नहीं आती। श्याम के इस अन्दाज़ को देखकर दर्शक दंग रह जाते हैं और आपस में उसकी भरपूर तारीफ़ करते हैं। दीपिका भी अपने पिता के साथ दर्शकों में मौजूद थी, वह श्याम के बेहतरीन खेल को देखकर बेहद ख़ुश होती है और उछल–उछलकर ज़ोर–ज़ोर से तालियाँ बजाती है।

श्याम सामने वाले खिलाड़ी के छक्के छुड़ा देता है। तीसरा राउण्ड शुरू हो जाता है और इस बार श्याम पहला सेट हार जाता है, मोनी, आशुतोष और दीपिका की तालियाँ रुक जाती हैं।

दीपिका चिल्लाती है, "कमओन श्याम, हिट दा बॉल...।"

श्याम अपनी एक्साईटमेण्ट को सँभालता है और गहरी साँस लेकर अपने असलम अंकल को याद करता है। एकाएक श्याम के खेलने का अन्दाज़ खेल का रुख ही बदल डालता है और वह ऐसे–ऐसे शॉट मारता है कि सामने वाले खिलाड़ी को तो क्या, देखने वाले दर्शकों को भी बॉल दिखायी नहीं देती। इस तीसरे राउण्ड की आख़िरी सर्विस पर सब लोगों की साँसें ठहर जाती हैं और ज्यों ही श्याम अपनी सर्विस डालता है, सामने वाला वापस हिट करता है तो ऐसा लगता है मानो श्याम मिस कर जायेगा किन्तु श्याम ज़ोर से फिसलते हुए अपने टेनिस–रैकेट से ऐसा शॉट मारता है कि गेंद गोली की तरह सामने वाले खिलाड़ी के रैकेट से लगते हुए कोर्ट के बाहर चली जाती है।

चारों तरफ़ श्याम के जीतने पर बजती तालियों की गूँज सुनाई देती है। मोनी, आशुतोष और दीपिका ख़ुशी में उछलने लगते हैं और ज़ोर–ज़ोर से श्याम के लिए सीटियाँ बजाते हैं। श्याम को विनर घोषित किया जाता है और उसे अण्डर ऐटीन की ट्रॉफ़ी से सम्मानित किया जाता है।

•••

श्याम ने पहली बार अपनी और अपने खेल की तारीफ़ सुनी थी। अपने हाथ में ट्रॉफ़ी लेकर श्याम अपने घर आता है और अपनी अम्मा को सबसे पहले दिखाता है। माँ अपने बेटे की इस छोटी–सी कामयाबी को देखकर बेहद ख़ुश होती है और इस ख़ुशी के आलम में उसकी आँखों से आँसू

टपकने लगते हैं। श्याम अपनी अम्मा की आँखों में आँसू देखकर पूछता है, "अम्मा आप रो क्यों रही हैं?"

अम्मा अपने आँसुओं को पोंछते हुए, "नहीं बेटा, मैं रो नहीं रही हूँ...ये तो ख़ुशी के आँसू हैं।"

"ख़ुशी के आँसू क्यों...।" श्याम अचरज से पूछता है।

"ग़रीब का बच्चा जब कामयाबी के रास्ते पर पहला क़दम बढ़ाता है तो इन आँसुओं का बहना लाजमी हो जाता है।" श्याम की अम्मा के आँसुओं के पीछे ग़रीबी का दर्द छिपा नज़र आता है।

इसी बीच श्याम का बापू घर में दाख़िल होता है। श्याम ने अपनी ख़ुशी, जिस गर्मजोशी के साथ अपनी माँ से बाँटी थी, वह बापू से नहीं बाँट पाता। उसकी अम्मा श्याम की ट्रॉफ़ी उन्हें दिखाती है। बापू कुछ देर ट्रॉफ़ी की तरफ़ देखता है फिर श्याम और उसकी माँ की तरफ़, मगर कुछ बोलता नहीं।

अम्मा बोल पड़ती है, "हमारे बेटे ने ये ट्रॉफ़ी जीती है।"

बापू हैरान होता है, "ट्रॉफ़ी...जीती है, ये सब क्या है?"

"वो क्या है, इसने लॉन–टेनिस के मैच में ये ट्रॉफ़ी जीती है...।" अम्मा थोड़ा सकपकाती है क्योंकि वह जानती थी श्याम के बापू को उसके खेल के बारे में इतनी जानकारी नहीं है।

"इसे बेचकर ये स्कूल की फीस भर सकता है...अपने लिए कपड़े, पेट भरने के लिए राशन खरीद सकता है...बहुत मिलती हैं ये ट्रॉफियाँ कबाड़ी की दुकान पर...मैंने मना किया था न कि इस खेल–वेल के चक्कर में नहीं पड़ना है...सीधी तरह से स्कूल जा रहा है कि नहीं...?" –श्याम का बापू उसकी सारी ख़ुशी पर पानी फेर देता है।

"क्या बात कर रहे हैं आप...हमारा बेटा लॉन–टेनिस में जीता है, ये कोई गुल्ली–डण्डा नहीं है, जो गली–मोहल्ले में यूँ ही खेल लिया जाता है, बड़े–बड़े लोग इसे खेलते हैं, अमीरों का खेल मानते हैं इसे...।" श्याम की अम्मा अपने बेटे की तारीफ़ में एक ही साँस में बात कह डालती है।

"तो ऐसा कर तू भी इसके साथ जाकर लॉन–टेनिस के मैदान में बैठ जा और बोल अमीरों के खेल में जीता है, कोई हमें रोटी खिला दो...। बेकार की बातें बहुत हैं इस दुनिया में करने को जो ये खेल–वेल में उलझी रहती है तू इस निकम्मे के साथ...चल जाकर खाना ला...और तू मिस्टर खिलाड़ी,

ये ट्रॉफ़ी लेकर रख दे कहीं कोने में और सीधी तरह अपनी पढ़ाई में लग जा, समझा...!" श्याम अपने बापू का ये तेवर देखकर हैरान हो जाता है।

ज्यों ही बापू वहाँ से जाता है श्याम अपनी अम्मा से कहता है, "अम्मा, लगता है मुझे ये घर छोड़कर जाना होगा।"

अम्मा अपने बेटे की इस बात से भावुक हो जाती है, "अपनी अम्मा को जीते-जी मार देना चाहता है।"

"पर अम्मा मैं इस तरह से कैसे अपने खेल को आगे बढ़ा पाऊँगा।"

"तू चिन्ता मत कर, मैं हूँ न तेरे साथ...।" वह बड़े प्यार से उसके सिर पर हाथ फेरती है।

"बापू ऐसे क्यों हैं।" श्याम अपने बापू के व्यवहार को लेकर चिन्तित है।

"बात वह नहीं है बेटा, भूल गया तेरे असलम अंकल भी कहते थे, कामयाबी का रास्ता हमेशा मुश्किलों से भरा होता है, तुझे हिम्मत नहीं हारनी है बल्कि मज़बूती के साथ आगे बढ़ना है।"

"सो तो है अम्मा...मैं अब रुकने वाला नहीं हूँ, चाहे कितनी ही मुश्किलें क्यों न आगें।" श्याम की बात में एक दृढ विश्वास नज़र आता है।

•••

अगले दिन हर रोज़ की तरह होटल के टेनिस-कोर्ट के लिए श्याम निकल पड़ता है। बेहद ख़ुश श्याम अपने साथ वह ट्रॉफ़ी भी लेकर आता है जो उसने मैच में जीती थी। किन्तु आज उसे लॉन-टेनिस के मैदान में जाने से रोक दिया जाता है। गार्ड उसे गेट पर रोकते हुए कहता है, "आज तुम यहीं रुको, जब बॉल-ब्वॉय ओमी आ जायेगा तब अन्दर जाना।"

श्याम अपने हाथ की ट्रॉफ़ी उसे दिखाता है, "ये देखो, कल मैंने मैच जीता था।"

गार्ड उसके हाथ से ट्रॉफ़ी ले लेता है और रख लेता है, "अच्छी है ये ट्रॉफ़ी...इसे यहाँ रखो, बाद में साहब को देते हैं।"

"साहब को देनी नहीं है, ये मैंने जीती है, मेरी है...मैं तो बस दिखाने लाया हूँ...।"

"हाँ...हाँ, तुमने जीती है, तुम्हारी है...पर अभी रखो, बाद में देखते हैं।" गार्ड उसे बड़े प्यार से समझाता है।

इसी बीच ओमी वहाँ आ पहुँचता है और आते ही वह श्याम पर बरसता है, "अबे किसने तुझे कहा था कि जाकर मैच में खेलना।"

"क्यों, क्या हुआ?" श्याम बड़े अचरज से पूछता है।

"बहुत अच्छे बेटा, तेरे चक्कर में मेरी नौकरी चली गयी...बड़े साब को पता चल गया कि कोई श्याम नाम का यहाँ आकर मुफ़्त में खेलता है।"

"वो तो आपने ही कहा था, यहाँ बॉल–ब्वॉय का काम करने के लिए।"

"हाँ कहा था, बॉल–ब्वॉय का काम करने के लिए, मैदान में उतरकर खेलने के लिए नहीं...।" ओमी उसे डाँटता है।

"पर हमारी तो बात हुई थी, तभी तो मैं यहाँ आपके लिए काम करता था।" श्याम अपने भोले अन्दाज़ में कहता है।

"अब आना मेरे लिए काम करने...सड़क पर झाड़ू लगवाता हूँ...अबे साले तेरा ट्रॉफ़ी जीतना मेरे लिए भारी पड़ गया, सबको पता चल गया कि तू यहाँ खेलकर, मैच जीता है।" ओमी की बातों में झुँझलाहट थी।

"तो इसमें बुरी बात क्या है, इस होटल का भी तो नाम हुआ है।"

"हाँ नाम तो हुआ है और ये ट्रॉफ़ी भी अब यहीं होटल में ही रहेगी...।" ओमी ट्रॉफ़ी को अपने हाथ में उठा लेता है।

"क्या मतलब...।" श्याम हैरान होता है।

"मतलब सीधा है, तूने ये ट्रॉफ़ी यहाँ के मैदान में खेलकर जीती है, अब तू यहाँ से निकल जा, दोबारा कभी यहाँ नज़र मत आना...।" ओमी उसे धक्का देता है।

"आप ऐसा नहीं कर सकते हैं मेरे साथ...।" श्याम की झुँझलाहट बढ़ जाती है।

"ज़्यादा परेशान होने की ज़रूरत नहीं है, मेरी नौकरी भी तो चली गयी है तेरे चक्कर में...ज़्यादा करेगा तो यहाँ खेलने की फीस भी माँग लेंगे...चल जा अब यहाँ से...वरना झूठ के चक्कर में बुरी हालत कर देंगे तेरी...।" ओमी अपना मूड बदलता है और उसे आराम से समझाने लगता है।

श्याम को मानो बेहोशी छाने लगी थी, उसे ओमी जो कह रहा था, ठीक से समझ नहीं आ रहा था, "प्लीज़, ऐसा मत करो, ये ट्रॉफ़ी मेरी जान से बढ़कर है, मुझे लौटा दो...।" कहते हुए श्याम अपनी ट्रॉफ़ी को लेने की कोशिश करता है।

गार्ड उसे पीछे की तरफ़ धक्का देता है। ओमी उसे अपने साथ

लेकर जाने लगता है, "चल, तू मेरे साथ, अपनी जान को इस ट्रॉफ़ी के चक्कर में दाँव पर मत लगा।"

श्याम रोने लगता है, मगर कोई उसकी नहीं सुनता और उसे वहाँ से भगा दिया जाता है। ओमी अपनी ही परेशानी में ट्रॉफ़ी को लेकर होटल के मैनेजर से मिलने चला जाता है।

●●●

अपने साथ हुए इस हादसे से श्याम को ये तो पता चल ही गया था कि ग़लत तरीक़े से कुछ करना या किसी के ग़लत तरीक़े को अपनाकर कुछ पा लेना, महज़ खोने के ही बराबर है। श्याम ने ओमी के ग़लत तरीक़े को अपनाकर अपने मक़सद को एक हद तक पाया, मगर उसे पाकर जल्द खो भी दिया। जीवन का हर अच्छा–बुरा रास्ता इनसान को कुछ--न–कुछ सिखाता है। श्याम ने भी होटल के टेनिस कोर्ट में राजू की जगह लेकर बॉल–ब्वॉय का काम करते हुए मौक़ा पाकर खेल की प्रेक्टिस की और मैच जीतकर ट्रॉफ़ी तक हासिल कर डाली, जो आख़िर में उसके हाथ से छीन भी ली गयी। मगर इन सब के बावजूद श्याम ने इस उतरते–चढ़ते रास्ते से गुज़रकर ऐसा अनुभव किया था, जिसे वह कभी भुला नहीं पायेगा।

कुदरत का अपना तरीक़ा होता है, एक तरफ़ ख़ुशियाँ मिलती हैं तो दूसरी तरफ़ दुःख के बादल घिर आते हैं। श्याम कोई औरों से अलग नहीं, एक तरफ़ उसे मैच जीतने की ख़ुशी मिलती है तो दूसरी तरफ़ पिता की डाँट और फिर टेनिस–कोर्ट से अलग हो जाने का दुःख भी। इन सबसे कहीं बड़ा तो दुःख उसे इस बात का होता है कि उसकी ट्रॉफ़ी तक उसके हाथ से छीन ली जाती है।

ज़मीन को जितना दबाओ, उसके पास की ज़मीन उतनी ही ऊपर उठ जाती है। श्याम के हिस्से में आये दुःख और ख़ुशियों की बारिश उसे गीला तो करती है, मगर डुबा नहीं पाती। वह अपने मन में दृढ़ निश्चय कर लेता है, कुछ भी हो जाये वह अपने खेल को हर हाल में जारी रखेगा और एक दिन इस ट्रॉफ़ी से भी बड़ी ट्रॉफ़ी जीतकर दिखायेगा। वह भी एक ऐसी ट्रॉफ़ी जिसकी कीमत लाखों में नहीं करोड़ों में लगायी जाती

है। रास्ता भले मुश्किल था, मगर श्याम का हौसला अब पहले से कहीं और ज़्यादा पुख़्ता हो चुका था।

रास्ता जितना तय कर लिया जाता है, उससे कहीं ज़्यादा रह भी जाता है। श्याम ने अपने अंकल असलम ख़ान के बताये हुए रास्ते पर चलकर लॉन–टेनिस में अपना एक मुक़ाम हासिल तो किया था मगर उसकी मंज़िल अभी बहुत दूर थी। वह हमेशा से उस क्षितिज की तरफ़ देखता था जो पा लेने के बाद भी उतनी ही दूर नज़र आता है जितना वह पहले दिखायी देता है। जीवन का ये सच उन पर लागू नहीं होता जो अपने इरादों में पक्के होते हैं और श्याम उनमें से एक है। लॉन–टेनिस के मैदान तक पहुँचना, अपनी मेहनत और लगन से मैच में हिस्सा लेना और जीतकर अपने आपको भीड़ से अलग खड़ा कर लेना श्याम की कामयाबी का पहला पड़ाव था।

●●●

15

श्याम अपने घर की छत पर बैठा आज चाँद–तारों से बातें नहीं कर रहा था बल्कि कुछ काग़ज़ के पन्नों को लेकर बैठा हुआ उन पर कुछ लकीरें खींच रहा था। आज का चाँद पूर्णिमा का पूरा चाँद था जो अपने प्रकाश से पूरी फ़िज़ा में रोशनी फैलाये हुए था। श्याम इन लकीरों में अपने असलम अंकल की तस्वीर ढूँढ़ने की कोशिश कर रहा था। धीरे–धीरे उसके मन में दौड़ती असलम की यादें एक तस्वीर का रूप ले लेती हैं। श्याम सफ़ेद काग़ज़ के पन्ने पर असलम की तस्वीर बना डालता है और उससे अपने मन की बातें कहता है। ठीक वैसा होता है, **जैसा** सदियों पहले प्रेमी अपनी प्रेमिका की तस्वीर या बुत बनाकर उसके साथ जिया करते थे। मगर यहाँ श्याम न प्रेमी था और न ही प्रेमिका। उसके लिए तो असलम अंकल उस द्रोणाचार्य की तरह था जिसे अपना गुरु मानकर धनुर्धर एकलव्य ने भी उनकी मूर्ति बनायी और उसे ही अपने समक्ष रखकर उसकी पूजा की और उस युग का बेहतरीन तीरन्दाज़ बनकर दिखाया।

श्याम अपने दोस्तों से कई दिनों से नहीं मिला था। इस बात को लेकर मोनी और आशुतोष काफ़ी नाख़ुश थे। वह श्याम को ढूँढ़ते हुए नदी के उस किनारे पर आ पहुँचे थे, जहाँ पर श्याम बैठा अपने अंकल असलम की तस्वीर से बातें कर रहा था... "मैं जानता हूँ कि आपको ये अच्छा नहीं लगेगा कि मैं इतना उदास और परेशान क्यों हूँ, मगर मैं करूँ भी तो क्या करूँ, जो राह आपने दिखायी थी उसकी मंज़िल तक पहुँचना मेरे लिए मुश्किल हो गया है, खेलना चाहता हूँ, मगर कहाँ खेलूँ?"

मलंग नदी में डुबकी लगाकर बाहर निकलता है और श्याम के करीब जाकर ज़ोर–ज़ोर से गाता है...

...आसां होते हैं रास्ते अगर राह अपनी चाहत से मिल जाये,
मज़ा तो तब है जब मुश्किलों से जूझकर मंज़िल तू पा जाये।।

श्याम मलंग की बात को समझता है, इससे पहले कि वह कुछ कहता मलंग हमेशा की तरह वहाँ से चला जाता है। रास्ते में सामने से मोनी और आशुतोष आते हुए नज़र आते हैं। वह दोनों मलंग से टकराते हैं जो गाता हुआ जा रहा था। मोनी अपने आपको रोक नहीं पाता और मलंग से पूछ लेता है, "मलंग बाबा आपने श्याम को कहीं देखा है?"

मलंग अपनी ही धुन में कहता है, "बैठा नहीं है तन्हा वह, तुम्हारा क्यों है मन ये खाली, जो ढूँढ़ते फिर रहे हो तुम सब मवाली...।।"

मोनी और आशुतोष उसकी इस बात को कुछ समझ नहीं पाते और उसे अचम्भे की नज़रों से देखते रह जाते हैं और नदी के किनारे की तरफ़ चल पड़ते हैं। मोनी एक पत्थर पर बैठे श्याम को देख लेता है, "आशु, वो देख भाई वह बैठा है अपना खिलाड़ी...।"

आशुतोष भी उसे इस तरह से उदास बैठा देखकर, "लगता है नदी में कूदने की तैयारी से उस पत्थर पर बैठा है।"

मोनी, "इतना कमज़ोर नहीं है अपना खिलाड़ी, जो मुश्किलों से इस तरह डर जाये...उसके पास जीवन में एक मक़सद है, मरते तो वह हैं जो बेमक़सद जिया करते हैं।"

श्याम भी अपने दोस्तों मोनी और आशुतोष को अपनी तरफ़ आते देख लेता है। अपने हाथ में पकड़ी असलम की तस्वीर को श्याम अपनी जेब में रखने लगता है, इसी बीच वह दोनों वहाँ आ पहुँचते हैं।

मोनी उसे जेब में कुछ रखते हुए देख लेता है, "क्या छुपा रहा है?"

आशुतोष आगे बढ़कर उसकी जेब की तरफ़ हाथ बढ़ाता है, "दिखा हम भी तो देखें क्या है?"

श्याम पीछे की तरफ़ हटता है, "कुछ नहीं है, तुम ये बताओ यहाँ क्यों आये हो?"

मोनी ग़ुस्से के भाव से कहता है, "तेरा कुछ अता–पता नहीं है, कब और कहाँ जाता है, क्या करता है, कुछ समझ नहीं आ रहा था अपने को...भाई बस इतना बता दे कि तेरा इरादा क्या है...टेनिस के चक्कर में अपनी लाइफ़ को यूँ ख़राब मत कर।"

"ऐसा कुछ नहीं है, तुम मेरी चिन्ता मत करो।" श्याम अपनी परेशानी उन्हें नहीं बताना चाहता था।

"अच्छा है, जी–जान लगाकर हम बंजर ज़मीन को तेरे खेलने का मैदान बनायें और होटल में जाकर तेरे लिए लड़ाई–झगड़ा करें और तू कहता है, मेरी चिन्ता मत करो।" मोनी को ग़ुस्सा आ जाता है।

आशुतोष भी ग़ुस्से में कहता है, "जनाब मैच क्या जीत गये अपने आपको बड़ा खिलाड़ी समझने लगे हैं, अब तो इसका बड़े–बड़े लोगों से पाला पड़ता है, हम लोग तो अब इसके स्टैण्डर के नहीं रहे हैं जो हमसे ये अब सीधे मुँह बात करे।"

श्याम को उनकी ये बातें पसन्द नहीं आतीं, "बेकार की बकवास बन्द करो, जब तुम्हें सच मालूम न हो तो कुछ भी बकने की ज़रूरत नहीं है।"

"ऐसा क्या सच है, ज़रा हमें भी तो पता चले...।" मोनी उससे जानने की कोशिश करता है।

"क्या करोगे जानकर, दुःख होगा...।" श्याम बात को टालना चाहता है।

"दोस्त हैं तेरे, अगर कोई परेशानी है तो क्या हमें उसमें शामिल नहीं करेगा।" आशुतोष अपनापन जताता है।

"होटल के मैदान से मुझे निकाल दिया गया है और जो ट्रॉफ़ी मैंने जीती थी, वह भी उन्होंने छीन ली है।"

"ऐसा कैसे कर सकते हैं वो...?" आशुतोष हैरान होता है।

"उनके मैदान पर खेलने की वजह से जीती हुई ट्रॉफ़ी पर उनका हक़ है, ऐसा कहकर मुझे वहाँ से धक्के देकर बाहर निकाल दिया गया।" श्याम अपने साथ हुई घटना को बयान करता है।

"ये तो सरासर बेइंसाफ़ी है, चल हम चलकर बात करते हैं, ऐसे कैसे कर सकते हैं वो लोग।" मोनी को श्याम की बातें सुनकर ग़ुस्सा आता है।

"कोई फ़ायदा नहीं...बड़े लोगों से उलझना हमारे बस की बात नहीं है।" श्याम यह कहकर कहीं अपने–आपको भी दिलासा देता है।

मोनी उसकी बात को समझता है, "वैसे तू ठीक कह रहा है, ख़ैर कोई बात नहीं...मेरी बीजी कहती है कि पुत्तर ऊपर वाला अगर इक दरवाज़ा बन्द करदा है ते दूजे कई दरवाज़े खोलदा भी है।"

श्याम भी मोनी की बीजी की बात से सहमत होता है, "तेरी बीजी ठीक ही कहती होगी।"

आशुतोष श्याम के हाथ में पकड़े उस काग़ज़ को लेकर देखता है

और असलम की तस्वीर को देखकर चौंकता है, "ये...असलम अंकल की तस्वीर तूने बनायी है...? कमाल है यार, ऐसा लग रहा है, जैसे अभी तस्वीर से बाहर आकर हमसे बातें करने लगेंगे।"

मोनी भी देखकर हैरान होता है, "कमाल का कलाकार है तू श्याम, कैसे कर लेता है ये सब...।"

"मेरा मानना है कि हम सब कोई–न–कोई तस्वीर अपने भीतर लेकर चलते हैं, बस उसे पहचानकर काग़ज़ पर उतारने की ज़रूरत होती है।" श्याम की बातों में बड़ों की तरह गम्भीरता और सोच नज़र आती है।

मोनी उसके कन्धे पर दोस्त की तरह हाथ रखता है, "ये बात तो सही है और ये भी सही है कि तू हम सबसे अलग है और कुछ अलग ही बनकर दिखायेगा।"

...श्याम अपने अंकल असलम की तस्वीर को अपनी जेब में रख लेता है। कभी–कभी कुछ बातें अधूरी ही रह जाती हैं और इन्हीं अधूरी बातों को लेकर इनसान जीवन की राहों पर चलता है, तो कभी ठहर सा जाता है। श्याम और उसके दोस्त भी इन्हीं आधी–अधूरी बातों को लेकर ठहर से जाते हैं।

•••

16

स्कूल ऑफ़ सोशल वर्क्स की बस बस्ती में आकर रुकती है और उसमें से कुछ स्टूडेण्ट्स उतरते हैं। स्कूल ऑफ़ सोशल वर्क्स में पढ़ने वाले स्टूडेण्ट्स को अपने कोर्स को पूरा करने के लिए टास्क दिया जाता है, जिसके तहत उन्हें किसी ग़रीब बस्ती में जाकर वहाँ के बच्चों को पढ़ाना और उन्हें उनके अपने टेलेण्ट को लेकर आगे बढ़ने की प्रेरणा देनी होती है। इन स्टूडेण्ट्स में कुछ लड़के हैं और कुछ लड़कियाँ जो सबसे पहले उस बस्ती की उस चाय की दुकान पर जाते हैं, जहाँ पर अकसर उस बस्ती के बड़े–बूढ़े लोग आकर देश की राजनीति पर चर्चा किया करते हैं। वहाँ आकर वे लोग सबसे पहले चाय का ऑर्डर करते हैं और फिर अपने टास्क के बारे में उस दुकानदार से पता लगाते हैं कि उस बस्ती का खास आदमी कौन है जिसकी सब लोग बात मानते हों ताकि वह अपने कॉलेज के टास्क को सही तरीक़े से शुरू कर सकें। वहाँ उन्हें पता चलता है, उस बस्ती में एक कम्युनिटी सेण्टर है जहाँ पर उस बस्ती में होने वाली शादियाँ आदि हुआ करती हैं और उसी कम्युनिटी सेण्टर में उन्हें कुछ लोग बैठे हुए मिलेंगे जो उन्हें उनके कार्य को ठीक से सही दिशा–निर्देश के साथ प्रारम्भ करवाने में उनकी मदद कर सकते हैं।

वे लोग कम्युनिटी सेण्टर पर जा पहुँचते हैं और वहाँ पर बैठे एक बुजुर्ग व्यक्ति से उस बस्ती के बारे में बातचीत करते हैं। वहाँ उन्हें पता चलता है कि बस्ती के बहुत कम बच्चे ही स्कूल जाते हैं और जो जाते भी हैं वह एक ऐसे सरकारी स्कूल में जाते हैं जहाँ पर न ठीक से बैठने की कोई व्यवस्था है और न ही स्कूल में पूरी तरह से अच्छे टीचर ही हैं। कभी–कभी तो स्कूल का चपरासी ही बच्चों को पढ़ाने लग जाता है।

स्कूल ऑफ़ सोशल वर्क्स के स्टूडेण्ट्स के लिए सबसे पहली बड़ी समस्या यह थी कि किस तरह से बच्चों को एक जगह पर इकट्ठा किया जाये। वह पहले यह तय करते हैं कि वे लोग घर–घर जाकर बच्चों से मिलेंगे और उन्हें अंग्रेज़ी पढ़ाना शुरू करेंगे। उनमें से एक लड़की सलाह देती है कि बेहतर होगा वह उस बस्ती के उस मैदान की तरफ़ जायें जहाँ पर बच्चे खेलते हैं ताकि वहाँ उन सबसे मिलकर उनसे पहले दोस्ती की जाये और फिर उन्हें अपने टास्क के तहत पढ़ाया जाये या फिर उनकी काबिलियत के हिसाब से उन्हें सही दिशा–निर्देश दिया जाये। उनमें से कुछ मैदान की तरफ़ जाने का फ़ैसला करते हैं तो कुछ घर–घर जाकर बच्चों के माँ–बाप से मिलकर उनके बच्चों के बारे में जानने की कोशिश करते हैं।

बस्ती के मैदान में पहुँचकर उन्हें कुछ बच्चे मिलते हैं, मगर उनमें से कोई भी स्कूल नहीं जाता है। वहीं दूसरी तरफ़ घर–घर जाकर यह पता चलता है कि बस्ती में काफ़ी बच्चे हैं जो स्कूल तो जाते हैं मगर पढ़ाई में ज़्यादा अच्छे नहीं हैं। इन्हीं लोगों में से कुछ लोग श्याम के घर भी आते हैं, वहाँ उनकी मुलाक़ात श्याम की अम्मा से होती है, जो उन्हें बताती है कि उसका बेटा पढ़ाई से ज़्यादा लॉन–टेनिस के खेल में खुश रहता है। एक ग़रीब बस्ती में रहने वाला बच्चा भला लॉन–टेनिस जैसे खेल को खेलने के बारे में इतनी उत्सुकता रखता है, इस बात को जानकर स्कूल ऑफ़ सोशल वर्क्स के उन स्टूडेण्ट्स को हैरानी होती है। वह श्याम से मिलने की उत्सुकता ज़ाहिर करते हैं किन्तु उसकी अम्मा उन्हें बताती है कि वह घर पर नहीं है।

उधर दूसरी तरफ़ श्याम अपने लॉन–टेनिस के रैकेट के साथ खेल रहा था, उसके सामने कोई दूसरा खिलाड़ी नहीं था बल्कि मन्दिर के पिछले हिस्से की वह दीवार थी जहाँ कोई नहीं आता था, वहीं पर श्याम अपने रैकेट से लॉन–टेनिस की गेंद को मार रहा था और गेंद दीवार से लगकर वापस उसकी तरफ़ आती थी जिसे वह फिर मारता और ये सिलसिला चलता रहता है। भले ही अब श्याम के लिए कोई लॉन–टेनिस कोर्ट न हो किन्तु उसने अपने टेनिस खेलने का यह एक अच्छा तरीक़ा निकाल लिया था। ये सच है दिल में अगर चाह हो तो इनसान उसे पाने के लिए कोई–न–कोई रास्ता निकाल ही लेता है।

स्कूल ऑफ़ सोशल वर्क्स के स्टूडेण्ट्स बस्ती के बच्चों के बारे में जानकारी हासिल कर लेते हैं और उनके माँ–बाप को अपने–अपने बच्चों को कम्युनिटी सेण्टर भेजने की प्रार्थना करते हैं। ग़रीब बस्ती में जब कोई आकर बड़ा बनने के सपने दिखाता है या उसकी बात भी करता है तो वहाँ के लोगों में उम्मीद के फूल खिलने लगते हैं। मोनी और आशुतोष अपने बाकी दोस्तों के साथ मिलकर उन लोगों के साथ घुल–मिल जाते हैं और अगले दिन से सब उनसे अंग्रेज़ी पढ़ने के लिए तैयार हो जाते हैं। श्याम को अपने साथ लेकर आने की बात भी वह आपस में करते हैं। बस्ती के बच्चे उन स्टूडेण्ट्स को आपस में जब अंग्रेज़ी में बातें करते हुए सुनते हैं, तो हैरानी से उनकी तरफ़ देखते रहते हैं। वैसे भी अंग्रेज़ी भाषा इस ग़रीब बस्ती में रहने वालों के लिए तरक्की और कामयाबी की निशानी मानी जाती थी। हर अंग्रेज़ी बोलने वाला इनसान उन्हें अपने से कहीं ज़्यादा अमीर और बेहतर ज़िन्दगी जीने वाला लगता था, उस भाषा की कमी उन्हें पिछड़े और ज़ाहिल होने का एहसास दिलाती थी। इन्हीं सब कोम्पलेक्स से बाहर निकलने की उम्मीद में सब बच्चे और उनके माता–पिता उनसे अपने बच्चों को पढ़ाने के लिए तैयार हो जाते हैं।

•••

स्कूल की छुट्टियाँ चल रही थी और ऐसे में सोशल वर्क्स के स्टूडेण्ट्स जब बस्ती में पढ़ाने के इरादे से पहुँचते हैं तो वहाँ के बच्चों को पहले तो थोड़ी परेशानी सी लगती है, मगर घर के प्रेशर की वजह से ज़्यादातर बच्चे बस्ती के उस कम्युनिटी सेण्टर में इकट्ठे हो जाते हैं, जहाँ पर उन्हें अंग्रेज़ी पढ़ाई जाने वाली थी। मोनी, काले, राजू, आशुतोष और श्याम भी वहाँ आ पहुँचे थे। एक–एक करके सब बच्चों से पहले बातचीत की जाती है और उनसे उनके सपनों के बारे में बात की जाती है। कोई बच्चा डॉक्टर, कोई इंजीनियर, कोई सरकारी नौकरी, कोई पुलिसवाला, तो कोई नेता बनना चाहता है। मगर जब श्याम से पूछा जाता है तो वह बताता है कि वह सिर्फ़ बेहतरीन लॉन–टेनिस खिलाड़ी बनना चाहता है और इस खेल में कामयाबी हासिल कर अपने असलम अंकल से किये हुए वादे को पूरा कर उनके सपने को पूरा करना चाहता है।

स्कूल ऑफ़ सोशल वर्क्स के लोगों को जब श्याम के लॉन–टेनिस के बारे में पता चलता है तो वह उसे अपने कॉलेज के ग्राउण्ड में खेलने की परमिशन दिलाने की बात करते हैं और साथ ही उसे अपने कॉलेज के स्पोर्ट्स टीचर से मिलवाने के बारे में भी कहते हैं। श्याम को अपने सपनों को पाने के लिए फिर से पंख मिल जाते हैं। वह उत्साह के साथ उनसे अगले दिन कॉलेज आने की बात करता है और बेहद ख़ुश होता है।

•••

17

अगले दिन एक नयी उम्मीद के साथ श्याम स्कूल ऑफ़ सोशल वर्क्स जा पहुँचता है और वहाँ उसकी पहली मुलाक़ात कॉलेज के गार्ड से होती है जो उसे अन्दर जाने से रोक देता है, "ऐ किधर जा रहा है...? ये बड़ा कॉलेज है कोई सरकारी स्कूल नहीं जो मुँह उठाया और अन्दर घुसे चले गये।" गार्ड अपना रौब दिखाता है।

श्याम सकपकाता है और वहीं रुक जाता है, "अंकल मुझे मैडम...वो क्या नाम था...लम्बी–सी...चश्मा लगाती हैं...यहाँ की टीचर...उन्होंने आने के लिए कहा था...हमारी बस्ती में पढ़ाने के लिए आये थे तो सब...।"

गार्ड थोड़ा कनफ्यूज़ होता है, "तू क्या बोल रहा है, मेरी समझ से बाहर है...अब तू यहाँ से बाहर निकल ले, मेरा दिमाग़ मत खाना...।"

श्याम को समझ नहीं आ रहा था कि वह क्या करे, "मेरा नाम श्याम है, मैं नदी किनारे वाली बस्ती में रहता हूँ...यहाँ के लोग हमारी बस्ती में पढ़ाने के लिए आये थे...उन्होंने मुझे यहाँ आने को बोला था...मैं लॉन–टेनिस खिलाड़ी बनना चाहता हूँ...।"

"तेरे बारे में नहीं पूछा है मैंने, जो तोते की तरह बके जा रहा है...लॉन में सफ़ाई कर तू पहले जाके...बड़ा लॉन–टेनिस खिलाड़ी बनने की बात कर रहा है...अबे नदी किनारे रहवे है तो जाकर वहीं दिखा अपनी ये मजनूंगीरी ...यहाँ क्यों मेरा दिमाग़ चाट रहा है...।" गार्ड बड़ी बेदर्दी से पेश आ रहा था।

श्याम उस गार्ड के इस तरह के रवैये को देखकर काफ़ी मायूस हो जाता है और वहाँ से वापस चल पड़ता है। कॉलेज के गेट से निकलकर जब श्याम जा रहा था, इसी बीच सामने से आती हुई एक कार उसके पास आकर रुकती है और उसमें से वही चश्मे वाली मैडम उसे बुलाती है, "अरे तुम कहाँ जा रहे हो?"

श्याम उन्हें देखकर चौंकता है और उनसे कहता है, "नमस्ते मैडम...वो वहाँ गार्ड ने अन्दर जाने नहीं दिया और वह कह रहा था कि यहाँ कोई आप जैसी टीचर नहीं हैं।"

वह हँसती है, "अरे मैं कोई यहाँ टीचर नहीं हूँ, ख़ुद यहाँ पढ़ती हूँ...तुम चलो मेरे साथ।"

श्याम सकपकाते हुए कार में बैठ जाता है और कार कॉलेज के गेट से होती हुई अन्दर चली जाती है।

"गार्ड को मेरा नाम बताना है।"

श्याम सकपकाते हुए पूछता है, "मेरे को आपका नाम...?"

"भूल गये तुम, मोनिका...अगली बार कोई रोके तो बोल देना मैंने आने को बोला था।"

वही गार्ड जो श्याम को रोक रहा था, अन्दर आती हुई कार को देखकर सैल्यूट करता है और श्याम को कार में देखकर हैरान भी होता है। श्याम भी अन्दर से मुस्कुराते हुए हाथ हिलाता है।

•••

श्याम को लेकर मोनिका सीधा अपने कॉलेज के ग्राउण्ड की तरफ़ जाती है, जहाँ पर स्पोर्ट्स टीचर से उसे मिलवाती है, "हैलो रवि सर, ये श्याम है... ।"

श्याम भी हाथ जोड़कर नमस्ते करता है, "नमस्ते सर।" स्पोर्ट्स टीचर उसकी तरफ़ देखता है।

मोनिका अपने स्पोर्ट्स टीचर से कहती है, "सर ये लॉन–टेनिस खेलता है और उसमें अपना कैरियर बनाना चाहता है।"

"दैट्स गुड...वट हाऊ केन आई हेल्प हिम?" स्पोर्ट्स टीचर रवि बड़ी तन्मयता से पूछता है।

"जहाँ ये रहता है वहाँ खेलने का ग्राउण्ड नहीं है...मैं चाहती हूँ आप इसे यहाँ कॉलेज के ग्राउण्ड में खेलने की परमिशन दे दीजिए ताकि ये अपनी प्रेक्टिस कर सके।"

"वट हाऊ इटीज़ पोसिबल मोनिका, यू नो दी रूल्स...कॉलेज में कोई बाहर से आकर नहीं खेल सकता।"

"आई नो सर, बट हमारे इस स्कूल ऑफ़ सोशल वर्क्स की यही तो

खासियत है कि हम सोसाइटी के लिए काम करते हैं, ग़रीब बस्तियों में जाकर वहाँ के लोगों को अपना टेलेण्ट पहचानकर आगे बढ़ने की प्रेरणा देते हैं...और इस बच्चे में हम लोगों ने अपने रिसर्च के टास्क के दौरान पाया था कि इसमें लॉन–टेनिस का खिलाड़ी बनने का टेलेण्ट है ही नहीं बल्कि उसे पाने का जुनून और मक़सद भी है...इसलिए हम चाहते हैं कि ये यहाँ इस ग्राउण्ड में आकर अपने खेल को आगे बढ़ाये।" मोनिका जिस भाव से अपनी बात कहती है, उसमें इनसान का इनसान के प्रति मदद करने का जज़्बा नज़र आता है।

स्पोर्ट्स टीचर रवि उसकी इस बात से प्रभावित होता है, "ठीक है, अगर तुम्हें इतना भरोसा है तो आयी रिस्पेक्ट दिस...टेल हिम टू कम टुमारो...तब तक़ मैं प्रिंसिपल से बात करके परमिशन ले लूँगा।"

मोनिका स्पोर्ट्स टीचर के जवाब से ख़ुश होती है, "थैंक्स ऐ लोट सर...श्याम तुम कल से आना...यह सर तुम्हारी मदद करेंगे और तुम्हें यहाँ के टेनिस–कोर्ट में खेलने देंगे...साथ ही सिखायेंगे भी...।"

श्याम बेहद ख़ुश होता है और वह रवि सर के पाँव छू लेता है। रवि सर उसका यह आदर देखकर मुस्कुराते हैं। कभी–कभी चीज़ें इतनी आसानी से हो जाती हैं कि जिसके साथ होता है उसे यक़ीन ही नहीं हो पाता। श्याम को भी कॉलेज के ग्राउण्ड में खेलने की परमिशन यूँ मिल जाने पर यक़ीन नहीं होता।

...जीवन में हर राह आसान हो जाती है,
गर शिद्दत से तुम उस पर चलने लगो।

•••

18

श्याम बड़ी शिद्दत से अपने जीवन की उस राह पर चल रहा है, जो उसे लॉन–टेनिस के मुश्किल सफ़र का सामना करवाती तो है, मगर हर बार एक नयी उम्मीद भी जगाती है। एकलव्य की तरह वह अपने असलम अंकल से कभी आसमान में टिमटिमाते तारे के रूप में बातें करता है तो कभी उस फ़ोटो से जो उसने बनाकर अपने पास रखी हुई है। अभी तक जो भी उसके साथ घटा वह हमेशा की तरह रात को तारों की छाँव तले बैठकर अपनी चारपाई पर लेटे हुए तब तक बातें करता रहता जब तक कि उसे नींद नहीं आ जाती। कई बार तो उसे ऐसा लगता कि वह रात–भर सोया ही नहीं था बल्कि अपने असलम अंकल के साथ टेनिस खेलने के गुर सीख रहा था। श्याम का अचेतन मन हमेशा ही असलम ख़ान से मुलाक़ात करता रहता था और टेनिस के खेल के बारे में हर जानकारी बाँटता रहता था।

आज श्याम अपने अचेतन मन से बाहर निकलकर अपने चेतन मन के साथ स्कूल ऑफ़ सोशल वर्क्स के ग्राउण्ड में पहुँचता है। इस बार उसे वह गार्ड नहीं रोकता क्योंकि श्याम के हाथ में न सिर्फ़ लॉन–टेनिस का रैकेट था बल्कि आई. डी. कार्ड भी था, जिसे दिखाकर वह कॉलेज के प्रांगण में दाख़िल हो सकता था। श्याम लॉन–टेनिस कोर्ट में आकर एक बेंच पर बैठ जाता है क्योंकि स्पोर्ट्स टीचर रवि टेनिस खेल रहे होते हैं। कुछ देर बाद श्याम लॉन–टेनिस से बाहर आती गेंदों को इकट्ठा करने लगता है। सर रवि उसे ऐसा करते देखते रहते हैं और फिर उसे भी कोर्ट में आकर खेलने के लिए बुला लेते हैं। "आ जाओ, तुम भी खेलो...।"

श्याम यह सुनकर बेहद खुश हो जाता है और चारों तरफ़ देखते हुए, ग्राउण्ड को नतमस्तक होकर उसकी वन्दना करता है और कोर्ट में उतर जाता है। सर रवि उसकी तरफ़ गेंद को फेंकते हैं, "चलो तुम सर्विस करो...।"

श्याम गेंद को अपने हाथ में लेकर ऊपर की तरफ़ हवा में फेंकता है और अपने रैकेट से अपने असलम अंकल के स्टाइल का शॉट मारता है। रवि सर यह देखकर भौचक्के रह जाते हैं। खेल का सिलसिला शुरू हो जाता है और श्याम के सामने स्पोर्ट्स टीचर हल्के पड़ जाते हैं। ग्राउण्ड के चारों तरफ़ खड़े वह सब स्टूडेण्ट्स श्याम के खेल को देखकर अचम्भित हो जाते हैं और उसमें एक अच्छे टेनिस प्लेयर की क़ाबिलयत को लेकर चर्चा करते हैं। श्याम लॉन–टेनिस खेल के तीनों राउण्ड जीत जाता है। रवि सर स्पोर्ट्स टीचर होने के साथ–साथ एक अच्छे टेनिस प्लेयर भी माने जाते थे, मगर आज वह सत्रह साल के श्याम से हार जाते हैं।

"तुम तो बहुत बेहतरीन खेलते हो श्याम...आई एम प्राउड ऑफ़ यू... तुमने मुझे हराकर मेरा दिल जीत लिया।"

श्याम अपनी तारीफ़ सुनकर थोड़ा शर्माता है, "थैंक्स सर... ।"

"तुमने इतना अच्छा टेनिस खेलना कहाँ से सीखा?"

श्याम अपनी जेब से अपने असलम अंकल की वह तस्वीर निकालकर दिखाता है जो उसने अपने हाथों से बनायी थी, "इनसे...असलम अंकल से... ।"

रवि सर जेब से निकालकर तस्वीर दिखाने की इस प्रतिक्रिया से थोड़ा हैरान होते थे, "कौन हैं ये...? कहाँ रहते हैं?"

श्याम अपना सिर हिलाकर मना करता है, "अब वो इस दुनिया में नहीं हैं।"

यह बात सुनकर रवि सर सॉरी महसूस करते हैं, "ओ आई एम सॉरी...क्या वह भी टेनिस खेलते थे?"

श्याम असलम अंकल के बारे में सारी बातें बताता है जिसे सुनकर रवि सर बेहद मुतासिर होते हैं। श्याम को अपने मक़सद को बनाये रखने और उसे पाने के लिए उत्साहित करते हैं, "दैट्स ग्रेट श्याम, असलम मस्ट–वी फीलिंग प्राउड ऑफ़ यू...यूअर स्टोरी इज़ वेरी इंसपायेरिंग... ।"

श्याम रवि सर की अंग्रेज़ी में कहे हुए शब्दों को ठीक से समझ तो नहीं पाता मगर सिर हिलाकर अभिनन्दन ज़रूर करता है।

●●●

19

आज श्याम स्कूल ऑफ़ सोशल वर्क्स की उस अंग्रेज़ी सिखाने वाली क्लास में बैठा था, जहाँ पर बस्ती के बच्चों को अंग्रेज़ी पढ़ाना और बोलना सिखाया जा रहा था। श्याम इस भाषा को अच्छी तरह से सीखना चाहता है क्योंकि उसने हमेशा टेनिस के मैचों को बाहर के देशों में होते हुए देखा है, जो अंग्रेज़ी में बोला और खेला जाता है। अंग्रेज़ी सिखाने का सबसे पहला लेसन होता है, सीखने वाला अंग्रेज़ी में बोलना और सोचना शुरू करे। श्याम के मन में इस बात को लेकर थोड़ी उत्सुकता भी थी और थोड़ी शर्म भी। बस्ती के कई बच्चे सरकारी स्कूल में पढ़ाई करते थे, मगर जब भी अंग्रेज़ी भाषा की बारी आती थी तो ऐसा लगता था मानो कोई स्कूल गया ही न हो।

अंग्रेज़ों की दी हुई भाषा आज भी उतनी ही एहमियत रखती है जितनी पहले देश की गुलामी के वक़्त रखती थी। पहले भी पढ़ा–लिखा होने की पहचान अंग्रेज़ी से की जाती थी और आज भी। जहाँ हिन्दी भाषा ने हिन्दुस्तान की पहचान को बनाये रखा है, वहीं अंग्रेज़ी भाषा ने इसे जोड़कर रखा है। जब देश गुलाम था तो अंग्रेज़ी पढ़ने और लिखने वालों को सरकारी दफ़्तरों में नौकरी आसानी से मिल जाया करती थी। अंग्रेज़ तो देश छोड़कर चले गये मगर सरकारी कामकाज और यहाँ तक कि हर कारोबार की भाषा अंग्रेज़ी ही बनकर रह गयी है। आज तो अमीरियत और शानो–शौक़त की पहचान भी इस भाषा के जरिये से ही होती है।

ग़रीबी से निकलकर अपनी पहचान बनाने के लिए श्याम ही नहीं, उस बस्ती के सभी बच्चों के लिए ज़रूरी था कि वह अंग्रेज़ी भाषा को अच्छी तरह सीखें और उसे अपनी रोज़मर्रा की ज़िन्दगी में उतारें। बस्ती के बच्चों के लिए जहाँ इस भाषा को सीखने का अपना आकर्षण था, वहीं

इसे आसानी से न समझ पाने की परेशानी भी थी। श्याम इसे सीखने और रोज़मर्रा की ज़िन्दगी में उतारने के लिए भरसक प्रयत्न करता था। जो कुछ उसे उस क्लास में सिखाया जाता था, वह उसे बड़े ध्यान से समझते हुए अपनी कॉपी में उतारता और फिर अकेले में बैठकर उसे बोलने का अभ्यास करता रहता। श्याम को इस अंग्रेज़ी भाषा का इतना बुख़ार चढ़ गया था कि वह हर वक़्त ही इसके शब्दों को अपनी बोलचाल की भाषा में इस्तेमाल करने लगा था। कभी–कभी तो घर में अपने अम्मा–बापू के सामने भी बोलने लग जाता था। अम्मा तो उसकी इस अंग्रेज़ियत से ख़ुश होती, कभी–कभी ख़ुद भी यस और नो में उसके सवालों का जवाब देने लगती। जबकि उसके बापू हमेशा की तरह उसके इस अंग्रेज़ियत के प्रयास में कमियाँ निकालते और हमेशा कहते, "ससुरे अंग्रेज़ तो चले गये मगर जाते–जाते अपनी अंग्रेज़ी भाषा का ग़ुलाम बना गये।"

जब मक़सद बड़े और इरादे मज़बूत हों, तो हर मुश्किल से मुश्किल रास्ता भी आसान होता चला जाता है। ऐसा ही श्याम के साथ भी होता नज़र आ रहा था। श्याम को अपने टेनिस खेल के प्यार के साथ–साथ अब अंग्रेज़ी से भी प्यार होने लगा था, वह जब भी कॉलेज अपनी प्रेक्टिस के लिए जाता वहाँ के हर स्टूडेण्ट और टीचर से अंग्रेज़ी में ही बातचीत करने की कोशिश करता। अपनी अधूरी अंग्रेज़ी भाषा के साथ जब भी वो बोलता, कुछ उसकी तरफ़ हिकारत और हीनता की नज़र से देखते, तो कुछ बड़ी सहजता से उसकी ग़लती को सुधारते और उसे बेहतर बोलने की टिप दे दिया करते। लॉन–टेनिस के कोच रवि सर उसकी इस लगन को देखकर हमेशा उसे प्रोत्साहित करते और उसे लॉन–टेनिस के गेम में ज़्यादा–से–ज़्यादा मन लगाने की सलाह देते रहते।

●●●

एक दिन श्याम कॉलेज की कैण्टीन में बैठा अपने साथ लाये हुए खाने के डिब्बे को खोलकर अपना खाना खा रहा था कि इसी बीच एक लड़की अपनी कुछ सहेलियों के साथ वहाँ कैण्टीन में दाख़िल होती है। श्याम उस लड़की को पहचान लेता है, ये कोई और नहीं दीपिका थी जो उसे उस होटल के लॉन–टेनिस मैदान में मिली थी, जहाँ वह बॉल–ब्वॉय का काम किया करता था और वहीं रहकर उसने टेनिस की बेसिक प्रेक्टिस भी की थी, और तो

और वहाँ से उसने अण्डर ऐटीन मैच में जीत भी हासिल की थी। पहले तो श्याम उसे देखकर थोड़ा सकपकाता है और उससे छिपने की कोशिश करता है। इससे पहले कि वह वहाँ से उठकर जा पाता दीपिका उसी की टेबल पर आकर बैठ जाती है। श्याम अपना सिर खाना खाने में इतना झुका देता है कि उसे देखकर पहचान पाना किसी के लिए मुश्किल था।

मगर इत्तफाक़ कुछ ऐसा होता है, दीपिका के हाथ से पानी का गिलास टेबल पर गिर जाता है और श्याम चौंकते हुए पीछे को हटता है। दीपिका उसे देखकर हैरानी से पहचानते हुए कहती है, "अरे श्याम, तुम यहाँ कैसे...?"

श्याम के पास अब अपने आपको छिपाने की कोई वजह नहीं थी, वह भी थोड़ा मुस्कुराता है और दीपिका को पहचानते हुए, "आप यहाँ कैसे...?"

"मैंने तो यहाँ ऐडमिशन लिया है, फर्स्ट ईयर में हूँ...मगर तुम...? क्या तुम भी...?" दीपिका को लगता तो नहीं कि वह भी वहाँ कॉलेज में पढ़ता होगा।

"मैं...मैं यहाँ लॉन–टेनिस खेलने आता हूँ।"

"वेरी गुड...तो तुमने अब यहाँ बॉल–ब्वॉय की नौकरी कर ली है।"

"नहीं मैं नौकरी नहीं बस खेलने आता हूँ।"

"कॉलेज में...खेलने...हाऊ इटीज़ पोसिबल?"

"मुझे यहाँ, हमारी मोनिका मैडम ने परमिशन दिलवाई है।"

"वेरी गुड...तो अब तुम्हारी लॉन–टेनिस की गेम्म कहाँ तक पहुँची है, लगता है मास्टरी कर ली है तुमने...।"

श्याम थोड़ा झेंपता है, "नहीं ऐसी तो अभी कोई बात नहीं है, पर हाँ कोशिश ज़रूर कर रहा हूँ।" वह अपने साइड में रखे हुए टेनिस–रैकेट को उठाकर दिखाता है, "ये मैंने भी अपना नया टेनिस–रैकेट निकाल लिया है, असमल अंकल ने दिया था।"

"अरे वाह...वेरी गुड...तो अब तुम्हारा नेशनल चैम्पियन बनने का इरादा है ?"

"नो...नेशनल नहीं इण्टरनेशनल चैम्पियन बनना है मुझे।"

"वेरी गुड...सपने तुम्हारे बड़े ज़बर्दस्त हैं।"

"और उन्हें पाने के इरादे भी...आपके गेम्म का क्या हुआ, आप भी तो अच्छा खेलती होंगी अब।"

"हाँ, सो तो है...एक बार मैच हो जाये टेनिस–कोर्ट में...।"

"तो ठीक है, आज ही, अभी चलते हैं।"

"सॉरी अभी तो मेरी क्लास थी...वैसे भी आज कॉलेज का पहला दिन है...कल मिलते हैं।"

"ठीक है, सुबह आप जल्दी आ जाना...आपके साथ खेलकर मेरी प्रेक्टिस भी अच्छी हो जाया करेगी।"

"वेरी स्मार्ट...लगता है तुम इण्टरनेशनल चैम्पियनशिप लेकर रहोगे...।"

"थैंक्स फोर एन्करेज़िंग मी...।" श्याम भी अब अंग्रेज़ी में बोलने लग गया था।

दीपिका उसके इस कोन्फिडेंस को देखकर मुस्कुराती है, "वेरी गुड...आई एम प्राउड ऑफ़ यू...।"

"देन सी यू टूमारो...मॉर्निंग सात बजे...।"

"वेरी गुड...टाइम भी तुमने तय कर दिया...!" दीपिका श्याम की बातचीत के अन्दाज़ से खुश होती है।

"पहले भी तो आप सात बजे ही वहाँ टेनिस–कोर्ट में आ जाया करती थीं।"

"यस...यू आर राइट...ठीक है...बातों–बातों में हम लोगों ने अपना खाना भी ख़त्म कर दिया...गर्ल्स लेट्स मूव...।" दीपिका अपनी सहेलियों के साथ वहाँ से चली जाती है।

श्याम कुछ देर दीपिका को जाते हुए देखता रहता है और ख़ुश होता है कि उसे टेनिस खेलने के लिए एक रेगुलर पार्टनर मिल गया है।

•••

20

दिन–प्रतिदिन श्याम का अंग्रेज़ी को बोलने और टेनिस को खेलने का कोन्फिडेंस बढ़ता जा रहा था। उसकी अम्मा अपने बेटे की बातचीत और चाल–ढाल में इतना आत्मविश्वास देखकर बेहद ख़ुश होती है। उसे भी लगने लगा था कि उसका बेटा श्याम अपने सपनों के साथ–साथ कहीं उसके भी सपने पूरे ज़रूर करेगा। ग़रीबी और दुःख के बादल छँटेंगे और उसका बेटा श्याम अपना नाम कमायेगा और ढेर सारा पैसा भी। वहीं दूसरी तरफ़ श्याम का पिता उसके इस हीरोपन के अन्दाज़ को देखकर उस पर शक करने लगता है और तानाकशी करते हुए अकसर उससे पूछता रहता कि वह दिनभर करता क्या है, कब स्कूल जाता है और कब अपनी पढ़ाई करता है। कई उल्टे–सीधे सवालों के घेरों में जब भी श्याम फँसता उसकी अम्मा हमेशा उसका साथ देती और बनती–बिगड़ती परिस्थितियों को सँभाल लेती।

आज तक श्याम को समझ नहीं आया था, आख़िर उसके पिता उस पर इतना दबाव क्यों डालते हैं, क्यों वह चाहते हैं कि वह उनकी मर्ज़ी के अनुसार अपनी ज़िन्दगी जीये। पता नहीं ऐसा क्यों होता है कि बेटे की अपनी माँ से और बेटी की अपने पिता से हमेशा बनती है। यह माना जाता है कि माँ अपने बेटे के जरिये अपने पति की कमियों को पूरा होता हुआ देखना चाहती है, जो निराशा उसे अपने पति से मिलती है, उसकी भरपाई वह अपने बेटे के माध्यम से पूरा करवाना चाहती है। जबकि पिता अपनी नाकामयाबियों को अपने बेटे पर लादने की कोशिश करता है और उसे अपने उन अधूरे रास्तों पर चलने के लिए धकेलता है जहाँ पर उसे हताशा व निराशा का सामना करना पड़ा हो। जबकि वह बेटी से इसलिए लगाव रखता है क्योंकि जाने–अनजाने में ही सही, मगर वह जानता है

कि उसका साथ सिर्फ़ शादी भर तक ही है और फिर यह मुमकिन भी नहीं कि एक बेटी उसके नाकामयाब रास्तों पर चले और जीवन में हताशा का सामना करे। कहीं उसके दिमाग़ में यह भी रहता है कि उसने जो जीवन तय किया है वह किसी स्त्री के लिए मुमकिन नहीं होगा। विमन फ्रॉम वीनस एण्ड मैन फ्रॉम मार्स इस रहस्य को ठीक से कोई समझ नहीं पाया है। सम्भवतः विपरीत शारीरिक परिस्थितियाँ ही एक–दूसरे के प्रति आकर्षित होती हैं और यही वजह है बेटा हमेशा माँ के प्रति आकर्षित होता है और बेटी अपने पिता के प्रति।

•••

सर्दी का मौसम शुरू हो चुका था। दिन जल्दी अस्त होने लगा था और रातें लम्बी होने लगी थीं। श्याम के पिता रात होने तक घर वापस आ जाया करते थे। अम्मा चूल्हे पर रोटी बना रही थी और श्याम का पिता वहीं ज़मीन पर बैठा हुआ देसी दारू का गिलास हाथ में लिए चने–प्याज के साथ पीने में लगा था। दूसरी तरफ़ श्याम अपने कपड़ों को अच्छे से तह लगाकर अपने बिस्तर के गद्दे के नीचे रख रहा था ताकि सुबह तक गद्दे के नीचे दबने से उसके कपड़े प्रेस हो जायें और पहनने पर अच्छे दिखें।

"आजकल बड़ा हवा में उड़ता नज़र आवे है तेरा ये लाड़ला...भई बात क्या है...किसी छोकरी के चक्कर में तो ना पड़ गया है...।" श्याम का पिता देख तो उसकी तरफ़ रहा था मगर बात उसकी अम्मा से कह रहा था।

श्याम की अम्मा पहले तो चुप रहती है, मगर पिता के बार–बार तानाकशी करने पर बोल ही पड़ती है, "बेकार में यूँ बेटे के पीछे न पड़ा करो...अब वो दूध पीता बालक ना रहा है, जवान हो रहा है।"

"अरे जवान हो रहा है तभी तो कह रहा हूँ, देख रही है ये मुर्गी के पंख जैसे लहराते बाल इसके...बड़ा कपड़ों को गद्दे के नीचे प्रेस करके चमकाने में लगा है।"

"तो इसमें हर्ज़ क्या है, जब देखो उसकी हरकत पर नज़र रखे रहते हो...अपनी मर्ज़ी से क्या वह कुछ नहीं कर सकता...?"

"तेरा मतलब है, मैं उसे मारने की बात कर रहा हूँ...तैने ही बिगाड़

रखा है इसे और हो भी क्यों न, माँ तो हमेशा से ही बेटे की तरफ़दारी करती फिरती है, बेटी होती तो मुझे पूछती।"

"अरे बेटे का ब्याह होगा तो बेटी भी आ ही जायेगी, तब तक तो इससे ढंग से बात कर लिया करो...? कहीं ऐसा न हो बड़ा होकर हमें छोड़कर चला गया तो बस रह जायेगी ये बेटे–बेटी की लड़ाई...।" बात करने के साथ–साथ थाली में गर्म–गर्म रोटी भी बनाकर डालती रहती है।

"देख रहा हूँ मैं...लगता नहीं है मुझे कि ये हमें कोई सुख देगा...।"

"तुम तो बस ही करो...ये लो आखिरी रोटी दे रही हूँ...बातों–बातों में पाँच खा चुके हो...आटा भी ख़त्म हो रहा है, कल लेते आना जब काम पर से आओगे तब...।" श्याम की अम्मा की बातों से उसके घर की आर्थिक हालत का भी पता लगाया जा सकता था।

"हमेशा गिन–गिनकर ही रोटी खिलाती है तू...अपने इस लाड़ले को भी सिर्फ़ दो रोटी ही दिया कर...देख ले मोटा हो रहा है...ज़्यादा लाड़ दिखाकर खिलायेगी तो ये लॉन–टेनिस तो क्या चिड़िया टेनिस भी न खेल पायेगा।"

उसकी इस बात से यह समझ में आता था कि वह भी श्याम को लॉन–टेनिस के खेल में कामयाब देखना चाहता था। ऊपर से भले रिश्तों में तल्ख़ी नज़र आती हो, मगर ख़ून का रिश्ता कोई भी हो, हमेशा एक–दूसरे के लिए पुकारता है, उसके अच्छे–बुरे की जानकारी ज़रूर रखता है।

•••

21

नदी के किनारे जो मैदान श्याम ने अपने दोस्तों के साथ मिलकर बनाया था, वो अब फिर से खाली हो चुका था। बस्ती के जिस हिस्से में आग लगी थी उसे फिर से बसा दिया गया था। मोनी, आशुतोष और श्याम अपने खाली हुए मैदान को देख रहे थे, जो खाली होने के बाद भी उजड़ा और वीरान नज़र आ रहा था।

मोनी अपने दोस्तों की तरफ़ देखता है, "वो लोग भले ही सब यहाँ से चले गये हैं, मगर इतना कुछ उजाड़ गये हैं कि अब अगर इसे हम ठीक करना भी चाहें तो भी नहीं हो पायेगा।"

आशुतोष उसकी बात से सहमत था, "मुझे तो लगता है, अब अगर हम तो क्या कोई भी इसे ठीक करना चाहे तो बड़ा मुश्किल होगा।"

श्याम को भी ऐसा ही लगता है, "ख़ैर कोई बात नहीं, यह जगह किसी के काम तो आ सकी, मैं तो वैसे भी कॉलेज के ग्राउण्ड में खेलने जा ही रहा हूँ...कुछ ही दिनों में वहाँ कॉलेज के मैच होंगे।"

"तुझे भी खेलने को मिलेगा?" मोनी बड़ी उत्सुकता से पूछता है।

"लगता तो है, वैसे रवि सर तो मेरे खेल से बहुत ख़ुश हैं।" श्याम कॉलेज के मैच में हिस्सा लेने के बारे में थोड़ा डाउटफुल था।

"कुछ भी हो दोस्त तुझे तो मैच के लिए टेनिस–कोर्ट में उतरना ही होगा।" आशुतोष बड़े विश्वास के साथ श्याम का हौसला बढ़ाता है।

"वो तो होना है भई, उस कॉलेज का नाम ही स्कूल ऑफ़ सोशल वर्क्स है...कुछ गड़बड़ हुई तो उनका बस्ती में घुसना बन्द करवा देंगे...हम लोग उनकी क्लासों में भी नहीं जायेंगे।" मोनी एक क्रान्तिकारी की तरह बात करता है।

"तुम लोग इतनी चिन्ता न करो...मुझे टेनिस–कोर्ट में ज़रूर उतरना

है...और इसके लिए मैडम मोनिका से लेकर रवि सर तक मेरी फेवर में हैं।" श्याम अपने आत्मविश्वास के साथ उन्हें समझाता है।

"कॉलेज के प्रिंसिपल सर क्या कहते हैं...?" मोनी ऐसे पूछता है जैसे वह जानता हो कि प्रिंसिपल श्याम को कॉलेज की तरफ़ से खेलने की परमिशन नहीं देंगे।

"तुझे क्यों लगता है कि प्रिंसिपल की परमिशन ज़रूरी होगी।" आशुतोष मोनी के इस अजीब से प्रश्न से हैरान है।

"मुझे नहीं लगता इसमें कोई चिन्ता की बात है।" श्याम को प्रिंसिपल के बारे में इतना विश्वास नज़र नहीं आता।

●●●

स्कूल ऑफ़ सोशल वर्क्स के प्रिंसिपल के कमरे में स्पोर्ट्स टीचर रवि बैठा था और प्रिंसिपल सिन्हा कमरे में दाख़िल होते हैं। रवि सर खड़े होकर उनका अभिनन्दन करते हैं और प्रिंसिपल बिना ज़्यादा वक़्त बर्बाद करते हुए सीधे स्पोर्ट्स टूर्नामेण्ट की फ़ाइल उठाते हैं, "देखिए रवि शर्मा, यह बात है तो बड़े अचरज की, आज हमारे कॉलेज का कोई भी स्टूडेण्ट लॉन–टेनिस के टूर्नामेण्ट में भाग लेने के लिए तैयार नहीं है, मैं मानता हूँ कि आप ख़ुद खेलना भी चाहें तो खेल नहीं सकते, बिकोज़ ऑफ़ सरटेन रूल्स, अवर कॉलेज डू नॉट एलाओ ऐनीथिंग विच इज़ नॉट प्रमीसिवल...।" प्रिंसिपल अपनी बातों से बड़ा कठोर व स्ट्रिक्ट लग रहा था।

"आई नो सर...बट इट्स ए क्वेश्चन ऑफ़ अवर कॉलेज...।" रवि सर को इस बात का अफ़सोस था कि उसके स्टूड़ेण्ट्स में कोई भी ऐसा नहीं निकला है जो लॉन–टेनिस टूर्नामेण्ट में पार्टीसिपेट कर सके।

"आपका डिपार्टमेण्ट है, कोई एक स्टूडेण्ट तो आपको आज तक तैयार करना चाहिए था, जो हमारे कॉलेज को लॉन–टेनिस टूर्नामेण्ट में रिप्रेजेण्ट कर सकता।"

"पर एक लड़का है, जो मुझे लगता है इस खेल में अपना नाम बना सकता है।"

"कौन है, कौन–सी क्लास में पढ़ता है?"

"किसी क्लास में तो नहीं पढ़ता, मगर हमारे कॉलेज के ग्राउण्ड में खेलने ज़रूर आता है।"

"वट...स्टूडेण्ट नहीं है और ग्राउण्ड में खेलने आता है?"

"उसका नाम श्याम है।"

"श्याम...कौन है यह...?" हैरान से पूछता है।

"किसी ग़रीब बस्ती में रहता है, हमारे सोशल वर्क्स के स्टूडेण्ट्स ने उसे रिक्मेण्ड किया था...वट बिलीव मी सर, ही इज़ जीनियस...क्या टेनिस खेलता है...शॉट ऐसे मारता है कि गेंद गोली की तरह सामने से निकल जाती है...मैं चाहता हूँ कि वह हमारे कॉलेज की तरफ़ से टेनिस टूर्नामेण्ट्स में पार्टीसिपेट करे।" रवि शर्मा श्याम की बेहद तारीफ़ करते हैं और उसमें अपना विश्वास जताते हैं।

"आर यू मैड़ शर्मा...एक ऐसा इनसान जो कॉलेज का स्टूडेण्ट भी नहीं है और वह हमारे कॉलेज को टेनिस में रिप्रेजेण्ट करेगा...वेरी फनी...!"

"बट हू विल कम टू नो दिस...किसी को कुछ पता नहीं चलेगा सर... ।"

"यू मीन...चीटिंग...प्लीज़ यू गो मिस्टर रवि शर्मा... ।" प्रिंसिपल चौंकता है और अपना ग़ुस्सा ज़ाहिर करता है।

"आई एम सॉरी सर...बट मेरे पास कोई और रास्ता नहीं बचा है।" रवि शर्मा बड़े नरम भाव से बोलता है।

"यू मे गो मिस्टर रवि...प्लीज़ डू नॉट वेस्ट माई टाइम।" प्रिंसिपल अपने दूसरे काम में लग जाता है।

"तो क्या यह फ़ैसला मैं खुद ले सकता हूँ...?"

"अपना रेजिगनेशन लेटर पहले दे देना, ओके यू मे गो नाऊ।" प्रिंसिपल अपने दूसरे काम में लग जाता है।

रवि शर्मा के पास अब और आगे कुछ कहने के लिए नहीं बचा था। वह वहाँ से उठकर चला जाता है।

•••

श्याम आज कॉलेज के ग्राउण्ड में रवि सर, मोनिका और बाकी के उन स्टूडेण्ट्स के साथ घिरा बैठा था जो इस बात को लेकर चिन्तित थे कि ऑल इण्डिया कॉलेज टूर्नामेण्ट में उनके कॉलेज की तरफ़ से कोई लॉन–टेनिस में हिस्सा लेने के लिए क्वालिफाई नहीं कर पा रहा है। यहाँ इन सब के सामने बस एक ही सवाल था कि श्याम को कैसे कॉलेज की

तरफ़ से पार्टीसिपेट करवाया जाये। काफ़ी देर चर्चा के बाद इस बात को तय किया जाता है कि श्याम को कॉलेज में दाख़िला दे दिया जाये ताकि वह एक स्टूडेण्ट की हैसियत से टूर्नामेण्ट में हिस्सा ले सके।

"हाऊ इटीज़ पोसिबल...उसने तो अभी स्कूल भी पास नहीं किया है।" मोनिका इन सबके उल्टे–सीधे आइडियाज़ से सहमत नहीं होती।

"हम में से किसी एक के नाम पर उसका कार्ड बनवा देते हैं...बस उसकी फ़ोटो ही तो लगानी है।" एक दूसरा स्टूडेण्ट अपनी राय देता है।

"आर यू मैड...अपने ये बेकार के आइडियाज़ अपनी जेब में ही रखा करो।" मोनिका थोड़ा ऐजीटेट करती है।

"प्लीज़ मोनिका, हर ग़लत रास्ता सही माना जाता है अगर वो किसी की किस्मत बनाता हो।"

"मगर हर ग़लत रास्ता हमेशा अँधेरे की ओर ही ले जाता है।" मोनिका अपनी बात पर अडिग थी।

"ये ज़रूरी नहीं मिस मोनिका... ।"

"प्लीज़ चेतन, डूनॉट डाइवर्ट दी टॉपिक, मुद्दे से मत भटको...हमें यह सोचना है कि ऐसा क्या करें कि श्याम को हम कॉलेज टूर्नामेण्ट में भेज सकें।" मोनिका समझाते हुए बात करती है।

रवि सर सबकी बातें सुनते रहते हैं और फिर यह तय करते हैं, "सब मिलकर प्रिंसिपल के पास चलते हैं और उन्हीं से जाकर कुछ हल निकालने की बात करते हैं।"

"रवि सर, एक बार आप बात कर चुके हैं, दोबारा बात करके कोई फ़ायदा नहीं होगा।" मोनिका प्रिंसिपल के नेचर को जानती थी।

"सर मुझे लगता है, इसके लिए हमें मोर्चा निकालना होगा।" चेतन फिर से अपनी राय रखता है।

"लगता है आज तुम अपने सेंसस में नहीं हो...सब देख रहे हैं...तुम कुछ भी अनापशनाप बकते जा रहे हो।" मोनिका आज चेतन के इस नेताओं वाले अन्दाज़ से बेहद परेशान थी।

रवि इस पूरी बहस को आगे न बढ़ने देने के विचार से कहता है, "हमें लगता है इस मुद्दे को आज के लिए पोस्टपोन करते हैं, कल सब अपनी–अपनी राय लेकर आयेंगे और तब इसका कोई–न–कोई हल निकल ही आयेगा।"

मोनिका भी रवि सर की बात से सहमति जताती है, "आई थिंक यू

आर राइट सर...हम कल मिलते हैं...श्याम तुम भी जाओ...चिन्ता मत करना, हम लोग कुछ करेंगे।"

श्याम भी सबसे विदा लेता है, "ओके मैडम, सॉरी आप लोगों को मेरे लिए इतनी परेशानी झेलनी पड़ रही है।"

"किसी भी बड़े काम से पहले परेशानियों का सामना करना ज़रूरी है वरना उस काम के पूरा होने की ख़ुशी नहीं होती।" मोनिका एक प्रोफेसर की तरह श्याम को समझाती है।

चेतन उसकी तारीफ़ करता है, "वेल सेड मिस मोनिका...आई मिन प्रोफ़ेसर मोनिका।"

मोनिका चेतन की बात में छिपे मज़ाक़ को समझती है और मुँह बनाकर कहती है, "ओ वेरी फनी...लेट्स मूव फोर दी डे... ।"

सब वहाँ से चले जाते हैं। श्याम को उन लोगों की बातचीत से ऐसा लगता है कि अब उसे न ही टूर्नामेण्ट में खेलने को मिलेगा और न ही उस कॉलेज ग्राउण्ड में आने दिया जायेगा। प्रिंसिपल के रूप में उसे अपने टेनिस के रास्ते में रुकावट का एहसास होने लगा था।

●●●

अगले दिन मोनिका अपने स्टूडेण्ट यूनियन की सेक्रेटरी होने के नाते, अपने कुछ मेम्बर्स के साथ जाकर कॉलेज के प्रिंसिपल से मिलती है और श्याम के बारे में बात करती है, "मैं मानती हूँ सर कि श्याम हमारे कॉलेज का स्टूडेण्ट नहीं है, मगर वह एक अच्छा खिलाड़ी है और उसके जीतने के पूरी तरह से चांस बनते हैं, वह ज़रूर कॉलेज टूर्नामेण्ट जीतकर हमारे कॉलेज की रौनक बढ़ायेगा।"

"दैट्स राइट मोनिका, वट आई काण्ट गो अगेन्स्ट दी रूल्स, मैं रूल्स नहीं तोड़ सकता।" प्रिंसिपल अपनी बात पर अटल था।

"वट सर सॉरी टू से, रूल्स आर मेड टू वी ब्रोकन, यह रूल्स हमेशा तोड़े ही जाते हैं।"मोनिका एक स्टूडेण्ट यूनियन की सेक्रेटरी होने के नाते इस तरह की बात करने की लिबर्टी ले लेती है।

"पर मैं यह सब नहीं कर सकता...आई काण्ट डू दैट...फाइण्ड आउट सम अदर सोल्यूशन।"

"सर आई हेव सोल्यूशन।" मोनिका कुछ सोचने के बाद कहती है।

"ओ रियली...।" प्रिंसिपल उसकी बात को तवज्जो देता है।

"यस सर...मैं उसे अपनी यूनियन की तरफ़ से स्पोर्ट्स विंग में असिस्टेण्ट की नौकरी पर रख रही हूँ।" मोनिका बड़े आत्मविश्वास से भरी नज़र आती है।

"तुम कहना क्या चाहती हो मोनिका?" प्रिंसिपल उसकी इस बात से अचम्भित था।

"आई मीन...स्पोर्ट्स विंग का ऐम्पलाई होने के नाते वह मैच में हिस्सा ले सकता है और इस तरह आपके सो–कॉलड रूल्स भी नहीं टूटेंगे और हमारा काम भी बन जायेगा, बिना किसी धरने के...।" मोनिका अपनी बात पर बहुत विश्वस्त नज़र आ रही थी।

प्रिंसिपल जानता था कि अगर स्टूडेण्ट यूनियन की सेक्रेटरी ने एक बार कह दिया तो वह पत्थर की लकीर मानी जाती है, "तुम्हारा मतलब है साँप भी मर जायेगा और लाठी भी नहीं टूटेगी...दैट्स वेरी नाइस आइडिया...यू केन डू दिस, प्लीज़ गो अहेड। मुझे इसमें कोई ऐतराज़ नहीं है...लेकिन मैं ऑफ़िसियली तुम्हारी इस बात से पूरी तरह से सहमत नहीं हूँ।" प्रिंसिपल मुस्कुराते हुए इस बात को ख़त्म करता है।

"नो प्रोबल्म सर...जब हम ट्रॉफ़ी लेकर आयेंगे तब आप पूरी तरह से सहमत होंगे।" मोनिका की बात में श्याम के खेल और उसकी लगन पर पूरा विश्वास था।

•••

22

श्याम बेहद ख़ुश था और वह अपनी जी–जान लगाकर टेनिस कोर्ट पर खेल रहा था। चारों तरफ़ लोगों की भीड़ जमा थी और इसी भीड़ में पहली बार श्याम की अम्मा उसके दोस्तों के साथ स्टेडियम में आकर बैठी हुई नज़र आ रही थी। अपने बेटे को इतने बड़े–बड़े लोगों के बीच खेलता देखकर उसकी अम्मा की आँखों में इतने आँसू भर आते हैं कि उसे ठीक से अपना बेटा श्याम खेलते हुए दिखायी ही नहीं देता। छलकते आँसुओं को पोंछते हुए श्याम की अम्मा अपने होनहार बेटे को सफ़ेद निकर और टी–शर्ट में देखकर भौचक रह जाती है। एकाएक उसे लगता है उसकी आँखें जो देख रही हैं, वह महज़ एक सपना है जो शायद कभी भी टूट सकता है, इसी अधूरे से मन की बात को पक्का करने के लिए बार–बार वह श्याम के दोस्तों से उसके बारे में पूछती रहती, "मेरा श्याम ही है न जो खेल रहा है?"

"हाँ अम्मा, श्याम ही है...जो आप देख रही हैं वही सच है, कोई सपना नहीं।" मोनी उन्हें समझाता है।

"देख तू मुझसे झूठ तो बोलियो भी मत वरना मैं तेरी पिटाई लगा दूँगी...।" चेहरे पर सहमी मुस्कुराहट के साथ अम्मा अपने आँसुओं को पोंछती है।

"ठीक है, मेरी बात पर विश्वास नहीं है तो इस आशु से पूछ लो...।"

"हाँ अम्मा, मोनी जो बोल रहा है, वही सच है...हमारा श्याम ही दनादन शॉट् पर शॉट मारे जा रहा है।" आशुतोष बेहद ख़ुश लग रहा था।

"मेरा श्याम जीत तो रहा है न...देखना कहीं वह हारे ना...वरना तुम्हारी पिटाई लगाऊँगी मैं...।" श्याम की अम्मा ममता के आवेग में न जाने क्या–क्या बोले चली जा रही थी।

श्याम पहले सेट में आसानी से जीत जाता है, मगर दूसरा सेट उसके लिए भारी पड़ता है और वह कोशिश के बावजूद हार जाता है। उसके चाहने वाले सन्नाटे में चले जाते हैं। अम्मा को भी इस बात का एहसास हो जाता है कि उसके बेटे श्याम के साथ उस खेल के मैदान में कुछ अच्छा नहीं हो रहा है। वह अपने इष्ट देवताओं को याद करने में जुट जाती है और उधर श्याम तीसरे सेट की पहली सर्विस जीत जाता है। असलम अंकल की बताई हुई हर तरकीब उसके खेल में नज़र आने लगी थी। कुछ ही पलों में पाँच सेट्स के इस खेल में चार सेट्स जीतकर स्कूल ऑफ़ सोशल वर्क्स के लिए ट्रॉफ़ी हासिल कर लेता है।

मोनिका और रवि सर श्याम की इस जीत से बेहद ख़ुश होते हैं और जब प्रिंसिपल को खुद ट्रॉफ़ी देने के लिए बुलाया जाता है तो उसके चेहरे पर अपने कॉलेज के लिए जीत की ख़ुशी तो थी मगर अपनी कही हुई बातों पर एक पछतावा भी था। श्याम को ट्रॉफ़ी देते हुए प्रिंसिपल उसकी तारीफ़ में काफ़ी कुछ कहता है, "मुझे इस बात की ख़ुशी है कि रवि शर्मा और मोनिका को अपने निर्णय पर पूरा भरोसा था और मुझे नहीं...ये ज़रूरी नहीं कि हर ऊँची पोज़ीशन पर बैठने वाला आदमी ही सही फ़ैसले लेता हो...और ये भी ज़रूरी नहीं कि मंज़िल को पाने का हर रास्ता ही सही हो...कभी–कभी कुछ पाने के लिए खोना भी ज़रूरी होता है, वो चाहे आपके अपने रूल्स–रेगुलेशन ही क्यों न हों...दि स्कूल ऑफ़ सोशल वर्क्स इज़ प्राउड टू हेव श्याम, हू हेज वोन दिस ट्रॉफ़ी फोर अस...पूरे कॉलेज को श्याम पर गर्व है...।"

श्याम की अम्मा अपने बेटे के बारे में इतनी भारी भीड़ में इतनी सारी अच्छी–अच्छी बातें सुनकर बेहद ख़ुश होती है और अपने बेटे श्याम को सब के सामने जाकर गले लगा लेती है। श्याम की अम्मा की आँखों से बहते आँसुओं को देखकर सब लोग भावुक हो जाते हैं और तालियों के साथ माँ–बेटे का अभिनन्दन करते हैं।

श्याम की यह ट्रॉफ़ी भी उसे दी तो जाती है पर वापस भी ले ली जाती है क्योंकि उसे स्कूल ऑफ़ सोशल वर्क्स की तरफ़ से खेलने का मौक़ा मिला था और इसलिए ये ट्रॉफ़ी भी उसी कॉलेज के हिस्से में ही

आती है जिसे बड़ी शान से प्रिंसिपल के रूम में सजाया जाता है।

•••

यह भी क्या इत्तफ़ाक है, रेस में जीतने वाला घोड़ा वापस अस्तबल में बाँध दिया जाता है और उसका मालिक रेस में जीती हुई ट्रॉफ़ी का जश्न मनाता है। ठीक ऐसा ही श्याम के साथ भी होता है, कॉलेज टूर्नामेण्ट में टेनिस की ट्रॉफ़ी जीतने का जश्न सब कॉलेज के होस्टल में मना रहे थे जबकि श्याम अकेला अपने घर की छत पर बैठा चाँद–तारों को निहार रहा था। आज उसकी अम्मा छत पर उससे मिलने आती है और उसे यूँ उदास बैठा देख उससे मन की बातें जानना चाहती है, "बेटा श्याम, तू यहाँ अकेला बैठा क्या सोच रहा है?"

"अम्मा हर बार ऐसा ही क्यों होता है, मैं जीतकर भी हारा हुआ महसूस करता हूँ...मेरे जीतने की पहचान मुझसे क्यों छीन ली जाती है?" श्याम उदासी के आलम में बैठा अपनी अम्मा से अपने मन की बात करने लगता है।

"जीवन में जीतना या हारना एक मन का एहसास है, जिसे जीतने या हारने वाला स्वयं महसूस करता है, उसके लिए उसे किसी पहचान–पत्र या ट्रॉफ़ी की ज़रूरत नहीं होती बेटा...।" अम्मा अपने बेटे के उदास मन को समझाती है।

"पर मेरे साथ हर बार ऐसा क्यों होता है अम्मा...।"

"क्योंकि तेरे हिस्से का ऊपर वाले ने कुछ बड़ा रखा है, इसलिए इन छोटी–छोटी ट्रॉफ़ियों को देकर तेरे भीतर की आग को शान्त नहीं करना चाहता, वह चाहता है तेरे अन्दर की आग जलती रहे और तू अपने बड़े–से–बड़े मक़सद की ओर बढ़ने की कोशिश करता रहे।" सदा ही माँ की बातें हमेशा अपने बच्चे को प्रेरित करती हैं और उसका हौसला बढ़ाती हैं, ऐसा ही श्याम की अम्मा अपने बेटे के साथ कर रही थी। भले ही श्याम की अम्मा पढ़ी–लिखी न हो, मगर अपनी आत्मा के ज्ञान से अपने बेटे को बेहद ख़ूबसूरती से समझाती है।

श्याम अपनी अम्मा की बातों से अपने में हिम्मत बटोरता है, "अम्मा, तुम बहुत अच्छी हो, बापू ऐसे क्यों नहीं हैं?"

"हर माँ अपने बच्चे को नौ महीने अपनी कोख में रखकर उसके दुःख और सुख के एहसास के साथ जीती है, जिसे वह कभी भुला नहीं पाती बेटा...शायद यही वजह है जो माँ की ममता बच्चे के पिता से अलग होती है।" श्याम की अम्मा बड़े प्यार से उसके सिर पर हाथ फेरती और वह बड़े प्यार से अपनी माँ की गोद में सिर रखकर, खुले आसमान में तारों की छाओं तले सो जाता है। अम्मा अपने बेटे श्याम को बड़े प्यार से चादर से ढँकती है और स्वयं छत से नीचे उतर जाती है।

•••

23

कॉलेज कैम्पस एक ऐसी जगह है जहाँ से लोग देश की राजनीति, बड़ी–बड़ी कम्पनियों और खेलों में अपना नाम बनाते हैं। जिस तरह देश की राजनीति में क़दम रखने के लिए ज़रूरी है कि कॉलेज की राजनीति में अपनी पहचान बनायी जाये, उसी तरह खेलों में नेशनल और इण्टरनेशनल लेवल पर अपनी जगह पाने के लिए यह ज़रूरी है कि कॉलेज के टूर्नामिण्ट्स में जीत हासिल की जाये।

श्याम ने भी कॉलेज के उस टूर्नामिण्ट में जीत हासिल कर ऑल इण्डिया टेनिस एसोसिएशन के चयनकर्ताओं के बीच अपने बेहतरीन खेल के बारे में चर्चा करवा दी थी। अब श्याम का अगला पड़ाव था ऑल इण्डिया टेनिस एसोसिएशन की चैम्पियनशिप की ट्रॉफ़ी को हासिल करना। एक दिन नेशनल लेवल के चयनकर्ता स्कूल ऑफ़ सोशल वर्क्स आकर वहाँ के स्पोर्ट्स टीचर रवि शर्मा से मिलते हैं और श्याम को नेशनल लेवल के मैच में भेजने के बारे में बात करते हैं। पहले तो जब उन्हें श्याम के बारे में पता चलता है कि वह किसी भी कॉलेज का स्टूडेण्ट नहीं है बल्कि वहाँ मामूली सी नौकरी करता है तो वह लोग थोड़ा हिचकिचाते हैं। किन्तु इस बार प्रिंसिपल श्याम के खेल की बेहद तारीफ़ करते हैं और उसे नेशनल लेवल के मैचों में हिस्सा लेने के लिए प्रोत्साहित भी करते हैं। काफ़ी सोच विचार के बाद श्याम को ऑल इण्डिया टेनिस चैम्पियनशिप में खेलने के लिए सलेक्ट कर लिया जाता है।

श्याम को जब इस बात का पता चलता है तो वह बहुत ख़ुश होता है। पूरी बस्ती में मानो रंगों की होली मनाई जा रही थी। ग़रीब बस्ती की यही खासियत होती है कि छोटी–छोटी खुशियों को रंगों से भर देते हैं और दिल खोलकर जश्न मनाते हैं। ग़रीब बेपरवाह नाचता है और ज़ोर

से ऊँची आवाज़ में हँसता भी है, जबकि अमीर नाचता नहीं नचाता है और हँसता नहीं बस मुस्कुराता है। श्याम के दोस्त नाच–गा रहे थे और होली के रंगों को एक–दूसरे पर उड़ा रहे थे। सबको लगता था कि श्याम की मंज़िल अब दूर नहीं, वह वक़्त बहुत क़रीब है जब श्याम इण्टरनेशनल लेवल पर अपनी पहचान बनायेगा।

दूर से आती एक लम्बी–सी कार श्याम और उसके नाचते–गाते दोस्तों के सामने आकर रुकती है। उसमें से दीपिका को नीचे उतरता देखकर श्याम सकपका जाता है और उसकी नज़रों से बचने की कोशिश में बाकी दोस्तों के पीछे छिपने लगता है। मगर दीपिका उसे ज़ोर से आवाज़ लगाकर पुकारती है, "कहाँ छिपने की कोशिश कर रहे हो श्याम, मैं तुम्हें किडनैप करने नहीं मुबारक़बाद देने आयी हूँ।"

श्याम उसके सामने आ जाता है, "मगर आप यहाँ...?"

"तुम्हारे बारे में न्यूज़–पेपर में पढ़ा और मुझसे रहा नहीं गया, सोचा तुमने अपनी मेहनत से इतना बड़ा मौक़ा हासिल किया है क्यों न मैं ख़ुद चलकर तुम्हें मुबारक़बाद दूँ।"

"थैंक्स ए लोट...पर आपको यहाँ का पता किसने दिया...?"

"अगर कोई किसी को ढूँढ़ना चाहे तो ढूँढ़ ही लेता है और फिर कोई ऑल इण्डिया टेनिस चैम्पियनशिप में मैच खेलने के लिए चुना गया हो तो उसका पता लगाना कोई मुश्किल बात नहीं...सोच क्या रहे हो, कोई चाय–कॉफ़ी के लिए नहीं पूछेगा।" दीपिका की बात में उसका अपनापन झलकता है।

"मतलब मशहूर होने की कीमत चुकानी पड़ेगी।" श्याम मुस्कुराता है।

"अब तो शुरुआत है...आगे–आगे देखिए कितनी कीमतें चुकानी पड़ेंगी।"

"लगता है, आप हमें डरा रही हैं।"

"तुम भी अब बच्चे नहीं रहे ऑल इण्डिया टेनिस चैम्पियनशिप में भाग ले रहे हो...आगे चलकर इण्टरनेशनल चैम्पियनशिप में भी जा सकते हो। अब डर निकाल दो और आगे बढ़ो।" दीपिका थोड़ा पर्सनल होने की कोशिश करती है।

दीपिका भले श्याम से उमर में दो साल बड़ी थी मगर उसकी बातें बिल्कुल हमउम्र जैसी लगती थीं। वक़्त के साथ और कुछ अच्छे–बुरे अनुभवों से गुज़रकर श्याम अपनी उम्र से ज़्यादा बड़ा हो गया था। उसकी बातों में भी अब कई छिपे मायने नज़र आने लगे थे। कुछ देर बातें करने के बाद

श्याम दीपिका के साथ उसकी कार में बैठकर चला जाता है। मोनी और आशुतोष उसे इस तरह से एक बड़ी–सी कार में एक लड़की के साथ जाते देखकर भौचक्के रह जाते हैं। वह जानने की कोशिश करते हैं कि श्याम आख़िर उन्हें छोड़कर कहाँ जा रहा है। अल्हड़पन के कई सवालों से घिरे वह दोनों एक–दूसरे की तरफ़ प्रश्नवाचक नज़रों से देखते रह जाते हैं।

●●●

चारों तरफ़ लोगों की भीड़ ऑल इण्डिया नेशनल चैम्पियनशिप के टेनिस मैच को देखने के लिए जमा थी। वहाँ स्टेडियम में बैठने वाला हर व्यक्ति वी.वी.आई.पी. था, किसी को भी अन्दर आने की इजाज़त नहीं थी। अगर कोई अन्दर आना भी चाहे तो टिकट इतनी महँगी थी कि कोई वहाँ आकर मैच देखने की हिम्मत नहीं कर सकता था। इस बार श्याम का न कोई दोस्त वहाँ आ सका था और न ही उसकी अम्मा। हाँ इस बार अगर कोई उसका दर्शक था तो वह थी सिर्फ़ दीपिका जो किसी तरह से कॉलेज का आई कार्ड दिखाकर और महँगी टिकट खरीदकर वहाँ आ पहुँची थी। श्याम उसे देख लेता है और अपने मैच के लिए जब टेनिस कोर्ट में उतरता है तो वह अपना रैकेट हिलाकर दीपिका का अभिनन्दन करता है, दूर से दीपिका भी उसे गुड–लक का इशारा करती है।

मैच शुरू होता है, श्याम हमेशा की तरह बड़े जोश के साथ मैदान में उतरता है और बेहतरीन शॉट्स मारता है। मगर आज उसके इन शॉट्स पर तालियाँ मारने वाला कोई नहीं था, सिर्फ़ दीपिका को छोड़कर। हर बार जब भी वह कोई अच्छा शॉट मारता उसकी नज़र दीपिका की तरफ़ चली जाती जो उसे हाथ के इशारे से और बेहतर खेलने का हौसला बढ़ाती। श्याम का आत्मविश्वास इतना प्रबल था कि वह पहला सेट जीत जाता है और दूसरे सेट की शुरुआत में उसकी पहली–दूसरी दोनों सर्विस रोंग हिट के कारण कोर्ट से बाहर चली जाती हैं। जिसका एडवाण्टेज़ दूसरे खिलाड़ी को मिलता है और वह उससे आगे स्कोर कर लेता है। दूसरा सेट श्याम छह जीरो से हार जाता है। यह पहली बार होगा जब श्याम किसी राउण्ड में ज़ीरो से हारा हो। उधर दर्शकों में बैठी दीपिका भी श्याम की इस हार से चिन्तित हो उठी थी।

तीसरे सेट की शुरुआत अच्छी होती है, श्याम अपनी सर्विस और

स्ट्राइक पर पूरा ध्यान देता है और पहला गेम जीत जाता है। दीपिका की जान में जान आती है और वह श्याम के आत्मविश्वास को बल देने के लिए ज़ोर–ज़ोर से चीयरअप करती है। श्याम का कोन्फिडेंस बढ़ने लगा था किन्तु सामने वाला खिलाड़ी भी बहुत बेहतरीन खेल रहा था। मुक़ाबला टक्कर का था, श्याम तीसरे सेट के पाँचवें गेम को हार जाता है और अब हार–जीत का पूरा दारोमदार इस आख़िरी सेट के छठे गेम पर निर्भर करता है। इस आख़िरी सेट के गेम छह की शुरुआत में श्याम के छक्के छूट जाते हैं और वह अपनी पूरी कोशिश के बावजूद मैच छह –चार (6/4) से हार जाता है। दर्शकों में इकलौती श्याम की समर्थक दीपिका पूरी तरह निराश हो जाती है। श्याम के चेहरे पर भी मायूसी छा जाती है। पहली बार श्याम ने हार के दर्द को महसूस किया था।

...दौड़कर जीतने वाला जब तक गिरता नहीं, अपनी मंज़िल को नहीं पा सकता है। इसीलिए जीत की राह पर दौड़ते हुए गिरना बेहद ज़रूरी हो जाता है। कभी–कभी बहती नदी की लहरों में कुछ ऐसी लहरें भी आती हैं, जो किनारे पर लगे बड़े–से–बड़े पेड़ को गिरा देती हैं। श्याम की राह में नज़र आती कामयाबी में बहती नदी की लहरों में एक हार की ऐसी लहर आती है जो उसके भीतर के मज़बूत इरादों को झकझोरकर रख देती है।

●●●

जब तक आप कामयाबी की सीढ़ियाँ चढ़ रहे होते हैं, सब आपका साथ देने के लिए तैयार रहते हैं और ज्यों ही आप नीचे की तरफ़ लुढ़कने लगते हैं, लोग आपका साथ छोड़ने लगते हैं। श्याम के साथ भी कुछ ऐसा ही होता है, ऑल इण्डिया नेशनल चैम्पियनशिप में हारने के बाद, उसे स्कूल ऑफ़ सोशल वर्क्स के मैदान में खेलने से मना कर दिया जाता है। उसका आई कार्ड छीन लिया जाता है। इस बार न कोच रवि और न ही मोनिका उसका साथ दे पाते हैं। प्रिंसिपल को उसकी हार का इतना बड़ा झटका लगता है कि वह बिना किसी की बात को माने श्याम के कॉलेज में आने पर पूरी तरह से रोक लगा देता है।

एक तरफ़ हार का सामना ठीक से श्याम नहीं कर पाया था, वहीं दूसरी तरफ़ उसे अब टेनिस कोर्ट में प्रेक्टिस करने से भी हाथ धोने पड़ते

हैं। श्याम के साथ एकाएक इतना कुछ घट जायेगा उसे ज़रा भी इसका एहसास नहीं था। आपकी हार पर दुनिया भले आपका साथ छोड़ जाये मगर आपके अपने जो होते हैं वह हमेशा आपके साथ खड़े रहते हैं। श्याम के दोस्त, बस्ती के लोग, उसकी अम्मा, यहाँ तक कि इस बार उसके पिता भी उसके जीवन की इस कमज़ोर घड़ी में उसके साथ खड़े नज़र आते हैं।

रात का वक़्त था, आसमान पर बादल उमड़े पड़े थे, जिसकी वजह से पूरी फ़िज़ा में घनघोर अँधेरा छाया हुआ था, रह–रहकर बादलों के पीछे से बिजली की गड़गड़ाहट के साथ आँखें चुँधियाने वाली रोशनी चारों तरफ़ फैले अन्धकार को चमकाकर दौड़ जाती थी। श्याम की अम्मा चूल्हे में जलती अंगार को पानी के कुछ छींटें डालकर बुझा रही थी और उसका पिता वहीं पास में बैठे सिगरेट के कश ले रहा था। श्याम वहाँ नज़र नहीं आ रहा था।

"तेरा लाड़ला कहाँ है आज चम्पा...नज़र नहीं आ रहा है?" पिता चतरू सिगरेट का कश भरते हुए उसकी अम्मा चम्पा से पूछता है।

"आज क्यों पूछ रहे हो उसके बारे में...?" अम्मा जानती थी कि श्याम की हार का मज़ा शायद वह लेना चाह रहा है।

"बाप हूँ उसका, उसके बारे में जानना मेरा हक़ है।"

"अच्छा और वह क्या करता है, क्या करना चाहता है, इसके बारे में तो कभी नहीं पूछा आज तक।"

"हर बात पूछना मेरे लिए ज़रूरी नहीं है।"

"तो आज कैसे...?"

"तुझमें और मुझमें यही फ़र्क़ है, तू अपनी हमदर्दी दिखाती है और मैं नहीं।"

"तो जाओ चतरू साब, आज तुम भी अपने बाप होने का फ़र्ज़ निभाओ...मैच की हार से दुःखी होकर छत पर बैठा है, मैंने लाख कोशिश की मगर नीचे नहीं आया।"

पिता चतरू कुछ देर सोचता है और फिर उठकर घर की छत पर श्याम से मिलने चला जाता है।

•••

आसमान में बिजली कड़क रही थी, बारिश किसी भी वक़्त आ सकती थी,

फिर भी श्याम एकान्त मन के साथ आसमान की तरफ़ देख रहा था, उस तारे को ढूँढ़ रहा था जिससे वह अक़सर असलम अंकल मानकर बातें किया करता था। बादलों की वजह से न आसमान में चाँद था और न ही तारे, बस अगर आज कुछ था तो श्याम के मन में उदासी और आँखों में नमी। इसी बीच उसके पिता चतरू वहाँ छत पर चढ़ आते हैं और उन्हें देखकर श्याम चौंकता ही नहीं बल्कि डर–सा जाता है।

"बाप हूँ तेरा, डर तो ऐसे गया जैसे कोई दुश्मन सामने आ गया हो तेरे।" चतरू पहली बार श्याम से आमने–सामने बात करने लगा था।

श्याम सकपकाते हुए, "नहीं...वो क्या था कि मैं...नीचे आता हूँ...।"

"मैं नीचे बुलाने नहीं आया हूँ...मैं सिर्फ़ इतना कहना चाहता हूँ कि एक हार इनसान को कई जीतों का रास्ता दिखाती है, तू अगर हारा है तो इसका मतलब यह है कि अब तूने बस जीतना है...यह तो कामयाबी के रास्ते में पड़े मामूली कंकड़ हैं, अभी तो तुझे कई पहाड़ लाँघने हैं... चिन्ता मत कर कल से सब कुछ भुलाकर अपने खेल की तरफ़ ध्यान दे...। मेरी पिछली बातों की तरफ़ ध्यान मत देना, वह एक खुदगर्ज़ बाप था, जो अपने बेटे के सपनों के रास्ते में आ रहा था...तेरी मेहनत और तेरे सपनों के सामने मैं तो क्या कोई भी बाप होता आज यही कहता... जा बेटे जी ले अपनी ज़िन्दगी और पा ले अपने सपनों को...हम सब तेरे साथ हैं।" आज एक पत्थर दिल बाप नहीं बल्कि हमदर्द बाप का प्यार बोल रहा था।

श्याम ने पहली बार अपने पिता को इतना भावुक और हमदर्दी से भरा पाया था, उसे अपने पर भरोसा नहीं हो पा रहा था। ऐसे में वह अपनी आँखों के आँसुओं को रोक नहीं पाता और वह झर–झर करके बहने लगते हैं। वहीं उसकी अम्मा भी वहाँ छत पर आ पहुँची थी और वह भी चतरू को इस तरह से बातें करते देखकर रो पड़ती है। श्याम अपने पिता के पैरों पर अपना सिर रख देता है, चतरू उसे उठाता है और अपने सीने से लगा लेता है।

"अपनी औलाद के लिए दुनिया का कोई भी बाप या माँ बुरा नहीं चाह सकता...अपने बच्चों की खुशी में ही उनकी खुशी होती है...माना मेरा तरीक़ा ग़लत रहा होगा, मगर मेरा मक़सद हमेशा तेरी कामयाबी के सपने देखा करता था।" बाप की आँखों में आँसू तो नहीं मगर उसके मन में भावना का सैलाब बह रहा था।

"मुझे माफ़ करना पिताजी मैंने आपको ग़लत समझा।" श्याम हाथ जोड़कर अपने पिता से माफ़ी माँगता है।

"ऐसा नहीं पगले, तुमने वही समझा जो मैं दिखाता था...ख़ैर छोड़ वह सब, कल से अपने मक़सद की तरफ़ ध्यान दे।"

इसी बीच गरजते बादलों से बारिश की बूँदें बरसने लगती हैं। श्याम की अम्मा बाप–बेटे का ये मिलन देखकर बेहद ख़ुश होती है, "बाप–बेटे के इस प्यारे से मिलन को देखकर लगता है इन्द्र देवता भी ख़ुश हो गये हैं, देखो बारिश की बूँदें बरसने लगी हैं...चलो नीचे वरना भीग जाओगे।"

"तुम जाओ श्याम की अम्मा, आज मेरा मन बारिश में भीगना चाहता है।" चतरू अपने बेटे को बरसों बाद अपने सीने से लगाकर ख़ुद को बेहद हल्का महसूस कर रहा था।

"और मैं भी भीगना चाहता हूँ अम्मा...।" श्याम की मनःस्थिति भी अपने पिता जैसी ही थी।

श्याम की अम्मा बाप–बेटे की इस बात को सुनकर बेहद हैरान होती है और मुस्कुराती है, "तो मैं क्यों नीचे जाऊँ...मेरा मन भी भीगना चाहता है।"

ज़ोर की बिजली कड़कड़ाती है और श्याम अपनी अम्मा–बापू के सीने से लग जाता है। बारिश की बूँदों में भीगकर तीनों बेहद ख़ुश और हल्का महसूस कर रहे थे।

ये बारिश की बूँदें, मन को बहलाती हैं,
भीतर की कुण्ठाएँ पानी संग बह जाती हैं।।

•••

24

पूरा परिवार अगर आपके साथ हो तो आपके जीवन में आगे बढ़ने की शक्ति दोगुनी हो जाती है। आपके भीतर की शक्ति का प्रवाह आपके अपनों से मिलता है और जब आपका परिवार आपकी भावनाओं की कद्र करता है तो बाहर के लोग भी आपके साथ जुड़ जाते हैं। श्याम अब पहले से ज़्यादा आत्मविश्वास से भरा हुआ महसूस कर रहा था, उसके साथ उसके दोस्त ही नहीं बल्कि बस्ती के बाकी लोग भी आकर जुड़ जाते हैं और उस नदी के पास पड़े उजाड़ मैदान को इस बार पहले से बेहतर बनाने का काम शुरू कर देते हैं।

फिर से वही घटता है जब श्याम ने मोनी, आशुतोष और मलंग के साथ मिलकर उस जगह को खेलने लायक बनाया था। बस्ती में आग लगने से वहाँ कुछ बेघर लोग आकर बस गये थे, उनके चले जाने के बाद इस मैदान की हालत और बदतर हो गयी थी। आज उसके साथ सिर्फ़ दो या तीन लोग ही नहीं थे, बल्कि बस्ती के ज़्यादातर लोग आकर अपना श्रमदान दे रहे थे। सब चाहते थे कि श्याम टेनिस में जीत हासिल करे और अपना ही नहीं बल्कि पूरी बस्ती का नाम रोशन करे।

सब मिलकर उस जगह को एक बेहतरीन लॉन–टेनिस का मैदान बना डालते हैं। श्याम इस बार वहाँ मैदान के पास पत्थर की एक दीवार पर अपने हाथ से बनायी असलम अंकल की उस तस्वीर को एक बड़े से फ्रेम में लाकर लगा देता है ताकि वह खेलते वक़्त अपने गुरु की तस्वीर को देखकर प्रेरणा पाता रहे और बेहतर खिलाड़ी बनकर वहाँ से निकले। श्याम की इस एकलव्य भक्ति को देखकर बस्ती के सभी लोग उसकी इस भावना की इज़्ज़त करते हैं और असलम ख़ान की वहाँ मूर्ति बनवाकर लगवाने की बात का फ़ैसला ले लेते हैं।

कुछ दिनों में देखते हैं, मलंग एक पत्थर को तराश कर हू–ब–हू असलम ख़ान की मूर्ति बना डालता है। एक सुबह जब श्याम अपने साथियों के साथ मैदान में खेलने के लिए आता है, तो सब देखकर हैरान रह जाते हैं, असलम ख़ान की मूर्ति मैदान के क़रीब एक ऊँचे से पत्थर पर लगी हुई थी और मलंग उसे आख़िरी टच दे रहा था।

मोनी बड़ी उत्सुकता के साथ कहता है, "अरे मलंग चाचा, आपने तो कमाल कर दिया...आप तो छिपे रुस्तम निकले...आपको लोग बेकार में पागल समझते हैं, आप तो सबसे ज़्यादा समझदार हैं।"

आशुतोष, "पत्थर को तराशने वाले संग–तराश को लोग पागल ही तो समझते हैं।"

मोनी इस बात से सहमति जताता है, "बेशक...! ऐसी कलाकारी कोई दीवाना–पागल ही कर सकता है।"

श्याम अपने असलम अंकल की मूर्ति को देखकर ऐसा महसूस करता है मानो स्वयं असलम ख़ान उनके सामने खड़े हैं और उसे लॉन–टेनिस के मैदान में खेल के गुर सिखा रहे हैं। मलंग अपना काम पूरा करके वहाँ से गाता हुआ चला जाता है...

उठा ले विजय–धनुष, पास ही है अब तेरे,
रूह में रहा जो सदा, मूर्त में है सामने तेरे।।

•••

श्याम उस मूर्ति को सिर झुकाकर नमन करता है और लॉन–टेनिस के कोर्ट में उतर जाता है। उसके सामने भले दो खिलाड़ी बने मोनी और आशुतोष खेल रहे थे, मगर उसके बेहतरीन खेल के सामने वो दोनों पागलों की तरह टेनिस गेंद की तरफ़ लपकते नज़र आते हैं। श्याम खेल तो रहा था किन्तु उसे अपने सामने कोई ऐसा खिलाड़ी चाहिए था जो उससे बेहतर खेलना जानता हो, क्योंकि ख़ुद अच्छा खेलने के लिए यह ज़रूरी होता है कि आपके स्वयं के सामने वाला भी अच्छा खिलाड़ी हो।

श्याम अपनी सोच के दायरे में डूबा एकाएक ऐसा महसूस करता है कि उसके सामने असलम अंकल आकर खेलने लगे हैं और उसे सर्विस और शॉट मारने के तरीक़े समझा रहे हैं। जहाँ एक तरफ़ श्याम अपने

आपको असलम के साथ खेलता महसूस कर रहा था वहीं दूसरी तरफ़ मोनी और आशुतोष उसे यूँ अकेला कोर्ट में टेनिस का रैकेट और गेंद को लेकर उछलते–खेलते देखकर अचरज में पड़ जाते हैं। श्याम को कुछ देर यूँ उछल–उछलकर रैकेट घुमाते देखकर जब मोनी और आशुतोष बोर हो जाते हैं, तो मोनी ज़ोर से चिल्ला उठता है, "अबे टेनिस के हरफनमौला ज़रा देख तो ले तेरे सामने कौन खेल रहा है, यूँ ही हवा में रैकेट घुमाता रहेगा क्या...?"

आशुतोष मोनी को रोकता है, "चलने दे यार, लगता है अपना दोस्त हमें दौड़ाकर अब अपनी प्रेक्टिस कर रहा है।"

श्याम एकाएक अकेले खेलते हुए रुक जाता है और रियलाइज़ करता है कि उसके सामने कोई भी मैदान में नहीं है और वह अकेला ही खेलने की प्रेक्टिस कर रहा है। वह असलम ख़ान की मूर्ति को अपने मन में इस हद तक बिठा चुका था कि उसे अपने सामने वह खेलते हुए नज़र आ रहा था। एकाएक वह अपने इस हेलोसिनेशन से बाहर आता है और जाकर असलम अंकल की मूर्ति के पास बैठ जाता है। मोनी और आशुतोष भी उसके पास आते हैं और चुपचाप वहीं बैठ जाते हैं।

मोनी बड़े सद्भाव से कहता है, "होता है, जब आप अपने भीतर के मन के साथ जुड़ जाते हैं तो ऐसा होता है, मैंने गुरुद्वारे में चल रहे एक प्रवचन में सुना था। जो आप सोचते हैं वैसा आपको दिखने लगता है और फिर आप भी उसी दिखने वाले चित्र को ही सच मानकर उसके साथ जीने लगते हैं और यहाँ श्याम के केस में वह स्वयं उसके साथ खेल रहा था जिसे वह अपने सामने देख रहा है।"

श्याम अपने मन को शान्त कर अपनी इस मनःस्थिति को समझता है, "हाँ तू ठीक कह रहा है, इस मूर्ति को देखकर मुझे लगने लगा था कि मैं असलम अंकल के साथ ही खेल रहा हूँ और वह मुझे सिखा रहे हैं।"

आशुतोष बड़े तंज़ भरे अन्दाज़ के साथ कहता है, "मुझे तो ये एक पागलपन लग रहा था...वैसे भी पागल द्वारा बनायी मूर्ति, पागल ही बना सकता है, बेहतर हम इस मूर्ति को यहाँ से हटाकर नदी में बहा दें।"

श्याम को आशुतोष की यह बात ऐसे लगती है मानो किसी ने उसके सामने उसके गुरु की हत्या कर दी हो। वह ज़ोर से चीख़ता हुआ आशुतोष पर बरस पड़ता है, "कुत्ते–साले तू मेरे गुरु की हत्या करना चाहता है, उसे यहाँ से हटाकर नदी में डुबा देना चाहता है,

तेरी हिम्मत कैसे हुई ये कहने की, मैं तुझे जान से मार दूँगा।" कहते हुए श्याम आशुतोष के ऊपर टूट पड़ता है और उसे उठाकर ज़मीन पर पटक देता है।

मोनी यह देखकर हैरान होता है और श्याम को कसकर पकड़ लेता है। आशुतोष को तो मानो अपनी आँखों पर भरोसा ही नहीं हो रहा था कि श्याम इस तरह भी कभी ग़ुस्सा कर सकता है। आशुतोष जल्द ही श्याम की भावनाओं को लगी ठेस को पहचान लेता है और माफ़ी माँगने लगता है, "माफ़ कर दे श्याम, मुझसे ग़लती हो गयी, मैं न जाने क्या अनाप–शनाप बक गया...आगे से ऐसी ग़लती नहीं होगी।"

श्याम रुक जाता है और अपने ग़ुस्से को अपने बस में कर लेता है। मोनी भी सब कुछ शान्त करवाता है और पानी की बोतल से श्याम को पानी भी पिलाता है। श्याम पानी पीकर अपनी आँखें बन्द करके कुछ देर शान्त होकर बैठ जाता है। अपने गुरु के लिए ऐसी श्रद्धा रखने वाले शिष्य बहुत कम ही देखने को मिलेंगे। जो श्रद्धा श्याम के मन में अपने असलम अंकल के लिए थी वह अपने आप में एक मिसाल थी। जिस एक रिश्ते की भावना को लेकर श्याम चल रहा था वह आने वाली पीढ़ियों के लिए प्रेरणा बन सकती है। आज के युग में अगर कोई एकलव्य की तरह अपनी मिसाल कायम कर सकता है तो वह है श्याम।

•••

श्याम की प्रेक्टिस ज़ारी रहती है और उसके सामने बस्ती के कई लोग बॉल पकड़कर फेंकते हैं। श्याम अपनी बेहद फुर्ति से बेहतर से बेहतर शॉट्स मारता रहता है। एक दिन वहाँ दीपिका आ जाती है, जो उसके साथ खेलने लगती है और इसे देखकर उसके दोस्त खुश होते हैं क्योंकि उसके आने पर उनकी पिटाई बन्द हो गयी थी। उधर श्याम को भी अपने सामने अपने से बेहतर तो नहीं मगर हाँ लॉन–टेनिस के खेल को समझने वाला खिलाड़ी मिल गया था।

सब कुछ ठीक चल रहा था। अब सवाल यह पैदा होता है, वह फिर से कैसे नेशनल लॉन–टेनिस चैम्पियनशिप में हिस्सा ले ताकि उसे जीतकर इण्टरनेशनल चैम्पियनशिप में भाग लेने के लिए अपने आपको क्वालीफाई कर सके। दीपिका इसमें उसके लिए एक वरदान की तरह

सामने आती है क्योंकि उसके पिता पी. एम. हाउस में एक अच्छे पद पर नौकरी करते थे और उनके सेलेक्शन कमेटी के सदस्यों से भी काफ़ी अच्छे ताल्लुकात थे।

दीपिका अपने पिताजी से बात करती है और उन्हें भी श्याम से मिलवाने के लिए वहाँ उसके नदी किनारे बने लॉन–टेनिस कोर्ट में ले आती है। श्याम दीपिका के पिता को वहाँ आया देखकर थोड़ा नर्वस होता है, मगर उसके पिता की सहजता उसे भी सहज कर देती है," वेरी नाइस श्याम, आई एम इम्प्रेस। तुमने एक बॉल–ब्वॉय से अपने टेनिस के खेल की शुरुआत की और आज यहाँ तक आ पहुँचे हो...चलो आज हमारे साथ भी एक–एक मैच हो जाये, मैं भी तो देखूँ तुम कितना अच्छा खेलते हो जो हमारी लाड़ली बेटी तुम्हारी इतनी तारीफ़ करती है।" दीपिका के पिता बिल्कुल दोस्तों की तरह बात करते हैं।

"अंकल आप ख़ुद भी तो बहुत अच्छा खेलते हैं।" श्याम दबी हुई जबान में बड़े आदरभाव से बोलता है।

"मुझे नहीं लगता तुम से जीत पाऊँगा...चलो बाकी फ़ैसला खेल के मैदान में होगा।"

दीपिका अपने पापा की यह ज़िन्दादिली देखकर ख़ुश होती है और तालियाँ बजाकर उनका मैदान में उतरने पर स्वागत करती है। श्याम और दीपिका के पापा लॉन–टेनिस के उस ग्राउण्ड पर उतर जाते हैं। सबसे पहले सर्विस करने के लिए श्याम गेंद दीपिका के पापा को दे देता है। मैच शुरू हो जाता है। पहला सेट श्याम दीपिका के पापा की इज़्ज़त रखने की ख़ातिर हार जाता है। दीपिका को समझ में आ जाता है कि श्याम जान–बूझकर हल्के शॉट्स मार रहा है ताकि उसके पापा जीत सकें।

"कमोन श्याम, ज़्यादा अच्छा बनने की ज़रूरत नहीं है, अपना गेम खेलो, मेरे पापा कोई इतने कमज़ोर खिलाड़ी भी नहीं हैं कि तुम उनके सामने अपना खेल अच्छी तरह खुलकर न खेल सको।" दीपिका ज़ोर से चिल्लाकर श्याम को सुनाती है।

श्याम इस बात से थोड़ा शर्माता है और फिर अपने पूरे जोश के साथ खेलने लगता है। एक के बाद एक सेट श्याम जीतता चला जाता है और दीपिका के पापा उसकी लाइन ऑफ़ प्लेइंग को देखकर बेहद इम्प्रेस होते है।

"ब्रिलियण्ट श्याम यू आर ए वेरी गुड प्लेयर...तुम्हें तो नेशनल

चैम्पियन होना ही चाहिए...मैं तुम्हारे बारे में बात करूँगा और तुम्हें हर हाल में नेशनल गेम्स में हिस्सा दिलवाऊँगा।" दीपिका के पिता बड़े विश्वास के साथ श्याम की तारीफ़ करते हैं।

"थैंक्यू सर...आई शेल बी वेरी ग्रेट फुल टू यू फॉर दिस।" श्याम बड़े आदर से उनका धन्यवाद करता है।

दीपिका के पापा को श्याम का इस तरह से अंग्रेज़ी में बोलना काफ़ी इम्प्रेस करता है, "आई एम इम्प्रेस श्याम, यू हेव इम्प्रूव्ड ए लोट...तुमने अपने आपको काफ़ी बदला है, डोण्ट वरी, आई एम श्योर यू विल मेक युअर मार्क इन दिस गेम, तुम ज़रूर इस खेल में अपनी पहचान कायम करोगे।"

दीपिका बड़े फ़ख्र से कहती है, "मेरे पापा ने बोल दिया तो समझो हो गया...क्यों पापा।"

दीपिका के पापा उसे प्यार से अपने गले लगाते हुए, "यस माई डियर डॉटर।"

"श्याम तुम बस अब अपनी तैयारी करो, इस बार मैं ट्रॉफ़ी तुम्हारे हाथ में देखना चाहती हूँ।" दीपिका मुस्कुराते हुए श्याम से अपनापन ज़ाहिर करती है।

दीपिका ना जाने क्यों श्याम से इतनी हमदर्दी रखती थी। इसकी शायद एक ही वजह थी जब वह होटल के टेनिस कोर्ट में खेलना चाहती थी उस वक़्त श्याम ने उसका साथ दिया था और उसके साथ खेलकर उसे टेनिस के बारे में अपनी अधूरी नॉलेज के बावजूद अच्छी तरह से समझाने की कोशिश की थी। ये सच है, 'इनसान का किसी दूसरे के लिए ईमानदारी और श्रद्धा से किया हुआ कोई भी काम लौटकर उसके पास वापस ज़रूर आता है।' श्याम का उस वक़्त किया हुआ वह छोटा–सा जस्चर व श्रद्धा से भरकर की हुई मदद आज दीपिका की तरफ़ से बड़ी मदद बनकर सामने आ रही थी।

●●●

दीपिका के पापा श्याम के लिए ऑल इण्डिया टेनिस चैम्पियनशिप टीम की सेलेक्शन कमेटी को पी. एम. हाउस से लेटर लिखवाते हैं और ख़ुद जाकर उसे देते भी हैं। श्याम को इण्टरव्यू के लिए कमेटी के सामने बुलाया जाता है, जिसमें वह जाकर सबको अपने प्रति इम्प्रेस

कर लेता है और फिर से एक बार नेशनल टेनिस टूर्नामेण्ट में भाग लेने की अनुमति पा जाता है। इस बार का मौक़ा श्याम के लिए एक वरदान की तरह था क्योंकि इसमें कामयाबी उसे सीधा विम्बलडन की टिकट दिलवा सकती थी। ऐसा वादा उसने उस नेशनल टीम की सेलेक्शन कमेटी के सामने किया था और उसके बदले में उसे भी आश्वासन दिया गया था कि अगर उसने नेशनल गेम्स में अच्छा खेला, तो उसे इण्डिया की तरफ़ से विम्बलडन टूर्नामेण्ट में भेजा जायेगा। श्याम के जीवन की यह एक ऐसी घटना थी जिसे वह हर हाल में मुकम्मल करना चाहता है।

इसी जोश और ख़ुशी के साथ दीपिका से जाकर श्याम मिलता है और उसके गले लगकर उसका धन्यवाद करता है, "थैंक्स दीपिका, मैं तुम्हारा यह अहसान ज़िन्दगी भर नहीं भूल सकता।"

दीपिका यह देखकर चौंकती है, "इतना उतावला होने की ज़रूरत नहीं, अपने खेल की तरफ़ ध्यान दो अब...मैं भी अब तुमसे तभी मिलूँगी जब तुम जीतकर ट्रॉफ़ी लाओगे।"

"पर ऐसा क्यों, तुम तो मेरे लिए लक्की हो...।" श्याम को दीपिका की यह बात पसन्द नहीं आती जिसमें वह उससे न मिलने की बात कर देती है।

"प्लीज़ पिछली बार अपने मैच को खेलने से ज़्यादा तुम्हारा ध्यान मेरी तरफ़ ज़्यादा था, इस बार मैं नहीं चाहती तुम फिर से ऐसी ग़लती करो...मैं तुम्हारे मैच में नहीं आने वाली।" दीपिका पिछले मैच में श्याम के हारने की वजह अपने आपको मानती है, क्योंकि उस दिन श्याम का ध्यान अपने खेल से ज़्यादा उसकी तरफ़ था।

मगर यह बात श्याम नहीं मानता, "अरे तुम ग़लत समझ रही हो, ऐसा मैंने कुछ नहीं किया था, खेल में हार–जीत तो चलती रहती है।"

"तुम लड़के हो और मैं लड़की, तुमसे ज़्यादा समझ रखती हूँ समझे।"

"यह अच्छी बात नहीं है, यू आर हर्टिंग मी।" श्याम अपनी नाराज़गी प्रकट करता है।

"क्या अच्छा है और क्या बुरा, यह मैं अच्छी तरह जानती हूँ...गुड ब्वॉय एण्ड ऑल दी बेस्ट...जीत गये तो मुलाक़ात होगी वरना हमेशा के लिए अलविदा।" दीपिका आज श्याम के साथ बिल्कुल ही अलग व्यवहार कर रही थी।

"लगता है तुम रुलाने के मूड में हो।" श्याम थोड़ा नर्वस होने लगता है।

"बेकार की बातें मत करना वरना पापा को बोलकर टीम से निकलवा दूँगी।" दीपिका थोड़ा अकड़कर बात करती है।

"अच्छा सॉरी बाबा...अपना ख़याल रखना।" श्याम नहीं चाहता कि दीपिका किसी भी बात का बुरा मान जाये इसलिए उसकी हिदायतों को स्वीकार कर लेता है।

"डोण्ट वरी...ब्वॉय...।" दीपिका यह कहकर वहाँ से चली जाती है।

श्याम उसे क़ाफ़ी देर तक जाते देखता रहता है। पता नहीं क्यों आज श्याम की आँखें दीपिका के जाने पर नम हो गयी थीं। कुछ रिश्ते किसी नाम के मोहताज नहीं होते, ऐसा ही दीपिका और श्याम के रिश्ते में भी था, जिसे किसी एक दायरे में बाँधना मुनासिब नहीं होगा। दीपिका उम्र में श्याम से बड़ी थी और हैसियत में भी, इसलिए इनके बीच में प्यार--मोहब्बत जैसे किसी एहसास के होने का मतलब ही नहीं बनता था, ऐसा शायद दोनों जानते भी थे और नहीं भी।

•••

25

कामयाबी के रास्ते पर रिश्तों का होना या न होना दोनों ही सूरतों में कोई मायने नहीं रखता। श्याम को अब महाभारत के अर्जुन की तरह पानी की परछाईं में सिर्फ़ मछली की आँख ही नज़र आ रही थी, जिसे भेदकर वह अपनी कामयाबी को हासिल करना चाहता था। अपने मक़सद को पाने में लगा श्याम रात–दिन केवल एक ही जुनून लेकर जी रहा था और वह था लॉन–टेनिस में नेशनल चैम्पियनशिप को जीतकर इण्टरनेशनल लेवल तक पहुँचकर अपने देश का नाम रोशन करने के साथ–साथ अपने असलम अंकल के उस सपने को पूरा करना था, जिसमें उन्होंने श्याम को एक बेहतरीन टेनिस खिलाड़ी बनाकर विम्बलडन में ट्रॉफ़ी हासिल करते हुआ देखा था।

श्याम दिन में कम–से–कम अब सात से आठ घण्टे तक लॉन–टेनिस की प्रेक्टिस करता रहता और अपने आपको फिट रखने के लिए धूप में बैठकर तेल की मालिश करता ताकि शरीर में पूरी तरह से स्फूर्ति बनी रहे। उसकी अम्मा के साथ–साथ अब उसके बापू भी उसका ख़याल रखने लगे थे। जब भी वह काम पर से घर लौटते, श्याम के लिए फल लेकर ज़रूर आते ताकि उसकी तन्दुरुस्ती बनी रहे और वह अपने खेल को बेहतरीन तरीक़े से खेल सके। इनसान के आत्मबल के लिए उसके पूरे परिवार का साथ बेहद ज़रूरी होता है और इस बार तो श्याम के पिता का साथ भी उसे हासिल हो चुका था।

•••

आज का दिन श्याम के जीवन की दिशा बदल सकता था, क्योंकि वह

नेशनल टेनिस टूर्नामेण्ट के उस मैच के लिए जा रहा था, जिसे वह एक बार हार चुका था। किसी भी हाल में आज श्याम को जीतना होगा और इस प्रेरणा के साथ अपनी अम्मा–बापू का आशीर्वाद लेकर वह घर से निकलता है। आज उसके पिता उसे अपनी साइकिल पर बैठाकर ले जाने की बात कहते हैं, "चल आज मैं तुझे अपने साथ साइकिल पर लेकर चलता हूँ...देख मेरी साइकिल पुरानी ज़रूर है मगर है बहुत लक्की, जिस किसी काम से मैं इस पर निकलता हूँ पूरा ज़रूर होता है।"

श्याम के पास कुछ कहने के लिए शब्द नहीं थे क्योंकि पहली बार ऐसा हुआ था जब उसके पिता उसके साथ खेल के लिए जाने को तैयार हुए थे। अपने पिता के साथ जाते समय श्याम को अपने असलम अंकल की याद आती है, जिनके साथ वह साइकिल पर बैठकर उनके होटल के उस मैदान की तरफ़ जाता था, जिसमें पहली बार उसने लॉन–टेनिस का रैकेट पकड़ा था।

पिता के साथ साइकिल पर सवार होकर जाते हुए, बस्ती के लोग और उसके दोस्त ढोल बजाकर नाचते–गाते हुए जीत की उम्मीद के साथ श्याम को विदा करते हैं। कुछ देर चलने के बाद श्याम अपने पिता की साइकिल पर सवार उस स्टेडियम तक आ पहुँचता है, जहाँ पर उसे मैच में खेलना था। साइकिल से उतरने के बाद श्याम के पिता वहीं बाहर उसका इन्तज़ार करने के लिए कहते हैं, मगर श्याम उन्हें वहाँ रुकने से मना करता है और स्टेडियम के अन्दर चला जाता है।

अन्दर पहुँचकर खेल शुरू होने की फोर्मेलिटीज़ होती हैं और फिर लॉन–टेनिस कोर्ट पर श्याम का मुक़ाबला उस खिलाड़ी से होता है, जिससे वह पिछली बार हार गया था। श्याम थोड़ा नर्वस होता है, मगर अपने भीतर के डर को समेटकर हवा में उड़ा देता है और एक नये जोश के साथ मैदान में उतर जाता है। तालियों की गड़गड़ाहट के बीच मैच शुरू होता है। इस बार श्याम की स्फूर्ति देखते ही बनती थी। विंग्स में बैठे दर्शक और बाकी के खिलाड़ी उसके खेल को देखकर अचम्भित रह जाते हैं। पहला सेट श्याम तीन ज़ीरो से जीत जाता है। सामने वाला खिलाड़ी इस बार श्याम के लगाये हुए शॉट्स को समझ ही नहीं पाता और एक के बाद एक शॉट मिस करता जाता है।

उधर बस्ती के लोग अपने–अपने घरों में बैठे रेडियो पर उसका मैच

सुन रहे थे। उसकी अम्मा भगवान् की मूर्ति के आगे हाथ जोड़े बैठी थी और अपने बेटे की सफलता की प्रार्थना कर रही थी। माँ का अपने श्याम बेटे के लिए प्रार्थना करना तो पहले भी देखा जा चुका था, मगर इस बार जो अलग था, वह था श्याम के पिता का स्टेडियम के बाहर खड़े होकर अपने बेटे श्याम की कामयाबी को महसूस करना और उसके जीत की कामना करना। वह हर बार जो भी स्टेडियम के अन्दर से बाहर निकलता उस व्यक्ति से अपने श्याम के बारे में पूछने लग जाता, "मेरा बेटा श्याम कैसा खेल रहा है, ज़रूर जीत रहा होगा...।"

जब इतने लोगों की ऐनर्जी किसी को कामयाबी दिलाने के लिए लगी हो तो यह ज़रूरी है कि वह व्यक्ति सबकी उम्मीदों पर खरा उतरे और ठीक ऐसा ही श्याम के साथ भी होता है। वह गेम का दूसरा सेट भी तीन जीरो से जीत जाता है। दो सेट जीतकर श्याम अपनी जीत तो निश्चित कर लेता है, मगर तीसरा सेट भी जीतकर वह अपने आपको बेहतरीन खिलाड़ियों की लिस्ट में शामिल करवाना चाहता था। इस तीसरे सेट में ऐसा चमत्कार होता है कि श्याम अपनी सर्विस के हर पहले शॉट पर सामने वाले को बुरी तरह पछाड़ डालता है। तीसरी सर्विस श्याम को बेहतरीन जीत दिलवा देती है और चारों तरफ़ श्याम की जय–जयकार होने लगती है।

श्याम को ऑल इण्डिया नेशनल चैम्पियन घोषित कर दिया जाता है और चयन कमेटी उसके नाम को विम्बलडन में इण्डिया की तरफ़ से खेलने के लिए लिस्ट में शामिल कर लेती है। यह श्याम की कामयाबी की पहली सीढ़ी थी, जहाँ पर उसने क़दम रख दिया था। इस बार जो ट्रॉफ़ी उसे मिलती है, उस पर सिर्फ़ उसी का हक़ होता है। श्याम उसे अपने हाथों में उठाकर चूम लेता है। बाहर निकलकर देखता है, तो उसके पिता अपनी साइकिल के साथ खड़े नज़र आते हैं। श्याम अपनी ट्रॉफ़ी अपने पिता को दिखाता है, जिसे अपने हाथों में लेकर उसके पिता फूले नहीं समा रहे थे। इस ख़ुशी के क्षण में चतरू की आँखों में ख़ुशी की चमक दौड़ रही थी और मोतियों से आँसू चमक उठे थे।

दोनों बाप–बेटे बस्ती में ट्रॉफ़ी के साथ पहुँचते हैं और चारों तरफ़ ख़ुशी की धूम मच जाती है। ढोल–नगाड़ों की आवाज़ के साथ श्याम

का स्वागत किया जाता है। पूरे वातावरण में हर्ष–उल्लास की लहर सी दौड़ गयी थी। सब ख़ुशी से झूम उठे थे और नाचते–गाते हुए श्याम को कन्धों पर उठाकर पूरी बस्ती में घुमाया जाता है। अम्मा अपने बेटे श्याम की इस सफलता से बेहद ख़ुश थी और हर बार की तरह इस बार भी उसकी आँखें ख़ुशी के आँसुओं से भरी हुई थीं।

●●●

26

जब इरादे मज़बूत हों और मंज़िल कहीं दूर तो रास्ते में मिलती कोई भी ख़ुशी छोटी ही लगती है। नेशनल टेनिस चैम्पियनशिप जीत लेने के बाद भी श्याम को सन्तुष्टि नहीं मिली थी, बल्कि उसका इरादा पहले से कहीं अधिक मज़बूत और कामयाबी को पाने का मक़सद बेहद बड़ा हो गया था। जीवन में कोई भी जीत इनसान को बड़े मक़सद की ओर धकेलती है और ऐसा ही श्याम के साथ भी था, अब वह पहले से कहीं ज़्यादा एकाग्र और समझदार दिखने लगा था। अब वह खेल के मैदान के साथ–साथ बस्ती में अकसर आने वाली उस मोबाइल लाइब्रेरी में जाकर बैठने लगा था ताकि वह किताबें पढ़कर अपने ज्ञान को बढ़ा सके। वहाँ जितना ज़्यादा–से–ज़्यादा हो सकता श्याम लॉन–टेनिस पर लिखी हुई किताबों को पढ़ने की कोशिश करता ताकि उस खेल के बारे में उसे अच्छी जानकारी मिल सके। अपने पसन्दीदा खिलाड़ियों की तस्वीरें लाकर अपनी किताबों में रखने लगा था, यहाँ तक कि अपने घर के एक कोने की दीवार पर जॉन मैकनर, रमेश कृष्णन, स्टेफी ग्राफ, मार्टिन नवरातीलोवा आदि बहेतरीन टेनिस खिलाड़ियों के पोस्टर लगाकर रखे थे और इन सबसे ऊपर उसने अपने असलम अंकल की तस्वीर लगाकर रखी थी, जिन्हें वह हर रोज़ सुबह–शाम देखा करता और हाथ जोड़कर उनसे आशीर्वाद लिया करता।

श्याम के लिए अपने देश से निकलकर विदेश में जाकर टेनिस मैच जीत लेना, एक ऐसे सपने की तरह था, जिसे पा लेना उसे नामुमकिन ही लगता था। वह अपनी नोलेज को हर तरह से बढ़ाना चाहता था, जिसके लिए वह भरसक कोशिश करता रहता क्योंकि विम्बलडन के लिए सिर्फ़ नाम भर नोमीनेट हो जाने से ही सारी फोर्मेलिटीज़ पूरी नहीं हो जातीं।

इसके लिए बेहतर खेलने के अलावा भी बहुत कुछ सीखना और जानना ज़रूरी होता है। अपनी अंग्रेज़ी भाषा को बेहतर बनाने के लिए न केवल वह अंग्रेज़ी की किताबें पढ़ने की कोशिश करता, बल्कि रेपिडेक्स इंगलिश स्पीकिंग की वह किताब भी लेकर आता है, जिसमें अच्छी अंग्रेज़ी बोलने के आसान तरीक़ों को बताया गया होता है। इस किताब को असलम रात–दिन पढ़ता और उसे अपने रोज़मर्रा के व्यवहार में उतारने की कोशिश भी करता। जीवन में किसी एक फील्ड में महारत हासिल करने के लिए यह भी ज़रूरी होता है कि आप अपनी तैयारी कई फील्ड्स में करें, जैसे किसी इमारत को आसमान की ऊँचाइयों तक पहुँचाने के लिए ज़रूरी होता है, उसके सारे पिलर्स पर अच्छे से ध्यान दिया जाये, उन्हें बेहद मज़बूती के साथ तैयार किया जाये।

●●●

उधर इण्टरनेशनल लेवल पर अपने देश से भेजे जाने वाले खिलाड़ियों के सेलेक्शन के बाद उनकी बाकी चीज़ों पर विचार–विमर्श किया जाता है। श्याम को लेकर सेलेक्शन कमेटी के मेम्बर्स की अपनी–अपनी राय एक–दूसरे से नहीं मिलती थी। श्याम को सेलेक्शन कमेटी के सामने प्रत्यक्ष इण्टरव्यू के लिए बुलाया जाता है। जो मेम्बर्स श्याम के खेल से इम्प्रेस थे, वह उसकी तारीफ में बातें करते हैं। ..."हमें तुम्हारे खेल की क़ाबिलियत पर बेहद भरोसा है और उम्मीद करते हैं कि तुम विम्बलडन में भी अपने देश का नाम रोशन करोगे।"

"यस सर...।" श्याम बड़े ही आदर से जवाब देता है।

"पर बाहर जाकर, वहाँ के लोगों की बातचीत तुम कैसे समझ पाओगे, उनकी भाषा अंग्रेज़ी होती है और तुम इफ आइम नॉट रोंग...एक छोटी–सी बस्ती में रहते हो...आई डोण्ट थिंक तुम स्कूल भी जाते होंगे।" एक दूसरा मेम्बर श्याम को नीचा दिखाने की कोशिश करता है।

यह बात पहले मेम्बर को अच्छी नहीं लगती, "एक्सक्यूज़ मी मिस्टर शर्मा...दीज़ आर नॉट रेलिवेंट क्वेशचंस, इन सवालों का कोई मतलब नहीं है।"

"नो आनन्द सर, आई थिंक दीज आर वेरी रेलिवेंट टू नो एबाऊट ए प्लेयर हू इज़ रिप्रेजेंटिंग अवर कण्ट्री, खिलाड़ी के बारे में पूरी जानकारी

लेना बेहद ज़रूरी है। आख़िर वह विदेश में हमारे देश की छवि रखने वाला है।"

"प्लीज़ स्टॉप आल दिस...लेट्स आस्क समथिंग ऐल्स...कुछ और सवाल करो?"

"ओके सर...श्याम क्या तुम्हें मालूम है, बाहर जाकर खेलने में काफ़ी पैसे लगते हैं।"

इस बात पर फिर आनन्द सर मिस्टर शर्मा को टोकते हैं, "उसके लिए कमेटी विल टेक केयर।"

"देट आई नो सर...पर हर खिलाड़ी को एक फीस जमा करवानी पड़ती है और उसके अलावा भी खर्च होते हैं...ही शुड नो एबाऊट दिस... ।"

"आई एम नॉट अण्डरस्टैंडिंग मिस्टर शर्मा वट यू वाण्ट टू प्रूव...आप क्या साबित करना चाहते हैं मेरी समझ से बाहर है...ओके केरी ऑन।" आनन्द सर थोड़ा बेचैन होने लगते हैं।

इस पूरी बातचीत के बीच चल रही प्रतिस्पर्धा को श्याम अच्छी तरह से समझता है और सबके सामने अपनी बात कह डालता है, "आई थिंक सर...नथिंग इज़ बिगर देन युअर हार्ड वर्क...आई एम डूइंग माई बेस्ट सो ...फार ...एण्ड लेट मी एश्योर यू सर...आई विल नॉट लेट यू डाउन...आई विल हेण्डल माई फीस, माई बातचीत...एण्ड मेक माई कण्ट्री प्राउड सर, आपको किसी भी तरह की कोई चिन्ता करने की ज़रूरत नहीं है।" श्याम अपनी बात बड़े आत्मविश्वास के साथ अंग्रेज़ी में उन सबके सामने रखता है।

वहाँ बैठे सभी मेम्बर्स तालियों के साथ उसकी बात का स्वागत करते हैं। आनन्द सर बड़े फ़ख़्र के साथ श्याम से उठकर हाथ मिलाते हैं और मिस्टर शर्मा की तरफ़ देखते हुए कहते हैं, "आई होप यू हेव गॉट युअर आन्सर्स मिस्टर शर्मा, आपको आपका जवाब मिल गया होगा।"

शर्मा भी श्याम की बात करने के अन्दाज़ से इम्प्रेस होता है और आनन्द सर के सवाल के जवाब में 'हाँ' में अपना सिर हिला देता है।

•••

सेलेक्शन कमेटी से फाइनल अनुमति मिल जाने के बाद श्याम के सामने

अब अगर कोई चुनौती थी तो वह थी अपने लिए पैसों का बन्दोबस्त करना ताकि वह विम्बलडन मैच के खर्चों का बोझ उठा सके। अपने घर की माली हालत से श्याम पूरी तरह से वाक़िफ़ था। वह अगर चाहे भी तो अपनी इस समस्या के बारे में बात करके अपने अम्मा–बापू को परेशानी में नहीं डालना चाहता था। उसके पास अगर कोई था, तो वह थे उसके दोस्त मोनी, काले और आशुतोष जो स्वयं भी ग़रीब परिवारों से ही आते थे। हमेशा की तरह तारों और चाँद से बातें करके श्याम अपने मन में उमड़े सवालों का हल ढूँढ़ने में रात बिना सोये ही गुज़ार देता है।

लॉन–टेनिस के मैदान में पहुँचकर श्याम चुपचाप अपने असलम अंकल की मूर्ति के पास आकर बैठा था। मोनी और आशुतोष वहाँ आकर उससे उसकी उदासी की वजह जानने की कोशिश करते हैं।

"क्यों चैम्पियन, आज सुबह–सुबह यूँ मुँह लटकाये हुए क्यों बैठा है?" मोनी उसके कन्धे पर हाथ मारते हुए उससे कहता है।

श्याम कोई जवाब नहीं देता, आशुतोष भी पूछता है, "लगता है रात भर भाई साहब विम्बलडन जीतने के सपने देख रहे होंगे और सुबह होते ही यहाँ हमें हराने चले आये हैं।"

श्याम उसी उदासी के भाव से अपनी बात अपने दोस्तों से कह ही डालता है, "लगता है विम्बलडन का सपना टूट ही जायेगा।"

मोनी और आशुतोष यह सुनकर चौंकते हैं। मोनी पूछता है, "क्या हो गया तेरे को। यूँ सवेरे–सवेरे उल्टी बातें कर रहा है।"

"कुछ तो गड़बड़ है, सीधे से बता, चक्कर क्या है?" आशुतोष कहता है।

"कुछ नहीं यार, यह अमीरों का खेल है, यहाँ पैसों के लिए पैसों से खेला जाता है...एक फीस देने के साथ–साथ ऐसे बहुत से ख़र्चे होते हैं, जिन्हें ख़ुद ही उठाना पड़ता है।"

मोनी बड़ी सहजता से कहता है, "तो इसमें परेशान होने की ज़रूरत क्या है, हम अपने–अपने घरों से जितना बन पड़ेगा ले आयेंगे और होगा तो बस्ती वालों से चन्दा इकट्ठा कर लेंगे।"

"और नहीं तो क्या, ज़्यादा हुआ तो किसी बैंक में जाकर चोरी कर लेंगे।" आशुतोष ने यह बात मज़ाक़ में कही या सही में, कुछ समझ में नहीं आता।

"तेरा दिमाग़ ख़राब है, क्या फालतू की बात कह रहा है।" मोनी थोड़ी गम्भीरता में नज़र आता है।

"मज़ाक़ कर रहा हूँ...कुछ–न–कुछ हम लोग कर लेंगे...तू चिन्ता न कर...बस ये बता कब तक पैसे चाहिए ?" आशुतोष हिम्मत और हौसले के साथ अपनी बात करता है।

"जितना जल्दी हो उतना अच्छा होगा, वरना किसी और को चांस दे दिया जायेगा।" श्याम बड़ी उदासी में अपने दोस्तों से अपने मन की बात कह डालता है।

इसी बीच मलंग वहाँ आ जाता है, उसके कन्धे पर उसका झोला लटका हुआ था जिसमें उसने क्या भरा हुआ है, आज तक किसी को कुछ नहीं मालूम था। वहाँ आकर मलंग मुस्कुराता है और एकाएक अपने झोले को उनके सामने पलट देता है। सबकी आँखें उस झोले में से गिरते सिक्कों और नोटों को देखकर भौचक्की रह जाती हैं। मलंग अपनी मस्ती में झूमता–गा रहा था...

"सिक्कों की खनक, खनकती है तो बरसती है बारिश,
मौसम सुहाना हो जाता है, फ़सलें लहलहाने लगती हैं,
सपने पंख लगा हवा में उड़ने लगते हैं,
मुश्किलें आसाँ हो जाती हैं,
खोटे–सिक्के भी चल जाते हैं,
चाहत सदा नादाँ होती हैं...!"

श्याम बड़े आदर भाव से कहता है, "पर मलंग चाचा यह सब तो आपका है।"

मलंग अपने ही अन्दाज़ में बोले चला जाता है...

"झोले में क़ैद रखेंगे कब तक,
अब आजाद होने चाहिए,
ज़रूरत इनकी भी ज़रूरत,
बस सपने पूरे होने चाहिए।"

मोनी और आशुतोष भी मलंग चाचा के इस अन्दाज़ से बिल्कुल बेख़बर थे। इससे पहले कि वह कुछ कह पाते मलंग वहाँ से झूमता–गाता चला जाता है...

"अपना–पराया कोई नहीं सब ईश्वर दे बन्दे,
जो तेरा था वह उसका था, जो उसका था,
वह उसका है, जो सबका है... ।।"

भले मोनी और आशुतोष उस गाते–बड़बड़ाते मलंग के बोलों में छिपे मतलब को ठीक से नहीं समझ पाते मगर वह इतना ज़रूर जान जाते हैं कि उसकी बातों में कुछ गहरा और बेहतर मतलब छिपा है। श्याम के व्यक्तित्व पर जितना गहरा असर असलम ख़ान का रहा था, उसी तरह इस पागल दिखने वाले मलंग चाचा की बातों का भी रहा था।

•••

27

अक़सर जीवन में किसी भी मुश्किल राह की शुरुआत भर करने में दिक्कतों का सामना करना पड़ता है। एक बार उस राह पर क़दम रख दिया, तो फिर पूरी क़ायनात आपके साथ जुड़ जाती है। ऐसा ही श्याम के साथ भी होता है, मलंग चाचा के उस झोले से निकले पैसों की राह पर और लोग भी जुड़ जाते हैं। मोनी और आशुतोष भी अपने–अपने घरों से जो बन पड़ता है, लेकर आते हैं। श्याम की अम्मा को जब पता चलता है, तो वह अपनी छुपाकर रखी उन चाँदी की चूड़ियों को बेच देती है, जो उसकी माँ ने उसे शादी में कभी दी थीं। यहाँ तक कि जब बस्ती के लोगों को भी श्याम की हालत का पता चलता है, तो जिससे जो बन पड़ता है अपने हिस्से का कॉण्ट्रिब्यूशन ले आता है। सबका इतना स्नेह देखकर श्याम का मन भावुक हो जाता है और इससे उसे एक अजीब सी शक्ति मिलती है, जो उसे अपने मक़सद में कामयाब होने की प्रेरणा देती है।

'कौन कहता है कि आसमाँ में छेद नहीं हो सकता, एक पत्थर तो तबीयत से उछालो यारो।' श्याम की अपने असलम अंकल से किये हुए वादे के प्रति शिद्दत को देखकर कुदरत भी उसका साथ देती है और न जाने कहाँ–कहाँ से उसकी मदद के लिए लोग जुड़ते चले जाते हैं। इन्हीं मददगारों में एक नाम और भी शामिल था और वह था दीपिका का। इसका तरीक़ा औरों से अलग था, वह श्याम से मिलने आती है, एक भारी से बैग के साथ जिसमें श्याम के लिए एक से बढ़कर एक ब्राण्डेड कपड़े और टेनिस शूज़ भरे थे। साथ ही वह बेहतरीन टेनिस–रैकेट भी लेकर आयी थी। यह सब देखकर श्याम थोड़ा हैरान ज़रूर होता है, उसे दीपिका से यह सब लेते हुए शर्म महसूस हो रही थी। दीपिका उसकी इस परेशानी को भाँप लेती है, "अरे यूँ हैरानी से क्या देख रहे हो, ये सब तुम्हारे लिए है।"

श्याम संकोच से कहता है, "मगर मुझे ये सब नहीं चाहिए।"

"जानती हूँ तुम यही कहोगे...मेल ईगो...लड़की से लेने में शर्म आती है...पर मैंने ये सब नहीं ख़रीदा है...वो मेरे पापा ने भेजा है...कह रहे थे कि तुमने मुझे भी खेलना सिखाया था...ये उनकी तरफ़ से एक गुड–लक़ समझकर रख लेना।"

"पर वह नहीं आये, उन्होंने कहा था कि वह एक बार मुझे हराना चाहते हैं।"

"थोड़ी तबीयत नरम थी उनकी...उन्होंने कहा कि मैं ही देकर आऊँ...लेकिन मैच पक्का खेलेंगे तुम्हारे साथ बस तुम एक बार विम्बलडन की ट्रॉफ़ी लेकर आ जाओ...ताकि वह तुमसे जीतकर विम्बलडन ट्रॉफ़ी को हासिल कर सकें।" दीपिका मज़ाक़ के भाव में कहती है।

"बेशक़...उन्हें मेरी तरफ़ से थैंक्स कहना।"

"ओके...विश यू ए ग्रेट विक्टरी...ब्वॉय...।" दीपिका वहाँ से चली जाती है।

श्याम को एक बड़े से बैग के साथ खड़ा देखकर मोनी और आशुतोष वहाँ आते हैं और दीपिका की तारीफ़ करते हैं।

मोनी चुटकी लेने लगता है, "अबे यार, मुझे तो लगता है, लड़की को प्यार हो गया है हमारे खिलाड़ी के साथ।"

आशुतोष भी उसी मूड में लगता है, "भई हमारा यार अब कोई छोटा–मोटा आदमी नहीं है, लॉन–टेनिस का नेशनल चैम्पियन हो गया है और जल्द ही वर्ल्डकप जीतने वाला है।"

"तुम लोगों का दिमाग़ ख़राब हो गया है, मुझसे तीन साल बड़ी है।" श्याम यह बात साफ़ कर देता है कि जैसा वह सोच रहे हैं वैसा मुमकिन नहीं है।

"तो क्या हुआ...तू उसकी इज़्ज़त करेगा क्योंकि वह तुझसे बड़ी है और वह तेरी इज़्ज़त करेगी क्योंकि तू उसका पति होगा, शादी के बाद सब सेट रहेगा।" मोनी तो शादी तक जा पहुँचा था।

"सरदार तेरा दिमाग़ ख़राब ही नहीं सड़ भी गया है...मैं अभी सिर्फ़ अठारह साल का हुआ हूँ...और वह इक्कीस साल की है।"

"क्या बात है, भाई ने तो पूरी कैल्कुलेशन कर रखी है...और इसमें सिर्फ़ तीन साल का छोटा–सा फ़ासला है...तो फिर की फ़र्क़ पैन्दा है, वो सब बाद में देखेंगे अभी तो तू अपने खेल की तैयारी कर...पैसे जमा

करा और ये बैग उठाकर सीधा लॉन–टेनिस के मैदान में उतर जा, इधर तूने ट्रॉफ़ी जीती, उधर आगे के तीन साल सीधा तीन साल पीछे चले जायेंगे।" मोनी बड़े ही अन्दाज़ से बात करता है।

अपनी बातों में यह सब इतने बिजी थे कि उन्हें पता ही नहीं चलता कि कोई उनकी बातें भी सुन रहा था। कुछ गुण्डे पिछले कई दिनों से उनके पीछे लगे हुए थे और उनकी हर हरक़त पर नज़र रखे हुए थे।

●●●

अँधेरी रात का सन्नाटा चारों तरफ़ छाया हुआ था। अमावस की रात थी, श्याम आज अपने सपनों को इतने क़रीब से देख रहा था कि उसे गहरी नींद आ गयी थी। घोड़े बेचकर सोना इसी को कहते हैं, जब कोई आहट भी नींद से जगा न सके। अकसर इसी गहरी नींद और गहरी अँधेरी रात का फ़ायदा उठाने की कोशिश में दो चोर बस्ती की गलियों से होते हुए श्याम के घर के पास आ पहुँचते हैं। दबे पाँव चलते हुए वह लोग घर की दीवार पर चढ़कर छत पर चढ़ जाते हैं, जहाँ पर श्याम अपने साथ सिर के नीचे उन पैसों को लेकर सोया हुआ था, जो उसने अपने मैच के लिए इकट्ठे किये थे। दोनों चोर कुछ देर देखते हैं और फिर धीरे–से वह श्याम के चेहरे पर कोई स्प्रे छिड़कते हैं और उसके सिरहाने पड़े उन पैसों के झोले और बैग को उठाकर चम्पत हो जाते हैं।

सुबह जब श्याम तेज़ धूप निकलने पर अपनी आँखें मलते हुए उठता है, तो अपने सिरहाने पड़े पैसों के बैग को न पाकर घबरा जाता है। हड़बड़ाहट में श्याम यह सोचकर नीचे उतरता है कि शायद उसने वह बैग नीचे रख दिया होगा। मगर जब पूरा घर छान मारने के बाद भी उसे वह बैग नहीं मिलता तो वह बेचैन हो जाता है और पागलों की तरह रोने लगता है। रोते हुए उसकी अम्मा उसे देख लेती है और जब पता चलता है कि उसके बेटे के पैसे चोरी हो गये हैं, तो वह घबराहट में बेहोश हो जाती है।

धीरे–धीरे मोहल्ले के लोगों को पता लगने लगता है और सब इकट्ठा हो जाते हैं। मोनी और आशुतोष भी वहाँ आ पहुँचते हैं। अपने दोस्त श्याम को पहली बार वह रोता हुआ देखते हैं। सब लोग पुलिस में रिपोर्ट लिखवाने की बात करते हैं। इसी बीच एक बच्चा भागते हुआ वहाँ आता है और

बताता है कि उसने मलंग बाबा को किन्हीं दो लोगों से लड़ते हुए देखा है, जो एक बड़ा–सा बैग लेकर जा रहे थे। यह सुनकर श्याम अपने दोस्तों के साथ नदी की तरफ़ भागता है, जहाँ पर मलंग रहता था।

वहाँ पहुँचकर सब देखकर हैरान रह जाते हैं, मलंग बाबा के सिर पर गहरी चोट लगी थी और काफ़ी तेज़ी से ख़ून बह रहा था। इससे भी बड़ी चौंकाने वाली चीज़ जो उन्हें नज़र आती है, वह थी दो चोरों की लाशें जो बुरी तरह से लहूलुहान पड़ी थीं। पास ही वह बैग भी पड़ा था जिसमें श्याम के पैसे रखे हुए थे। श्याम जल्दी से मलंग बाबा को उठाकर हॉस्पिटल ले जाने लगता है, मगर मलंग उसे ऐसा करने से रोक देता है, न जाने उसे अब क्यों लगता है, उसके जीवन का हर पल अब ख़त्म होने की कगार पर आ पहुँचा है।

श्याम उसकी एक नहीं सुनता और अपने दोस्तों के साथ मिलकर मलंग को उठाकर बस्ती के पास वाले छोटे–से सरकारी अस्पताल में ले जाता है। जहाँ पर डॉक्टर उसका इलाज शुरू कर देते हैं, मगर उस कमज़ोर शरीर के मलंग बाबा को बचाया नहीं जा सका। सबकी आँखों में आज मलंग बाबा के लिए आँसू थे। हमेशा पागल समझा जाने वाला व्यक्ति आज सबको रुलाकर चला जाता है और जाते–जाते एक ऐसा काम कर जाता है, जो शायद ही कोई कर पाता। श्याम के सपनों को जीवनदान दे जाता है, उसकी राह में आने वाली उस रुकावट को दूर कर जाता है, जो श्याम के लिए एक वरदान की तरह साबित होती है। पूरी बस्ती उस पागल कहलाने वाले मलंग की इस इनसानियत को अपनी भाव–विभोर श्रद्धांजलि देती है।

•••

28

राह में जितने मिलते हैं, उतने बिछुड़ते भी हैं, फिर भी राहगीर अपनी मंज़िल की ओर चलता रहता है। श्याम के घर के बाहर आज बस्ती के लोगों की भीड़ इकट्ठा हुई पड़ी थी। बैण्ड–बाजे के साथ सब लोग आज श्याम को शुभ–कामनाओं के साथ उसे इण्टरनेशनल मैच के लिए विदा करने आये हुए थे।

पहली बार आज श्याम के पिता भावुक हो गये थे, अपने व्यवहार में सख़्त दिखने वाला व्यक्ति जब अपनी आँखों में आँसू भर लेता है, तो उसके आस–पास के लोगों को बेचैनी होने लगती है। श्याम की अम्मा तो पहले से ही रो–रोकर निढाल हो चुकी थी, उसे बेटे की इस कामयाबी पर ख़ुशी तो थी, पर एक डर भी बैठा हुआ था क्योंकि उसका लाड़ला अपने घर से ही नहीं अपने देश से भी बाहर जा रहा था। ग़रीब के लिए हवाई जहाज़ में बैठकर किसी दूसरे अनजाने देश के लिए निकलना बेहद घबराहट की वजह बन जाती है। श्याम अपनी अम्मा के रोने से तो परिचित था, मगर अपने पिता के रोने से बिल्कुल बेख़बर था। जब वह अपने पिता की आँखों में आँसू देखता है, तो थोड़ा चौंकता है।

"अम्मा यह मैं क्या देख रहा हूँ, बापू रो रहे हैं?" श्याम हैरानी से अपनी अम्मा से पूछता है।

अम्मा अपने आँसुओं को पोंछते हुए, "एक बाप का बेटा विदेश अकेला जा रहा है।"

"तो इसमें रोने की थोड़े, ख़ुश होने की ज़रूरत है।"

"ख़ुश तो हैं ही...मगर फिर भी...ख़ैर तू नहीं समझेगा...जब ख़ुद बच्चों का बाप बनेगा तब पता लगेगा अपने बच्चे को देश से बाहर भेजने का क्या डर होता है...माँ–बाप की ममता क्या होती है।" अम्मा के आँसू थमने की बजाय और बहने लगते हैं।

इसी बीच श्याम के बापू जो दूसरी तरफ़ अपने आँसुओं को समेटने की कोशिश कर रहे थे, वहाँ आ पहुँचते हैं, "पगली तू क्यों रो रही है, बेटा अपने मक़सद को पाने जा रहा है।" श्याम के पिता अपने आपको ऐसे दिखाते हैं, मानो वह इस बात से स्वयं बिल्कुल भी उदास नहीं हैं बल्कि बेहद ख़ुश कि उसका बेटा अपने सपनों को पाने जा रहा है।

"अच्छा...और जो तुम्हारी आँखें आँसुओं से भरी दिखायी दे रही हैं।" अम्मा खुद भी आँखों में भरे आँसुओं के साथ कहती है।

"अरे पगली, ये तो ख़ुशी के आँसू हैं, जब एक बाप का बेटा कुछ बड़े मक़सद को पाने के लिए निकलता है तो उसका सीना फ़ख्र से ऊँचा उठ जाता है और उसकी आँखें ख़ुशी से चमक उठती हैं।"

श्याम जब अपने पिता को इस तरह बात करते सुनता है, तो असके भीतर के आत्मविश्वास को और बल मिलता है। वह आगे बढ़कर अपने माता–पिता के चरणों को छूकर आशीर्वाद लेता है। दोनों अपने बेटे श्याम को सीने से लगा लेते हैं।

"जा बेटा जीतकर आना, हमारा आशीर्वाद हमेशा तेरे साथ है।" पिता अपने बेटे के कन्धे पर हाथ रखकर उसे अपनी शक्ति देता है।

"मुझे पूरा विश्वास है, मेरा बेटा हमारा ही नहीं, हमारे देश का नाम भी रोशन करेगा।" अम्मा अपने बेटे के माथे को चूम लेती है और चन्दन का टीका लगाकर उसे विदा करती है।

चारों तरफ़ हर्षोल्लास का वातावरण था। वहाँ खड़े सभी लोग श्याम के घर से निकलकर बैण्ड बजाने और नाचने लगते हैं। श्याम को जो लोग लेने आये थे, वह यह सब देखकर हैरान होते हैं। श्याम के दोस्त उसके गले में फूलों के हार डालते हैं और उसके गले लगते हैं और जीतकर आने की बात करते हैं, "देख यार, बहुत पापड़ बेले हैं, खाली हाथ मत आना, कप ज़रूर जीतकर लाना।" कुछ दूर तक यह बैण्ड–बाजा बजता रहता है और श्याम अपने दोस्तों के कन्धे पर बैठा हुआ सबका हाथ जोड़कर अभिवादन करता है।

ये एक जुलूस की शक्ल में चलते हुए लोग उस मैदान के पास पहुँचते हैं, जहाँ पर असलम ख़ान की मूर्ति लगी हुई थी। यहाँ आकर श्याम अपने गले में पड़े सारे फूलों के हार अपने असलम अंकल की मूर्ति पर चढ़ा देता है और हाथ जोड़कर उनका आशीर्वाद लेता है, "अंकल, आपके आशीर्वाद से वह दिन आ गया है, जिसके सपने आपने

सँजोये थे, अब आशीर्वाद दीजिए कि मैं वह ट्रॉफ़ी जीतकर आऊँ जिसे आप चाहते थे।"

उसको लेने आये हुए गवर्नमेण्ट ऑफ़िसर्स उसे वहाँ से चलने के लिए कहते हैं क्योंकि फ्लाइट के साथ–साथ और भी बहुत–सी फोर्मेलिटीज़ होती हैं, जो अभी पूरी करना बाकी थीं। श्याम उनकी गाड़ी में बैठ जाता है और सबसे विदा लेकर वहाँ से चला जाता है।

•••

श्याम एक बड़ी–सी बस से नीचे उतरता है और चारों तरफ़ जब देखता है तो अपने आपको एयरपोर्ट के उस ख़ूबसूरत माहौल में पाता है, जहाँ पहुँचना उसके लिए एक सपने जैसा था। इस बस से और भी लोग उतरते हैं, जो श्याम के केयरटेकर थे। ज्यूँ ही श्याम एयरपोर्ट के अन्दर की ओर बढ़ता है, एक लम्बी–सी काले रंग की कार आकर उसके सामने रुकती है, जिसमें से दीपिका बाहर निकलती है। श्याम दीपिका को वहाँ देखकर हैरान रह जाता है।

"आप भी हमारे साथ चल रही हैं?" श्याम मुस्कुराते हुए पूछता है।

"नहीं मैं कोई खिलाड़ी थोड़े ही हूँ, मैं तो तुम्हें मुबारकबाद देने आयी हूँ।"

"इसके लिए यहाँ आने की क्या ज़रूरत थी।" श्याम बड़ी तन्मयता से अपनी बात कहता है।

"तो क्या तुम्हारे घर आती, वहाँ तो तुम मुझे देखकर ऐसे घबराते हो जैसे मैं वहीं आकर बसने वाली हूँ।" दीपिका तंज़ भरे अन्दाज़ में चेहरे पर मुस्कुराहट लिए थी।

"ग़रीब बस्ती में कोई अमीर लड़की आ जाये तो दूसरों के पसीने तो छूटेंगे ही।" श्याम भी उसकी मुस्कुराहट का जवाब अपने तरीक़े से देता है।

"तुम मज़ाक़ कर रहे हो...आई लाइक इट...?" दीपिका हँस रही थी।

"नहीं...नहीं...आप ग़लत समझ रही हैं।" श्याम अपनी बात को लेकर सीरियस था।

"मेरे समझने को छोड़ो...तुम कब समझोगे...।" दीपिका अपने मन में छिपी उस बात की तरफ़ इशारा कर रही थी जिसमें उसे श्याम के प्रति हमदर्दी नहीं प्यार बसता है।

"वो मुझे पता नहीं...कम–से–कम तीन साल और लगेंगे...।" श्याम भी मानो उसकी भावनाओं में अपनी भावनाएँ भी शामिल कर देता है।

दीपिका उसके इस जवाब से चौंकती है, "तीन साल...इतना इन्तज़ार करवाना चाहते हो।"

श्याम ने अपनी बात कह तो दी मगर इसके पीछे क्या अर्थ छिपा था उसे भी ठीक से नहीं मालूम था। कुछ बातें आप वो कहते हैं, जो आपका सबकांशियस माइण्ड लेकर चलता है, इसलिए जब बात निकल जाती है, उसके बाद उसका मतलब समझ आता है। ऐसा ही श्याम और दीपिका के साथ भी होता है, वह दोनों भी अपने मन के भीतर की उन छिपी बातों को कह डालते हैं, जो उनका चेतन मन नहीं कह पाया था।

"आई एम सॉरी, मुझे जाना होगा।" कहते हुए श्याम एयरपोर्ट के अन्दर की तरफ़ जाने लगता है।

"जीतकर आना...ऑल–द–बेस्ट...मैं तुम्हारा इन्तज़ार करूँगी।" दीपिका की आँखें खुशी से चमक तो रही थीं, मगर आज उनमें आँसू भी भर आये थे।

"थैंक्स...दीपिका...मैं तुम्हें निराश नहीं होने दूँगा...।" श्याम एयरपोर्ट के अन्दर अपने साथ आये जाते हुए लोगों के पीछे–पीछे चल पड़ता है।

काफ़ी फोर्मेलिटीज़ के बाद श्याम हवाई जहाज़ में जाकर बैठ जाता है। उसके चेहरे पर ख़ुशी के साथ–साथ एक ठहराव भी नज़र आ रहा था। जब इनसान का फोकस किसी बड़े मक़सद की ओर होता है, तब उसे अपने आस–पास के आराम या छोटी–छोटी ख़ुशियों में नहीं खोना चाहिए, अक़सर ऐसा होना मुश्किल होता है जबकि श्याम इसे भलीभाँति समझता है और वह अपने मक़सद की तरफ़ एकाग्र रहता है, इसीलिए आज उसके चेहरे पर ख़ुशी का कोई ऐसा पागलपन नज़र नहीं आ रहा था, जिससे यह लगे कि वह पहली बार इतने बड़े हवाई–जहाज़ में बैठा है।

•••

29

बस्ती के सभी लोग आज वहाँ के कम्युनिटी सेण्टर में इकट्ठे थे, ज़मीन पर दरियाँ बिछा दी गयी थीं, कुछ कुर्सियाँ भी रखी थीं, जिन पर वहाँ के बड़े लोग बैठे थे। एक ऊँची–सी टेबल पर टेलीविज़न लगा दिया गया था और सब लोग लॉन–टेनिस के उस मैच के शुरू होने का इन्तज़ार कर रहे थे, जिसमें श्याम आज मैच का पहला राउण्ड खेलने जा रहा था। सब लोग बिल्कुल शान्ति से बैठे हुए नज़र आ रहे थे। श्याम के अम्मा–बापू भी वहाँ कुर्सियों पर बैठे थे, उसके दोस्त भी अपने–अपने परिवारों के साथ मौजूद थे। इन सब में अगर कोई हैरान करने वाला दर्शक मौजूद था, तो वह थी दीपिका जो श्याम की अम्मा के साथ बैठी मैच के शुरू होने का बड़ी बेसब्री से इन्तज़ार कर रही थी।

टी.वी. सेट में टकटकी लगाये सभी वहाँ मौजूद दर्शक श्याम को मैदान में उतरता देखने के लिए बेहद उत्सुक थे। कुछ ही देर में दूरदर्शन पर समाचारों का वक़्त हो जाता है और यह देखकर वहाँ बैठे सभी लोग बेचैन हो जाते हैं। कुछ बच्चे उठकर जाने लगते हैं, मगर दीपिका सबको वहाँ बैठे रहने के लिए कहती है। बोझिल ख़बरों को सुनने के बाद जब यह ख़बर सुनाई जाती है कि भारत की एक ग़रीब बस्ती से गया हुआ अठारह साल का श्याम आज विम्बलडन के मैदान में उतरेगा तो सबके रोंगटे खड़े हो जाते हैं और चेहरों पर एक ख़ुशी की लहर दौड़ जाती है।

विम्बलडन के लॉन–टेनिस के ग्राउण्ड पर जब श्याम अपने क़दम रखता है, तो सब लोग ज़ोर से चिल्लाते हुए उछल पड़ते हैं। मैच शुरू हो जाता है। श्याम को पहले सर्विस करने का मौक़ा मिलता है, उसकी पहली ही सर्विस को सामने वाला खिलाड़ी हिट नहीं मार पाता और प्वाइण्ट लूज कर देता है। सब लोग ज़ोर से तालियाँ बजाते हैं और

श्याम की जीत के लिए ख़ुशी से चिल्लाते हैं। खेल की गति बढ़ती जा रही थी, श्याम की अम्मा आँखें बन्द कर अपने बेटे की जीत की दुआयें माँग रही थी। दीपिका उनका हाथ पकड़कर उनकी हिम्मत बढ़ा रही थी। ग़रीब का हाथ जब अमीर के हाथ में आता है, तो उसकी ताक़त वैसे ही बढ़ जाती है।

श्याम का खेल सिर्फ़ यहीं नहीं देखा जा रहा था बल्कि पूरे देश में देखा जा रहा था। उधर असलम ख़ान की बीवी भी अपने घर के उस टी.वी. के सामने बैठी थी जिसमें श्याम का मैच चल रहा था। श्याम को खेलते देखकर उसे ऐसा लग रहा था, मानो उसका असलम ही खेल रहा हो। श्याम के एक–एक शॉट मारने के अन्दाज़ में उसे अपने शौहर की याद ही नहीं आती बल्कि उसे वह खुद ही खेलते हुए नज़र आते हैं। ज्यूँ ही श्याम कोई प्वाइण्ट जीतता, सलमा ज़ोर से तालियाँ बजाने लगती और जब भी श्याम कोई शॉट मिस करता वह उसकी जीत के लिए दुआ पढ़ने लग जाती।

श्याम का खेल रोमांचक होता जा रहा था। पहला सेट जीतने के बाद श्याम दूसरा सेट हार जाता है। तीसरे सेट के शुरू होने पर बस्ती के सभी लोग टी.वी. के सामने चुपचाप बैठे हुए नज़र आ रहे थे। सबकी साँसें थम–सी गयी थीं। श्याम के अम्मा–बापू तो बिना पलकें तक झपकाये हुए अपने बेटे को खेलता देख रहे थे। दीपिका के चेहरे पर श्याम के प्रति एक विश्वास नज़र आ रहा था जबकि उसके दोस्त मोनी, आशुतोष और अन्य थोड़े सहमे हुए बैठे थे।

तीसरे सेट की पहली सर्विस श्याम हार जाता है और पूरे वातावरण में तनाव की स्थिति पैदा हो जाती है। श्याम की अम्मा की आँखों में आँसू भरने लगे थे, उसके हिलते होंठ बता रहे थे कि वह अपने भगवान् का नाम जप रही है। पिता बिल्कुल गुमसुम–सा बैठा हुआ देख रहा था। उधर असलम की बीवी दुआ में हाथ फैलाये खुदा से श्याम की कामयाबी की दुआ माँग रही थी। श्याम की दूसरी सर्विस काफ़ी लम्बे मैच को बनाये रखती है और दोनों खिलाड़ी बेहद स्फूर्ति से खेले चले जा रहे थे। श्याम का लॉन–टेनिस कोर्ट में भागना इतना तेज़ और एनर्जी से भरा था कि उसके एक शानदार शॉट के चलते सामने वाला खिलाड़ी कोर्ट में फिसलकर गिर जाता है। बस्ती के लोग और श्याम के अम्मा–बापू ख़ुशी से चिल्ला उठते हैं।

असलम की बीवी तो अब बस ख़ुदा से हाथ फैलाकर श्याम की जीत की दुआ माँगने में ही लगी थी। श्याम का खेल अचानक निखर गया था, उसके एक–एक शॉट में गोली–सी रफ़्तार नज़र आने लगी थी। वहाँ विम्बलडन लॉन–टेनिस मैदान में बैठे सभी दर्शक भी श्याम के खेल को देखकर हैरान थे। इतना मामूली–सा दिखने वाला हिन्दुस्तानी इतनी एनर्जी के साथ अपने सामने खेलने वाले अंग्रेज़ खिलाड़ी को इस तरह से नचायेगा कोई सोच भी नहीं सकता था। मैच का रोमांच बढ़ता जा रहा था। दोनों खिलाड़ी दो–दो सेट जीते हुए होने की वजह से आख़िरी पाँचवाँ सेट उस वक़्त तनाव से भर जाता है जब दोनों 6/6 के गेम जीतकर बराबरी पर आ जाते हैं और मैच टाई हो जाता है।

बस्ती के लोगों की उत्सुकता बढ़ने लगी थी, उधर असलम की बीवी सलमा भी टेलीविज़न के सामने बैठकर हाथ में तावीज़ लेकर ख़ुदा का नाम जपती नज़र आती थी। टाई हुए मैच का विनिंग राउण्ड शुरू होता है। इस बार श्याम अपने भीतर असलम अंकल की तस्वीर बसाकर मैदान में उतरा था। सब सन्न–चुपचाप बैठे हैं और फिर से सात प्वाइण्ट्स के लिए गेम खेलना शुरू होता है, श्याम पहले के तीन प्वाइण्ट्स हार जाता है। श्याम एकाएक अपने असलम अंकल को अपने सामने खड़ा महसूस करता है और अपने अन्दर आत्मविश्वास अर्जित करके ऐसा खेलता है कि आख़िर के चारों प्वाइण्ट्स जीतकर सबको चौंका देता है। उसकी एक–एक सर्विस इतनी तेज़ी से जाती है कि सामने वाले के छक्के छूट जाते हैं और श्याम एक के बाद एक शॉट मारकर इस राउण्ड को कुछ ही देर में जीत लेता है।

टेलीविज़न सेट्स के सामने बैठे सभी लोग ख़ुशी से झूम उठते हैं। श्याम के दोस्त आतिशबाज़ी में लग जाते हैं और पूरा माहौल पटाखों की आवाज़ों से गूँज उठा था। श्याम की अम्मा ख़ुशी में दीपिका को अपने गले लगा लेती है और उसका बापू एक शेर की तरह अपना सीना फ़ख्र से चौड़ा किये हुए खड़ा हो जाता है, "शाबाश मेरे शेर, तूने अपने बाप का सीना फ़ख्र से चार गुना चौड़ा कर दिया है।"

उधर असलम की बीवी सलमा की आँखें ख़ुशी के आँसुओं से भर गयी थीं, वह अपने असलम की तस्वीर के सामने खड़ी होकर मुस्कुराती है, "आपका सपना पूरा हो गया जनाब...अब तो आप ख़ुश होंगे...आपके श्याम ने वो ट्रॉफ़ी हासिल कर ली है जिसके आप कभी ख़्वाब देखा करते थे।"

श्याम को विम्बलडन ट्रॉफ़ी से नवाज़ा जाता है, तालियों की गूँज के साथ श्याम अपने हाथ में ट्रॉफ़ी लेकर उसे चूमता है और उसे आसमान की तरफ़ उठाकर अपने असलम अंकल को समर्पित करता है। यह पहली बार हुआ होगा जब कोई ग़रीब बस्ती से निकलकर आया नौजवान विम्बलडन के मैदान में अपनी शान बिखेर पाया हो।

•••

एयरपोर्ट पर इतनी भीड़ देखकर वहाँ की सिक्योरिटी भौचक्की थी। बस्ती का एक–एक बच्चा, बूढ़ा, नौजवान सब बैण्ड–बाजे के साथ वहाँ पहुँचा हुआ था। वहीं श्याम के अम्मा–बापू भी दीपिका के साथ खड़े श्याम का बेसब्री से इन्तज़ार कर रहे थे। श्याम कुछ ही देर में एयरपोर्ट से बाहर निकलता है और बैण्ड–बाजे के साथ उसे कन्धे पर उठा लिया जाता है। श्याम सबसे पहले अपने माता–पिता के पाँव छूता है और दीपिका से हाथ मिलाता है जबकि दीपिका उसके गले लग जाती है।

पूरी बस्ती में आज दिवाली मनाई जा रही थी, चारों तरफ़ लाइट्स लगायी गयी थीं, सभी बच्चे खुशी में उछल–कूद रहे थे। श्याम के इस मुबारक मौक़े पर असलम अंकल की बीवी सलमा भी वहाँ आ पहुँची थी। श्याम सबसे पहले अपनी ट्रॉफ़ी को असलम ख़ान की मूर्ति के सामने लेकर आता है और उसे अपने गुरु, अपने मैण्टोर के सामने रखकर उन्हें समर्पित करता है। सलमा अपने शौहर की मूर्ति को देखकर हैरान होती है और उनको याद करके रो पड़ती है। आतिशबाज़ी की चकाचौंध से पूरा आसमान रोशन हो उठा था। दीपिका भी श्याम की इस ख़ुशी में तहेदिल से शामिल थी।

•••

श्याम को सरकार की तरफ़ से एक कोच की नौकरी दे दी जाती है। वादे के मुताबिक दीपिका तीन साल तक श्याम का इन्तज़ार करती है और सब की रज़ामन्दी से उन दोनों की शादी करवा दी जाती है। इस शादी की घटना में श्याम के दोस्तों से लेकर उसकी अम्मा का भी हाथ रहता है क्योंकि वह भी दीपिका को बेहद पसन्द करती थी। इस रिश्ते से श्याम के बापू भी काफ़ी खुश होते हैं।

जीवन अपनी गति से चलता है और श्याम आज अपने एक परिवार के साथ अच्छे से सरकारी निवास में रहता है। वैसी ही चाँदनी रात थी जिसमें कभी श्याम अपने बस्ती के घर की छत पर चढ़कर चाँद–तारों और अपने असलम अंकल से बातें किया करता था, अब बस फ़र्क़ इतना था कि चाँद की वह रोशनी उसकी खिड़की से होती हुई उस टेबल पर पड़ रही थी, जिस पर बैठा श्याम एक लैम्प की रोशनी का सहारा लेकर काग़ज़ के पन्नों पर कुछ लिख रहा था। धीरे–धीरे श्याम का लिखना पूरा होता है और वह सारे पन्नों को समेटकर जब एक किताब के रूप में सामने रखता है, तो उस पर एक नाम लिखा नज़र आता है 'अश्याम्'–जो 'असलम और श्याम' को जोड़कर बनाया गया था। इसका जब मतलब वह तलाशता है, तो पाता है कि अश्याम् यानी प्रियतम्, सबसे प्यारा, अंग्रेज़ी में इसका मतलब होता है 'बिलवेड'। उसे यह भी मालूम पड़ता है कि 'अश्याम्' एक संस्कृत शब्द 'अश्या' से निकला है, जिसका मतलब होता था 'प्यार–लव'। श्याम अपनी इस आत्मकथा को 'अश्याम्' टाइटल देकर अपनी श्रद्धांजलि अपने प्रेरक–गुरु असलम ख़ान को अर्पित करता है और वहीं सामने टेबल के ऊपर दीवार पर लगी असलम की तस्वीर भी नज़र आ रही थी जिसके सामने लॉन–टेनिस की ट्रॉफ़ी भी रखी हुई थी।

दीपिका वहाँ उसके पास आती है और कुछ ही पल में एक–दो साल का बच्चा भी भागते हुए वहाँ आ पहुँचता है। श्याम उसे अपने गले लगा लेता है और उसके पीछे–पीछे श्याम की अम्मा 'अश्याम्...अश्याम्...!' पुकारते हुए चली आती है। दीपिका और श्याम अपने बेटे 'अश्याम्' को अपनी दादी के साथ अठखेलियाँ करते हुए देखकर मुस्कुराते हैं।

❑❑

